本书获辽宁师范大学教育学"双一流"学科建设资金资助

体验性知识学习

郭超华 著

及其

教学实现

九州出版社
JIUZHOUPRESS

图书在版编目（ＣＩＰ）数据

体验性知识学习及其教学实现 / 郭超华著 . -- 北京：
九州出版社 , 2023.11
ISBN 978-7-5225-2559-4

Ⅰ . ①体… Ⅱ . ①郭… Ⅲ . ①课堂教学－教学研究
Ⅳ . ① G424.21

中国国家版本馆 CIP 数据核字 (2024) 第 033625 号

体验性知识学习及其教学实现

作　　者	郭超华　著	
责任编辑	黄明佳	
出版发行	九州出版社	
地　　址	北京市西城区阜外大街甲 35 号（100037）	
发行电话	（010）68992190/3/5/6	
网　　址	www.jiuzhoupress.com	
印　　刷	三河市龙大印装有限公司	
开　　本	710 毫米 ×1000 毫米　16 开	
印　　张	21.75	
字　　数	280 千字	
版　　次	2024 年 5 月第 1 版	
印　　次	2024 年 5 月第 1 次印刷	
书　　号	ISBN 978-7-5225-2559-4	
定　　价	99.00 元	

前　言

　　长期以来，人们普遍将知识学习过程视作为一种理智的活动，其实完整的知识学习不仅需要理智的参与，亦需要体验的参与。本论文的中心论题是"体验性知识学习"，围绕这一主题，笔者尝试从体验的视角出发，挖掘相对于传统理性知识学习过程而言的一种全新的知识学习思路，并探求体验性知识学习在教学中的实践路径。

　　本书的导言部分讨论了论文选题的缘由。之所以讨论体验性知识学习主要源于以下考虑：首先是基于对传统知识学习过程的反思，其次是对现代教育中体验缺位现象的思考，再次是源于推进新时代基础教育教学改革的现实需要。除此之外，本部分还对国内外相关研究成果进行了综述，明确了本研究的意义、思路与方法。

　　本书的第一、二章主要运用对比分析的方式来阐述体验性知识学习的内涵及其特征。笔者尝试将传统的知识学习归纳为一种理性化知识学习，进而立足于唯理性化知识学习的对立面来讨论体验性的知识学习过程。在第一章，首先讨论了理性化知识学习的概念以及知识学习为何会具有理性；其次剖析了理性化知识学习所具有的基本特征：科学性是其最显著的特征，还包括目的上的预设性、内容上的确定性、方法上的逻辑性；最后探讨了唯理性化知识学习所具有的局限性：它迷失了知识学习的本质，过度强化了教师的地位和作用，束缚了学生的深层次发展。第二章论证了体验性知识学习及其教学价值。首先，从体验的概念出发，论证了体验运用于知识学习过程所具有的必要性，并在此基础上提出了体验性知识学习的概念。所谓的体验性知识学习是指，知识学习不纯粹是靠理解和记忆来进行的理性活动，还必须通过体验来完成，是一种亲历性、情感性、领悟性的活动。体验性知识学习具有以下特征：情感性是其最显著的特征，同时还包括目的上的生成性、内容上的不确定性、方法上的亲历性。除此之外，本章还讨论了体验性知识学习相较于其他知识学习方式所具有的独到教学价值：有助于课程设计的开放性，有助于教师教导的优质化，以及有助于实现学生学习的个性化。

本书的第三章主要立足于历史的维度探讨了体验性知识学习的思想流变。通过对国内外已有思想的统整，笔者大致将体验性知识学习思想在历史上的发展划分为五个阶段：一是在正规学校教育出现之前，体验是人类学习知识最为原初的方式；二是当专门的学校机构出现后，知识学习逐渐由对体验的关注转向对经验的强调；三是近代知识学习中的唯经验主义倾向，使得体验性知识学习的方式完全被遮蔽；四是强调非理性经验的现代知识学习观开始重拾知识学习中体验所具有的价值；五是后现代教育强调对体验性知识学习方式的回归。通过对体验性知识学习历史渊源的梳理后不难发现，体验性知识学习虽然很晚才被正式提出，且尚未形成成熟对体验性知识学习体系与策略。但体验性知识学习的思想早已出现，并且在知识学习的发展历程上从未中断过。这也说明，某些古已存在的思想虽然很基础、很原初，但这并不表示它很低级，相反这恰恰说明这种思想极具生命力。

本书的第四章主要立足于发生学的角度描述了体验性知识学习发生的内在机制。本文基于对知识学习基本方式的归纳，将体验性知识学习的发生方式划分为接受式体验性知识学习和探究式体验性知识学习两大类，并分别剖析了两种体验性知识学习发生的基本环节及其所具有的共同特征，随后从"体"的层面、"验"的层面以及动力层面探究了体验性知识学习发生的内在机制问题，最后还探讨了确保体验性知识学习发生和进行的保障条件。

　　本书的第五章主要阐述当前教育中学生知识学习活动的现实情况，进一步剖析当前知识学习过程中体验缺位的原因。本论文主要采用问卷与访谈相结合的方式，从知识学习的目的、知识学习的内容、知识学习的方式以及知识学习的效果四个维度出发，对当前中小学生知识学习情况进行现状调查，并采用 SPSS 23.0 软件对调查数据进行描述性、差异性及相关性分析，以期对学生的知识学习情况做出较为客观的把握。调查结果显示：当前学生的知识学习更多倾向于理性化的知识学习，体验性知识学习与学生的学段、年级成反相关，体验在学生的知识学习过程中普遍缺位。笔者结合访谈的结果对当前知识学习中体验缺位的现象进行了归因分析，发现知识学习中体验缺位的原因主要可以归结为传统应试教育制度的制约，教师教学观念的滞后以及体验性知识学习方式本身所具有的局限性三个方面。

　　本书的第六章主要讨论体验性知识学习的实现路径。要想在教学中真正实现学生的体验性知识学习，应从如下方面着手。首先应明晰体验性知识学习的基本理念：体验性知识学习是一种间接性的知识学习，它通常是以生活经验为中介，要引导学生重走知识提出之路，进而指向某种开放性的结果。其次应实现基于体验性知识学习的教学策略变革：开展富有针对性的教学设计；倡导直接参与，强调具身性体验；创设适当情境，引发替代性体验；释放创造活力，建构想象性体验；并倡导包容性的教学评价。最后则是要创造体验性知识学习实现基本条件：不仅要建构适宜性的教学"场"，鼓励教师"溶入"教学内容之中，还要在一定程度上"稚化"教师的教学行为。

目 录

导　论

一、问题的提出

众所周知，知识是构成教学活动最基本的元素，知识学习则是学生获得发展最为直接有效的方式，是学校教育需要关注的永恒主题。对于知识学习的不同理解直接影响着教师的教学活动与学生的学习过程。长期以来，人们普遍将知识学习过程视作为一种理智的活动，将知识学习界定为一种理性化的知识学习，认为学生若能准确地记住知识、理解知识并能在现实生活中对知识加以运用，便是掌握住了知识。然而，正如波兰尼 (Michael Polanyi) 所言，评判学生掌握知识的标准往往并不在于学生是否准确地记住了知识本身，而在于能否将显性知识转化为某种默会的知识，使学生达到在无意识状态下运用知识的状态[①]。即是说，仅仅理解、记住了知识本身以及能有意识地运用知识不能称之为是真正实现了知识学习。只有当学生能够在无意识的状态下自动化地使用知识，知识学习的意义才真正实现。体验作为一种内在的心理活动机制，不仅是心理学关注的重要问题，同样也是值得教育学进一步深入挖掘与探索的

---

① Polanyi, Knowing and being[M].Chicago: The University of Chicago Press,1969:144.

重要课题。体验不仅关涉着教师教学活动的开展，亦对学生的知识学习具有重大启发意义。体验的参与能够优化知识学习的过程与效果，促进知识由显性知识向隐性知识内化，对于学生知识学习过程大有裨益。完整的知识学习，不仅需要理智的参与，亦需要体验的参与。故而，本论文将研究的视角聚焦于体验与知识学习二者的交汇体，尝试讨论一种区别于传统理性化知识学习过程而存在的新型知识学习方式——体验性知识学习。具体而言，之所以选择讨论这一主题主要基于以下方面的思考：

（一）对传统知识学习过程的反思

长久以来，人们对于知识学习存在广义和狭义两种角度的理解。从狭义上讲，所谓的知识学习是指以书本知识为对象的学习过程，我们可以将其称作为书本性的知识学习或符号性的知识学习。从广义上讲，知识学习可以理解为是以知识结果掌握为目的的学习过程，它是从学习结果的角度出发来理解知识学习的。相比之下，后者包含着更为广泛的内容，这是因为除了通过学习书本上的知识来完成知识学习外，人还可以通过操作、观察、交往等多种方式来学习知识，而这些活动从广义上讲都可以称作为是知识学习的过程。

关于知识学习的两种不同的理解并不存在什么问题，关键在于传统教育往往是立足于狭义的视角来理解知识学习的，通常将知识学习的过程窄化理解为对知识符号的掌握，将学习的中心放在书本知识的组织与传递上，强调围绕书本知识来组织与建构学生的学习活动，并以知识的记忆与掌握程度作为评判学生知识学习水平的重要标尺。即是说，知识学习就是所谓的"学知识"。"学知识"的提法十分类似于我们日常生活中所讲的"烧开水"的说法。我们生活所说的"烧开水"并不是说要继续去烧已经沸腾的水，它的意思是把水烧开。同理，学知识的本意也并不是让学习者去学习和探究知识，而是要让学习者学到知识或者说把知识学到。因此在学生的知识学习过程中并不是让学生尝试去探究知识，而是以教材、生活等为材料，通过对这些材料的探索使学生学到知识。

"学知识"的提法看似不存在什么问题，但仔细分析之下不难发现，它将知识作为一种对象、一种手段、一种目的，即通过学习知识而获得知识。然而真正的知识学习过程应当是通过探究教材、生活经验等材料进而获得知识。这就好比我们是通过吃米饭而获取身体所需的糖、蛋白质等营养元素，而不是通过直接靠吃糖、蛋白质来获得糖、蛋白质。当然后者也能够使个体获得一定的营养元素，但这些营养元素却未必一定能够被个体全部吸收。学生的知识学习活动亦是如此，相较之下让学生通过各种生活中的材料来学习知识比让学生通过知识来获得知识的方式更为有效，然而非常可惜的是，当前教育中对知识学习的理解正在逐渐将其忽视掉。

由此我们可以说，狭义的知识学习所强调的更多是一种粗放型的知识学习，它讲求的是学生学习知识内容的数量、规模以及效率，而不太关注学生知识学习的细节性和精确性。不可否认，此种狭义的知识学习对于在短时间内快速提升学生的知识储备量、提高学习成绩大有助益。首先，它能够将知识以最易被学生接受的逻辑和顺序加以编排，使知识能够以最易被理解的方式被学生掌握；其次，它能够有效缩短学生学习知识所消耗的时间，在相同时间内让学生有机会学到更多的知识；再次，它还能够在一定程度上训练学生的逻辑性思维，帮助学生厘清知识的发展脉络，总结知识间存在的内在关联性，加速学生对于同类知识的掌握速度。然而，这种以书本知识为对象、以书本知识的传输为任务的狭义知识学习过程虽然能够在较短时间内为学生传递大量的知识，但却无法有效帮助学生真正领悟知识的内在意蕴，体验知识的真正内涵。很多学生虽然记住了知识本身，却并不理解知识所蕴含的真正意义，当脱离了书本世界，真正面对现实生活中的问题时，往往不能灵活的运用所学到的知识来解决相应的问题，这便呈现出所谓的"高分低能"现象。

事实上，知识学习的根本目的不仅在于记住并掌握知识本身，更在于引导学生重走知识产生的过程，使学生通过知识的学习，掌握其背后所蕴含的丰富价值意蕴。这就不仅需要发挥记忆等理性活动的作用，更要强调体验等非理性活动在知识学习中的价值。因此，传统教学纯粹将知识学习过程理解为一种理性的活动的观点显然是有失偏颇的，要想更加全面、准确地把脉知识学习过程，对于众多非理性因素的思考是不可忽视的。

（二）对现代教育中体验缺失现象的思考

体验对于教育来讲并非是一个陌生的概念，相反它与教育存在着一种本源性的关系。在学校等专门开展教育的机构还未正式出现之前，那时的教育主要是以师徒制的形式加以开展的，此种教育便强调学习者借由体验的方式来实现对于知识内容的学习。比如一位木匠要教授徒弟制作椅子，他通常不是为徒弟讲授一节课，系统地为徒弟介绍椅子应该是什么样子的、有什么特征、该如何制作等，并传授制作椅子所需要的知识和技巧。而是手把手带着学徒完成一把椅子的制作。此时，学徒是通过体验制作椅子的过程来获得相应的知识与技能的，这种教育便是通过体验来完成的。由此可见，体验是开展教育较为原初、基本的方式，原初和基本并不意味着它最低级，相反这恰恰说明它更具有生命力。个体通过体验而获得的技能往往能够伴随一生不被遗忘。

然而随着社会的进步，学校教育普遍出现后，以体验的方式进行教育的做法虽然效果理想，但由于需要花费大量的时间，教育的实际效率偏低，渐渐无法满足于社会发展对大量人才培养的实际需要，体验的教育方式逐渐让位于系统化的学校教育。时至现代教育，理性日益成为引领教育前进的一面旗帜，科学则是教育所信奉的最崇高信仰。当我们走进现代教育的课堂中，不难发现当下的教育已有陷了主知主义和理性主义的泥潭。此时的教育不再采用体验的方式来进行，取而代之的是大班化的讲授与记忆背诵。现代教育追求的是效率与科学，通过体验来开展教育的方式不仅低效，其产生的教学效果亦不稳定。因此体验逐渐被现代教育所抛弃，体验缺失已成为现代教育的普遍特征。

体验缺位的教育会产生诸多消极的影响，具体而言，笔者将这种消极影响归纳为三个方面：一是会导致教育目的的偏失。教育的目的何在？这是自教育产生之日起便一直被追问的问题，这一问题之所以被如此重视，原因在于它直接决定着教育的走向。通常我们把教育的根本目的理解为实现个体的成长与全面发展，它是为促进学生发展而服务的。但缺少体验参与的教育往往将注意力更多集中于认知层面，聚焦于对知识与技能符号的掌握。单纯的记忆这些符号不仅是无意义的也很难让学生获得情感、态度、价值观等方面的发展。须知，教育的目的应该是全面的，它绝不仅于认知的层面还应包含情感态度等诸多方面，因此缺乏体验的教育在目标上很容易走向偏失。二是会导致教学内容的失真。忽视体验的教学关注的往往是书本上的内容，而并非是学习者自己实际经历到的内容。虽然书本上的知识会以容易被学生所接受的逻辑进行安排，但相比于学生通过亲身体验获得的知识显然是低层次的，不仅难于领会知识背后蕴含的真正意义，即使学到的知识也是缺乏真实色彩的，因此缺乏体验的教学内容往往是失真的。三是会导致教学方法的单一化。缺乏体验的教学往往以记忆与背诵的方式加以展开，很少采用其他的方式，这便在一定程度上制约了教学方法的多元化拓展。须知，记忆与背诵并不适用于所有教学内容，有很多的教学内容仅依靠记忆与背诵是很难加以理解的。可见，缺乏体验的教学虽也是完成教育的任务，但却远未达到一种富有意义的教育的标准，显然不能将其称为是一种理想的教育。

（三）深化基础教育改革的现实需要

　　深化基础教育教学改革对于国家基础教育乃至更高层次的教育发展都具有极其重要的战略意义，我国从未停下对基础教育进行改革的脚步。无论是 20 世纪 90 年代推行的素质教育改革，还是进入 21 世纪以来进行的新课程改革，或是前几年方兴未艾的核心素养教育改革都是极具代表性的基础教育改革活动。如果我们对这些已有的基础教育改革进行理性化的总结与评价，不难发现其中存在着某些共通性的问题。以素质教育改革为例，素质教育是 20 世纪 90 年代我国教育改革的主旋律，改革的脚步可谓是风生水起。在中国知网上以"素质教育"为关键词、以 1990-2000 年为时间段进行检索，可以发现有关素质教育的文章达数千篇之多。然而，在实施了 20 余年的素质教育后，如果我们静下心忖度：我们国家真正实现所谓的素质教育了吗？我想答案是显而易见的。在实施了如此长时间的"素质教育"后，我国的教育仍旧没有摆脱应试教育的影子，教育虽有革新但多流于表面，以升学考试为目标的应试教育依旧是当前我国教育实践的主旋律，"素质教育"改革所提出的理想目标与实际情况差距巨大。之所以出现这种情况，一个很重要的原因就在于我们的基础教育改革往往流于形式，并没有改变基础教育中存在的根本性问题，没有真正改到骨髓中，可以说是在穿新鞋走老路、用新瓶装旧酒。以素质教育为例，虽然经过素质教育改革后，我们对"素质"的认识大大拓宽了，但对"素质教育"运作的思维模式因袭如旧[①]。再比如面对核心素养教育改革的热潮，不少研究者按照以往的逻辑简单地将核心素养的概念套用到各学科中，生成了所谓学科核心素养的概念，但正如有学者所指出的，如果我们从素养的特征出发来推敲学科核心素养的概念，可能会发现所谓学科核心素养的概念是不成立的。这是因为素养具有概括性，某种素养一旦形成，往往会对人的多种行为起决定作用，这和一个人掌握的某种学科知识不同，后者只能在一定的学科领域起作用，比如，化学知识只对了解化学现象和处理化学问题有用，而对于人际交往就没有直接的价值[②]。可见这一问题不解决，基础教育改革将很难取得应有的预期效果。

时下，基础教育教学改革已进入深水区，以培养学生创新精神与实践能力为旨规的新一轮基础教育改革正在轰轰烈烈地进行。新时代基础教育改革的一个显著特征便是日益关注体验所具有的独特价值，体验已

---

① 闫守轩，郭超华. 抓住核心了吗："核心素养热"的冷思考 [J]. 课程·教材·教法，2017(4)：100-105.

② 陈佑清. 在与活动的关联中理解素养问题——一种把握学生素养问题的方法论 [J]. 教育研究，2019(6)：60-69.

成为基础教育教学改革的新焦点。2019年6月发布的《关于新时代推进普通高中育人方式改革的指导意见》明确指出，要积极探索基于情境、问题导向的体验式课堂教学，这标志着体验式教学已经受到教育主管部门的重视。事实上，近几年流行的综合实践活动课程以及当下火热的研学旅行课程都蕴含着体验的色彩，都可以说是立足于学生的体验出发，强调对学生体验关注的改革实践。这无疑是具有跨时代意义的，对于我们思考如何摆脱基础教育改革的传统弊病，真正使基础教育教学改革落到实处具有重要的时代价值。因此，深入探讨体验性知识学习能够为当代基础教育改革提供新的视角，符合深化基础教育改革的现实需要。

从体验性知识学习的角度来审视基础教育改革可从宏观和微观两个层面出发，所谓的宏观层面是指对教育制度、教育政策方面的改革，微观层面主要是指课堂内的教学改革，如教学的内容、策略、模式等方面的改革。相比之下，课堂内的教学改革推行起来难度更大，这是因为它主要依赖于教师的个人教学行为，很难对其进行有效的规定与设计。因此，立足于体验性知识学习的基础教育改革要想真正落到实处，必须将课堂教学变革作为重中之重，但也不能忽视对于宏观教育政策的改革，这是因为宏观的教育政策是一面旗帜，它直接引领具体教学过程的实施。当前的时代是一个知识繁杂、文化多元、崇尚创新、推崇个性的时代，面对如此复杂的时代背景，基础教育教学改革必须做出相应的调整。首先从宏观上讲，要深化基础教育阶段教育教学改革，坚持立德树人、五育并举，全面发展素质教育。鼓励学生走出课本、走出课堂，亲身体验大千世界，真正实现自身的全面发展。其次从微观上讲，要强化课堂教学主阵地的作用，不断优化教学方式，充分发挥体验在教师教、学生学中发挥的重要作用，注重启发式、探究式、情景式教学，切实提高课堂教学质量。可见，无论是宏观还是微观层面，体验都是新时代推进基础教育改革的重要助力，探讨体验性知识学习对于推进基础教育改革具有重要的时代意义。

二、相关研究综述

参考国内外已有的相关研究成果，能够给本研究的开展带来一定的启发，在综述他人研究成果的基础上，能够帮助笔者寻找到本研究的立足点和创新之处。在知网上以"体验性知识学习"为关键词进行检索后发现，有关体验性知识学习的直接研究很少，相关研究多为间接性研究，因此本文的研究综述主要从已有的相关研究出发。通过对选题进行分解，本文拟从体验和知识学习两个方面出发，对已有研究成果进行总结与评述。

（一）关于体验的相关研究

体验的概念虽然发源于心理学，但它对于教育学来讲并非是一个全新的话题，通过对国内外相关研究的梳理后不难发现，教育学中所讲的体验主要包括两部分内容：一是将体验视作为学生学习的一种方式，即关于体验学习的相关研究；二是将体验视作为教师开展教学活动的一种模式，即有关体验式教学的研究。

1. 体验学习的相关研究

体验学习 (Experiential Learning) 也可称为体验式学习、体验性学习，它是指以体验的方式开展学习活动的一种方式。体验学习就其概念表述来讲较为前卫，但其实质却早已有之。它发源于美国著名教育家杜威的"经验学习"。杜威认为，要保障人类经验的传递和改造，学校教育就必须为学生提供一定的材料，使学生在运用、尝试、改造材料的实践活动中获得真知，这便是著名的"做中学"。首个将体验学习作为一种独立的学习方式进行开发的是英国教育学博士哈恩 (Kurt Hahn)，他针对学校教育无法满足学生实践需要的局限，研究了一套补救的学习方式，为学生提供挑战、突破和冒险的机会，使学生在户外实践训练的体验中获得成长。此后这套体验式学习模式被推广到课堂教学以及军事训练中，英国海军曾邀请哈恩教授研制了一套短期有效的海员训练计划，收效甚佳。美国学者罗伯特·培契受哈恩教授体验式学习的启发，1964 年在其创办的北明尼苏达学校创设了 PA 课程（主题式冒险、主题性活动），使体验学习的概念逐步成熟并被广泛采用。国外有关体验学习研究最具影响力的学者要数美国的大卫·库伯 (David A.Kolb) 教授，他在其专著《体验学习———让体验成为学习和发展的源泉》中首次提出了体验式学习的完整理论，将学习理解为一种基于精心设计的体验社会化过程。在库伯教授看来，体验不仅是拓展训练、主题式冒险、探索教育等学习所需要，也是课堂条件下学生学习与发展的重要机制。他将体验学习的特征概括为四个方面：第一，体验学习是一种过程而不是结果，学习是一个起源于体验并在体验下不断修正并获得观念的过程；第二，体验学习是以体验为基础的持续过程，每位学生都是带有着一定的亲身体验进入学习情境中的；第三，体验学习是运用辩证方法不断解决冲突的过程；第四，体验学习是一个适应世界的完整过程；第五，体验学习是个体与环境之间连续不断的交互作用过程；最后，体验学习是一个创造知识的过程。基于此，库伯创造性地提出了"体验学习圈"的概念，并将体验学习程序化、科学化。

国内有关体验学习的相关研究起步较晚，研究多是基于国外已有的研究基础之上进行的拓展。学者顾纪鑫等[①]（2000）受"体验经济"概念的启示，提出了"体验式学习"的概念，他将其理解为通过实践来认识周围事物的过程，或者说是通过能使学习者完完全全地参与学习过程，使学习者真正成为学习主角的过程。他指出体验式学习相较于以往的学习方式具有积极主动、寓教于乐、学以致用、虚实结合等多方面的优越之处。王嘉毅[②]（2004）将体验式学习界定为一种以学习者为中心的、把

---

① 方红，顾纪鑫. 简论体验式学习 [J]. 高等教育研究，2000(2)：82-84.

② 王嘉毅，李志厚. 论体验学习 [J]. 教育理论与实践，2004(12)：44-47.

人们从自己的体验中所获得的学习结果视为最佳的学习方式，是学习者
在有意识思考各种经验的基础上发展知识、技能和态度的过程，是体现
学习者内心价值和焕发其生命活力的发展过程。它不仅包括了把具体观
察和反思、概括综合起来的、直接积极的个人体验，实际上也包含了杜
威所说的"做中学"，从真实情境和行动实践中学习的意思。王灿明教
授① 通过对国外体验学习相关研究的梳理，并结合我国新一轮课程改革
对体验式学习做出了解读。他指出体验学习并非是一种知识本位的学习，
而是指向学生人格的和谐发展；它并非是单纯的"课堂教学"，而是
涉及"户外探险活动"；它并非单纯是"做中学"，而是强调一种"反思
性学习"；它并非是学生的一种个性学习行为，而是一种团队学习；它
并非是"一次性"的学习方式，而是一种"连续性"的学习。近年来，
不少学者开始尝试从不同的视角对体验式学习的内涵进行新的解读。华
东师范大学的庞维国教授② 从学习心理学的角度对体验学习给出了新的
理解，他指出体验式学习的内涵因应学习的时代要求而变化，但直接经
验与反思是其不变的特征；从心理学角度看，体验式学习的优势在于它
更多地涉及情节记忆、情绪记忆、默会知识、实用智力以及学习过程中
的自我决定性。对此，他根据学习目标、内容、过程的差异，把体验式
学习分为认知体验式学习、情感体验式学习、行为体验式学习三类。并
强调在学校教育情境中运用体验式学习，教师应重点把握经验构筑和学
习反思两个核心环节。学者王映学③ 也立足于教育心理学的视角，将学
习过程本身理解为体验的过程，他指出体验学习的目标在于认知能力的
获得、学习探究能力的形成、情绪情感的培育以及环境适应和创设能力
的生成，对此他指出体验学习包含具体体验、反思观察、抽象概括和主
动检验四个序列化阶段；相应的，在对于体验学习的评价方面既要基于

---

① 王灿明.体验学习解读 [J].全球教育展望，2005(12)：14–17.

② 庞维国.论体验式学习 [J].全球教育展望，2011(6)：9–15.

③ 王映学.论体验学习：目标、过程与评价 [J].教育理论与实践，2015(28)：61–
64.

其学习目标，也要结合学习过程来进行。

2. 体验式教学的相关研究

所谓的体验式教学是一种以引发学生的学习体验为中心，通过围绕学生学习体验的生成来建构的教学活动模式。它区别于传统的讲授式或传授式教学，是一种强调通过让学生亲身经历、亲身实践来认识教学内容的过程。正如辛继湘教授所讲的，体验式教学不仅意味着教学方式方法上的变革，更意味着教学理念的革新。它呼唤着教学过程更加深切地关注人的发展，关注人的生命的完整性、独特性、生成性以及自主性，关注人精神方面的发展[①]。可见，体验式教学是一种以人的生命体验与发展为旨归的教学模式，它所关心的不仅是人经由教学获得多少知识、认知水平得到了多少提升，更在于人的生命意义可以经由教学中的体验而获得彰显和拓展。

笔者以"Experiential teaching"为关键词检索 EBSCO 数据库后发现，国外有关体验式教学的相关研究起步较早、研究成果较为丰硕。虽然正式的体验式教学、体验式课程的概念出现在 20 世纪 70 年代之后，但在此之前西方教育中早已蕴含着体验教学的思想。有学者认为体验教学的思想最早可以追溯到古希腊时期，苏格拉底在教育学生时使用的产婆术以及亚里士多德的感觉认识论，都已呈现出体验教学的思想。卢梭所倡导的自然主义教育也强调在教学方法上要重视让学生通过感官形成观念，通过感官锻炼获得正确的判断，从而使感觉到的东西深入人心，这在本质上也是一种基于学生体验而开展的教学过程。更多学者则认为体验式教学发源于美国著名教育家杜威的"经验学习"，即所谓的"做中学"。杜威强调教学过程应关注学生对直接经验与间接经验的获取，关注学校生活和社会生活之间的联系与完整[②]。20 世纪 70 年代初，美国

---

① 辛继湘. 试论体验性教学模式的建构 [J]. 高等教育研究，2005(3)：64-68.

② ［美］约翰·杜威. 经验与教育 [M]. 姜文闵，译. 北京：人民教育出版社，2005：256.

系统地吸收了体验式教学的经验，开始在大学推行新生体验计划 (The First-Year Experience)，所谓的新生体验计划是指美国大学专为大一新生设计的旨在帮助其实现从中学到大学顺畅过渡的一系列综合性教学计划[①]。该计划的最大优势在于强调通过让学生通过亲身参与和体验，对大学生活形成自己的理解，它增强了学生对校园的认同感和融入意识。"新生体验计划"的推行有效改善了大学新生的学习观念，取得了良好的效果并沿用至今，并被众多国家所效仿。该计划的推行标志着体验式教学迈入了新的阶段。20 世纪 80 年代以来，随着牛津大学的哈恩博士以及哈佛大学大卫·库伯教授等学者对体验学习相关研究的推进与深入，体验教学的应用范围不断得到拓展。这一阶段出现了一批体验式教学应用的具体案例，如维奥拉·斯波林 (Viola Spolin) 所倡导的"角色扮演"法，指导学生在课堂上即兴创作小品等节目或扮演相应的神话人物[②]。艾略特·威金顿 (Eliot Wigginton) 则采用鼓励学生通过旅行的方式来研究阿巴拉契亚山脉居民的生活方式，并以其口述的历史为内容出版了一套畅销书。可见，此时的体验教学已日趋成熟，并逐渐渗透于教师的日常教学活动过程中。21 世纪以来，随着信息技术的不断进步，体验式教学开始与"网络空间"和"虚拟现实技术（VR 技术）"相结合，形式日趋多元化。如在某些商业教育中，通过让学生在线模拟参与投资经营与股票市场操作等活动，使教学取得更为理想的效果；充分发挥互联网的远程通信功能，通过在线视频等方式使不同地区的学生都能够同时参与到相关内容的学习过程之中。

尽管国外的体验式教学理论与实践已有近百年的历史，但由于种种原因，此种在国外具有重要影响力的教学模式在我国却反响甚微，直至

---

① National Resource Center for The First-year Experience and Student in Transition. Dedicated to setting a standard of excellence[EB/OL].[2020-2-15].http://sc.edu/fye/center/index.html.

② Spolin,V. Theater games for the classroom: A teacher's handbook [M].Evanston: Northwestern University Press,1986.

20 世纪 80 年代以来，体验式教学才被我国所引入。在此阶段，体验式教学之所以引起人们的关注并非是由于它所具有的先进的教学理念和模式，而是因为体验式教学是一种区别于传统教学的新方法，它适应了当时正在推进的新课程改革的需要，因此产生了较大的影响。一时间，体验式教学模式成为中小学教学中的风尚，许多语文、数学教师纷纷在自己的教学过程中运用体验式教学的模式，如江苏省教师李吉林创设的小学语文"情境教学法"、上海青浦初中教研员顾泠沅创设的"效果慧授法"都蕴含着强调通过学生的体验来开展教学活动的影子。1999 年我国启动的基础教育课程改革将改革的宗旨定位于实现教师教学方式和学生学习方式的变革，改变以讲授式、接受式学习为核心的单一教学模式，体验式教学正好迎合了当时课程改革的需要。2001 年颁布的义务教育各学科国家课程标准中，首次将各学科的课程目标按照结果目标和体验目标双重维度的方式进行了描述，足见体验式教学已成为国家认可的有效教学模式。21 世纪以来，随着体验哲学、体验美学等理论在中国学界的传播，体验式教学逐渐为学界所认识与接收，并出现了一批旨在系统介绍体验式教学的翻译著作与研究成果。杨四耕在其专著《体验教学》[①]中系统介绍了国外体验式教学的基本模式与流程，为我国体验式教学的开展奠定了理论基础。学者孙俊三将体验式教学理解为一种以人对生命意义的把握过程为基础的教学模式，他将体验式教学划分为入神入境、明心会意、神游怀想、移情忘怀、悦志畅神五个阶段，这种程序阶段不是死板的、一成不变的，而是可以根据不同的教学科目和不同的教学情境引申出多种多样的变式[②]。胡尚峰等人将体验式教学划分为入境激情、对话移情、探究动情、实践纵情和评述析情五个阶段，尤其强调发挥情感在教学过程中的作用，在具体的情境中体验与感受，从而获得新的认知[③]。刘

---

① 杨四耕. 体验教学 [M]. 福州：福建教育出版社，2005.

② 孙俊三. 从经验的积累到生命的体验——论教学过程审美模式的构建 [J]. 教育研究, 2001(2)：14-17.

③ 胡尚峰，田涛. 体验式教学模式初探 [J]. 教育探索, 2003(11)：49-51.

惊铎在其 2003 年出版的《道德体验论》中，首次从体验的视角对我国学校道德教育的理论与实践提出了全景化的思考。还有多位学者（如张蓉、马丽娜等）结合自身的教学经验论述了对于体验式教学的个人理解。著名的课程教学论专家张华教授在其《经验课程论》中首次将体验式教学引入了课程论的研究视域，提出了著名的体验课程观，这标志着体验式教学发展到了新的高度。进入 21 世纪以来，随着我国信息技术水平的不断发展，体验教学也开始与新技术相融合，VR 教学及 AR 教学等新型教学方式如雨后春笋般不断涌现。一线物理教师张月兰基于"互联网+"思维与技术的运用，对于推进物理学科情境体验式教学的路径提出了思考。她基于具体的教学内容指出，"互联网+"优化情境体验式教学的关键点在于要设计恰当的情境、提出有效的问题、优化实验效果以及引发学生思维的生长[1]。李小平等人对 VR、AR 教学体验及其产生的框架进行了系统地梳理，并设计了一套 VR、AR 教学体验的应用及评价模型。他大体将 VR、AR 教学方法性体验设计划分为问题的提出和方法的探索、找寻相似解决问题方法的形态、构造矛盾空间、制造系列冲突、解决冲突的场景、体验解决过程六大环节[2]，对信息技术下体验教学的不断深化提出了新的思路。

　　总括国内外有关体验式教学的已有研究，可以对体验式教学做出如下理解：体验式教学通常涉及体验、实践、环境、经历等概念，它是教师通过精心设计的活动让学生体验或对过去经验进行再体验，从而达到对事物本质内容的一种直觉性透查，进而获得心智方面的建设与发展的一种教学模式，它特别强调学生的亲身经历与感悟，对于变革传统接受式教学模式具有重要的启发与借鉴意义。

---

① 张月兰."互联网+"推进情境体验式教学路径的优化 [J]. 物理教师，2019(12)：37–39.
② 李小平，赵丰年，张少刚，等.VR/AR 教学体验的设计与应用研究 [J]. 中国电化教育，2018(3)：10–18.

（二）关于知识学习的相关研究

知识学习是一个老生常谈的问题，它不仅是学校教育的目标之一，更是学生发展的直接诉求。不同的研究领域，甚至是同一领域中的不同思想流派对于知识学习的看法都存在着极大的差异。通过对国内外有关知识学习相关文献的阅读与整理，可将现有相关研究主要归纳为以下几个主题。

1. 关于知识学习概念的相关辨析

什么是知识学习？知识学习是为了什么？这些问题是关于知识学习概念的根本性问题，哲学、心理学以及教育学领域都对此给予了不同的理解。虽然在很多论述中并未直接提及"知识学习"的概念，但其实质上却是反映了对知识学习概念的讨论。

在哲学视域中，研究者往往聚焦于知识本身的研究，如"什么是知识""知识与德性、信念之间的关系"等，这其间不乏关于知识学习的相关论述。苏格拉底主张知识即美德，他指出知识并非是德性的充分条件，有知识并不意味着有德性①。反言之，他认为知识是德性的必要条件，有德性的人在某种程度上讲一定是有知识的人。因此在苏格拉底看来知识学习要通过"认识你自己"的方式来实现，即认识心灵的内在原则（所谓的德性）。个体只有认识到了自己的德性，才能够将潜在的德性实现出来，才是实现了真正意义上的知识学习。为此他将"认识你自己"这句至理名言刻在了希腊德尔斐神庙的门楣之上。柏拉图试图从知识学习的角度出发来解决"善"的问题。在《理想国》中，他将知识理解为知觉，其中最高等级的知识便是对"善"的认识②，知识只有通过"善"才能获得实在性与可知性，从这个角度讲知识学习便是基于理念世界出

---

① 张志伟主编．西方哲学史（第 2 版）[M]．北京：中国人民大学出版社，2010：57．

② ［古希腊］柏拉图．理想国 [M]．董智慧，译．北京：民主与建设出版社，2018：27．

发，运用知觉的方式追求"善"的过程。拥有"善"的知识的人是最有智慧的，他们应成为国家的统治者。以笛卡尔为代表的理性主义知识观认为知识产生于人类的理性世界，是理性的或上帝的启示，主张知识只能通过理性论证的方式才能加以学习，知识学习便是追求理性发展的过程。正如笛卡尔所言的"某一事物或知识被认识，并非是由于它被看见或被摸到了，而是由于它被思想所理解了"①，正所谓"我思故我在"，知识只能直接或间接地来自我们的纯粹理智，因此知识学习必须通过严格而科学的理性思维加以完成。康德也认为，知识是理性天赋的产物，不是外来的，"经验最终还需要通过先验范畴和分析判断才能确定是否是知识"②，换言之理性具有对于知识最终的裁定权。因此，知识学习便是要通过科学的逻辑获得理性思维的过程。以杜威为代表的经验主义哲学则将知识视作为个体经验的产物，是在个体的感觉、直觉、印象的基础上通过归纳和概括而产生的。因此知识学习便是个体如何将这种经验的产物加以内化的过程。

知识学习不仅是哲学研究关注的重要问题，同样也是心理学关注的本源性问题。在心理学领域，知识学习是学习理论研究重点关注的核心问题，不同流派的教育心理学理论都对知识学习的内涵与机制进行了相关的研究，形成了较为丰硕的研究成果。在行为主义心理学看来，知识学习是一种刺激与反应之间的联结。正如桑代克、斯金纳等人所强调的，学习的过程可以理解为个体在活动中受外界因素影响而使其行为发生改变的历程，即"外铄"过程③。因此，在行为主义心理学的观点看来，学生的知识学习实质上是一种通过刺激与强化（S-R）过程习得经验的活动。在此过程中，学生只是一个"空心的有机体"，他是被动的由外界

---

① 北京大学哲学系. 十六—十八世纪西欧各国哲学 [M]. 北京：商务印书馆，1962：132.

② 燕良轼. 传统知识观结构与生命知识观建构 [J]. 高等教育研究，2005(7)：17-22.

③ 汪凤炎，燕良轼. 教育心理学新编 [M]. 广州：暨南大学出版社，2006：148.

环境所控制的，并非是知识学习活动的主体。认知心理学家突破了行为主义心理学的局限，强调对于学习者主体性的关注。他们认为，知识学习过程可以看作是个体对知识认识、辨别、理解从而获得新知识的过程，它更加关注于学习者在学习新知识过程中所形成的思维方式，即认知心理学家所强调的认知结构。正如格式塔心理学的代表人物托尔曼所强调的，知识学习的实质是知觉与认知的重组，它不仅仅是刺激与反映之间的简单联结，而是涉及学习者心理、情感和精神活动的完整过程。布鲁纳在其认知结构理论中将知识学习理解为学习者个体主动形成或提升自身认知结构的过程。奥苏泊尔则将知识学习理解为一种意义学习，认为它是学习者在新材料和自身已有认知解构之间建立关联的活动。人本主义心理学批判了行为主义心理学和认知主义心理学将知识学习的理解局限于行为或认知结构改变的观点，认为知识学习应关注学习者在学习知识过程中心理历程是否发生相应的变化。它既反对将知识学习视作为刺激与反映之间的简单联结，也反对对于知识结构的过分关注，而是认为知识学习应实现学习者自身的完整发展。正如罗杰斯所言："真正的学习绝不是将无助的个体牢牢地绑在凳子上，再将一些无趣的、枯燥的、毫无意义的、学过就忘的知识灌输到他们的脑子里！真正的知识学习应是青少年受永不满足的好奇心的驱使，不断去吸收他们看到的、听到的和读到的一切有意义的东西。"[①]

在教育学领域，知识学习似乎已经成为一个习以为常的概念，大多十分自然而不加思考地使用着这个概念，很少对"知识学习"这个概念进行本质思考。在已有的相关研究中，大多都将关注点聚焦于知识学习的过程、方法、途径及评价方式等方面。事实上，对于"知识学习"概念本身的界定是十分必要的，只有明确了"知识学习"的内涵和外延，我们才能更有依据性的研究知识学习的过程、机制及标准等内容。先就

---

① ［美］卡尔·罗杰斯，［美］杰罗姆·弗赖伯格.自由学习 [M].王烨晖，译.北京：人民邮电出版社，2015：41.

国内外已有代表性研究成果进行综述：美国教育学家索尔蒂斯首次从理论上探讨了知识的概念与学习的关系，他强调要通过更新知识学习观念的方式不断发挥知识学习对教育教学的作用。具体而言，他区分了两种知识学习的取向："以自我为中心的知识学习"与"以社会为中心的知识学习"。前者将知识学习理解为个体获得外部世界客观知识的过程，后者则认为一切知识都蕴藏在社会生活之中，知识的学习过程应立足于社会生活，在社会中理解知识的内涵，建构不同的知识体系。自此知识学习逐渐成为各学科研究者们共同关注的问题。美国教育家谢夫勒在他的《知识的条件》一书中指出"一种适当的教育哲学不仅需要论述一般的认识论问题，而且还必须努力从教育任务与目的的角度来看待这些问题"[①]，换言之，要理解知识学习的内涵，不仅要立足于哲学、心理学领域，还应从教育学的角度来看待与审视。对此，他提出了理解知识学习的三种取向：理性主义、经验主义与实用主义。这三种对于知识学习的观点都对教育实践发挥着不同的导向意义。我国学者潘洪建教授从广义和狭义两个方面对知识学习进行了概念界定。他认为，从广义上讲，知识学习是指个体习得经验的过程，它既包括直接参与实践活动而获得的直接经验，也包括学生在学校教育中获得的间接经验。从狭义上来说，知识学习是指学生在学校中通过教材的学习将人类的总体经验转化为个体经验的活动。因此在潘教授看来，"知识学习是学生积极地将外部的客观知识内化为主观知识，从而获得知识的客观意义过程"[②]，它不是外部知识及其结构的简单移植，而是一个积极内化、主动生成和共同建构的过程，是继承与创造、解构与再建构的统一。郭晓明教授认为知识学习不仅仅意味着学生获得知识的符号、能够理解知识，学生的知识学习还意味着精神的参与，意味着知识成为个体精神和人的意义世界的有机

---

① Israel Scheffler. Conditions of Knowledge [M].Chicago and London: The University of Chicago Press,1986:1

② 潘洪建. 当代知识观及其对基础教育改革的启示 [J]. 教育研究，2004(6)：56-61.

组成部分①。换言之，知识的学习绝不仅于占有知识符号，而应是从符号的理解上升到学生个体的精神世界和意义世界。

综上所述，不同的研究领域都对于知识学习做出了自己的理解：哲学领域主要聚焦于对知识本身的研究，通常将知识学习理解为对知识的掌握；心理学领域立足于学生学习的内在规律，主要探究学生学习掌握知识的机制；教育学则主要是站在课堂教学的视角，将知识学习看作是学生学习知识的过程，是学生通过一系列方式方法获得知识的过程。本文界定的知识学习不同于哲学或心理学对知识学习概念的界定，也不同于传统将知识学习理解为学生对知识的掌握或习得的观点，而将知识学习理解为知识教育价值的实现过程，是知识教育价值由潜在价值向现实价值转化的过程。那么，什么是真正的知识学习呢？很显然，掌握符号、牢记知识都不能代表学生真正地学会了知识。真正的知识学习应是知识教育价值的全面实现，它应该至少包含认知、意识与体验三个层次，即学生通过知识学习获得了事实与信息，发展了认知能力，意识到了知识的内在价值，并在实践中体验知识的价值。

2.关于知识学习机制的相关研究

知识学习的机制是指学习者获得知识所经历或采用的过程与方法，它反映了知识学习的进程与路径，是深入探讨学生知识学习问题不可逾越的门槛。对于知识学习机制的探究首先是一个心理学的问题。现代教育心理学对于知识学习的过程机制曾做出了很多的探索。奥苏伯尔认为知识学习应遵循一种同化论的机制，同化是源于生物学领域的概念，它是指生物对外界物质的接纳、吸收并将其转化为自身一部分的过程。借用这一概念，奥苏伯尔认为知识学习的过程便是要将学习的知识与自身头脑中已有观念有机联系起来的过程。这个过程从本质上讲便是，"材料的逻辑意义与学生认知结构中的原有观念相互作用，从而产生个体

---

① 郭晓明.知识的意义性与"知识获得"的新标准 [J].华东师范大学学报（教育科学版），2004(6)：14-21.

心理意义的过程"[①]。安德森 (J.R.Andeson) 则将知识学习的过程视作为一种"激活"的过程。他将人的记忆区划分为长时记忆和工作记忆两个部分，长时记忆主要的作用在于储存知识，而工作记忆则是大脑的执行区域，在知识学习、思维思考以及解决实际问题中起着关键的作用。人类大脑中的长时记忆中储存的知识往往处于静止状态，只有那些被激活的知识才能进入工作记忆中。同一时间内，工作记忆的容量最多只有 7 个作用的信息单位，超过这个数额便会被遗忘[②]。长时记忆中的知识一旦被激活，它便会沿着知识网络进入工作记忆中进而扩散到与它相关联的知识。由此，安德森提出学生学习新知识的过程应该是：将感知到的外界知识在头脑中进行表征，激活头脑中原有的与新知识相关的知识并拓展到临近的知识。这些新知识会和被激活的知识同处于工作记忆中，形成联系并使得新知识逐渐被学习者所习得，而习得后的知识又会再次进入长时记忆中等待被激活。由此可见，奥苏伯尔和安德森所倡导的同化论和激活论在揭示知识学习过程机制方面虽表述不同，但其本质上都将知识的学习理解为新旧知识相互作用进而建立联系的过程，二者有异曲同工之处。

加涅将知识学习的过程理解为一种程序性的信息加工过程，他指出要真正实现对于知识的学习，必须充分发挥"智慧技能"的价值。所谓的智慧技能包含辨别、概念和规则三个方面的内容，其中辨别只是形成概念和规则的前提基础，概念和规则的运用则是智慧技能的核心所在。因此加涅看来，知识的学习过程应包含三个步骤：首先是对所要学习内容的概念和规则进行掌握，即将所要学习的知识按照陈述性知识学习的基本机制（上位学习、下位学习）进行学习；其次是在具体的情境中探究知识的概念和规则，使陈述性的知识内化为学习者的技能或能力；最后是通过反复的联系，使对于知识的概念和规则的运用由有意识水平向

---

① 皮连生. 智育心理学 [M]. 北京：人民教育出版社，1996：107.

② 邵瑞珍. 教育心理学 [M]. 上海：上海教育出版社，1997：39-40.

无意识水平过渡，使知识技能真正转变为一种技巧。

除了现代教育心理学外，知识学习的过程一直是教育学者们关注的重要问题，不同的学者对于知识学习过程的理解也是多元化的。虽然有些学者并未明确提出知识学习的过程模型，但却对知识学习的过程进行了细致的探讨。如 17 世纪的捷克教育家夸美纽斯就将知识学习过程理解为"从观察到理解、记忆，从感知事物到文字、概念"的过程。19 世纪德国教育家赫尔巴特根据其统觉原理将知识学习视作为一个新旧观念联系和概念系统化的过程，提出了"明了、联合、系统、方法"的四阶段知识教学法，后被他的学生席勒发展为包含分析、综合、联系、系统、方法的五步教学法。美国教育家杜威根据学生在做中学的认识发展将知识学习大致划分为五个阶段：从情境中发现难题，从难题中提出问题，做出解决问题的各种假设，推断假设是否能解决问题，通过检验来修正假设并获得结论[①]。苏联的凯洛夫等人提出知识的学习应经历感知、理解、巩固与运用四个阶段。B·A·奥尼休克将掌握新知识的过程划分为感知和领会、理解、概括和系统化几个阶段。马赫穆托夫则将知识学习的过程理解为"现实化、形成新概念和新操作方式、运用已经掌握的东西"几个阶段。美国教育家布鲁纳认为学习的过程应包含着同时发生的三个步骤：新知识的获得、转化（使知识适合新的任务）、评价。从上述这些对知识学习过程研究的描述可以看出，学者们一直在自觉或不自觉地进行着对知识学习过程的探索，这充分说明了研究知识学习过程对于指导教学实践所具有的重要意义。然而不难发现，这些对于知识学习过程的描述大多比较原始与粗略，它们的要素大多仅涉及三四个步骤，多将知识学习的过程理解为直线式的结构（无回路）。这些模型大多仅描述了知识学习的外显步骤，却未能深入到学习者大脑内部的过程机理。

随着心理学尤其是脑科学研究的深入以及信息论、电子计算机技术

---

① 王道俊，郭文安．教育学（第七版）[M]．北京：人民教育出版社，2016：189．

的迅猛发展，知识学习过程的研究步入了新的阶段。1958 年布罗德本特首次提出了注意和记忆的假设模型，对于知识学习过程提供了新的理解[1]。他将学习过程划分为感觉输入、知觉辨认、短时记忆、选择性过滤、有限能力决策、反应区分、长时记忆等多个进程。此后，不断有学者针对罗本特提出的假设模型进行调整，并开始将知识学习理解为对由眼睛、耳朵等器官接受并进行转化编码的过程，并尝试构筑更为清晰的信息加工模型。如 1965 年沃与诺曼 (Waugh & Norman) 就曾根据现代心理学的研究成果对已有认识研究进行了修正和补充，形成了一个现代的知识学习认知模式。1974 年著名的认知心理学家加涅创设了系统的学习与记忆信息加工模式（如图 1 所示），他认为知识学习的过程可以理解为是一个信息的接受和使用的过程，是学习主体与环境相互作用的结果。与以往对学习过程的描述相比，这个模型结构已不再是简单的直线式，而是充满着回路的成分，其构成要素也有所增加，对于知识学习步骤的探究与分析更加细化。

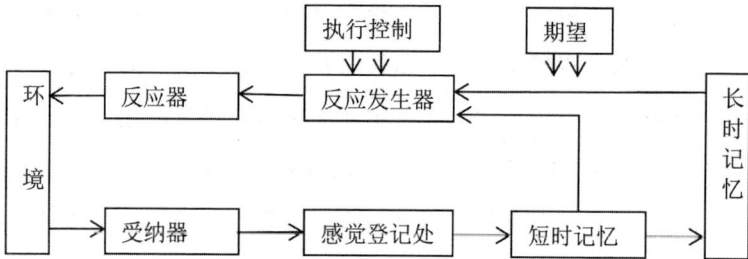

图 0-1　加涅的学习与记忆信息加工模型

通过对国外这些与知识学习相关的模型进行综述后不难发现，信息加工观点的引入使得人们对于知识学习过程的探索由外显步骤逐渐发展为对内部机理的探究，这标志着对于人们对于知识学习过程的认识又有了新的发展。与传统对知识学习过程的描述相比，这些模型的结构已

---

① Gordon R. Cross. The Psychology of Learning[M]. New York: Pergamon Press,1974:47.

不再是简单的直线型，而是蕴含着丰富的构成要素并大多拥有回路的成分，这也从一个侧面反映出人们对于知识学习过程的探究日益深入化。然而需要指出的是，这些模型的建立大多属于心理学的研究成果，多数模型没有能够与传统的教学研究成果相联系，大多没有用来解释教学中的实际问题，因此虽然对知识学习过程的探究有所启示，但实际的教育意义不大。对于知识学习过程的探究不仅是心理学的研究领域，它同样也是课堂教学中不可忽视的重要问题。比如英国教育学者戴安娜·劳里劳德就立足于课堂教学的视角将知识学习划分为分析式的、体验式的以及试验式的三种形式[①]，并认为这三种知识学习形式都是有价值的。

20世纪90年代以来，我国不少学者在吸收借鉴国外已有研究经验的基础上，结合课堂教学对于知识学习过程提出了新的理解。孙绍荣将知识按其作用和角色划分为原知识和新知识两大类，他认为知识学习的实质就是新知识加入原知识之中，使原知识得到扩大、修改和完善过程。他将知识学习的过程归纳为包括信息输入、识别、吸取、析出、修改、增加、行为等环节[②]。学者杜伟宇在其博士论文中建构了一种新型的知识学习过程模型，他将其划分为理解监控与建构活动两个阶段，其中理解监控阶段主要是将学生的已有模型与文本模型进行比较，如果学习者能够意识到两者之间的差异，就会采取行动进行弥补，知识学习过程便会发生。建构活动阶段是指学生意识到已有模型缺陷后采取的建构活动，推论新知识，这些新知识反过来又在一定程度上修正学习者的学习模型。

还有学者认为知识学习的过程应是指向实现能力的"做中学"，其过程体现了学习者将公共知识转化为自身观念和行动，进而实现自身社会化的过程。除此之外，还有学者结合人工智慧时代的特征，创设了多元

---

① ［英］戴安娜·劳里劳德.教学是一门设计科学：建构学习与技术的教学范式[M].金琦钦，等译.福州：福建教育出版社，2019：3.

② 孙绍荣.知识学习的信息加工模型[J].华东师范大学学报（教育科学版），1993(1)：1-12.

化的知识学习路径。他们认为知识学习的过程不仅受学生人文情怀等内在因素的影响，也受到知识内化、角色重构等外部因素的制约。这些因素相辅相成，交互影响，最终实现了对于知识的学习过程。

总而言之，无论知识学习过程的模型如何变化，其本质都是不变的。即知识学习的过程可以视作为是学生对知识的内在加工过程，它至少包含知识的获得、知识的保持和知识的提取三个环节。有效地把握知识学习的过程机制对于提升知识学习的效果、实现对教学内容的合理化组织都是大有裨益的。

3.关于知识学习评价的相关研究

对于知识学习水平的客观评价不仅是衡量学生知识掌握情况的基础，亦是对教师教学工作进行有效评价的重要尺度。开展知识学习的评价是开展教学评价的基础与前提，对于深入推进教学变革具有重要意义。

国外有关知识学习评价的相关研究起步较早，不同的学者亦提出了多样化的观点，著名的英国教育家斯宾塞曾指出，衡量某种知识的价值尺度便在于其是否有利于人的完美生活，简言之他认为评价知识学习的标准便在于它能否帮助人过上完美的生活，如果能够实现那么对于此种知识的学习便是有意义的，知识学习便取得了预期的效果。赫尔巴特认为，知识学习的过程与道德培养有关，他在其《世界美学的启示》中就曾明确指出"教育的整个任务可以概括于道德概念之中，一个人的价值不是用他的才智来衡量的，而是用他的道德意志来衡量的"。在赫尔巴特看来，知识学习是为学生道德方面的发展服务的，知识的增长与学生道德品质的提高两者是无条件的同步运动。因此，知识学习必须以道德兴趣作为基础，而对于学生知识学习的评价就应着眼于知识学习能否引起学生自觉的注意、唤起学生的学习兴趣。美国教育学者布卢姆认为，对于学生知识学习情况的评价应是多方面的，它在其专著《教育目标分类学》中将知识学习的目标界定为认知、情感、动作技能等多方面。完整的知识学习评价必须要能够参考学生上述方面的发展情况，实现对于知识学习水平的综合性评价。20 世纪 80 年代以来，质性评价逐渐受到研究者们的关注，所谓的质性评价是指将评价的结果视作为一种质的整体，如一支交响乐、一首诗、一幅油画、一支芭蕾舞都可以成为质性评价的重要方面。质性评价在关注个体独特发展风格、促进学生全面发展方面具有独一无二的贡献。对此，不少外国学者也提出了基于质性评价的知识学习评价新方式，其中最具代表性的质性评价方式就是美国教育家艾斯纳 (Elliot W. Eisner) 所倡导的"鉴赏性评价"。他认为对于知识学习的评价应包括"鉴赏"与"批评"两个部分：鉴赏就是学生对于知识进行的精妙、复杂以及重要特质的感知；批评就是将鉴赏的结果表达出来[①]。鉴赏性评价不仅能够有效评价学生对于知识的掌握情况，还能够实现对于学生通过知识学习获得的某些素养方面的发展进行"深描"，是一种更为深层次的知识学习评价方式。

　　我国的不少学者也对知识学习评价进行了相关探究，伍远岳在文章《评价学生知识获得的标准》[②]中对当前评价学生知识学习的功利化标准进行了批判，他指出从知识的内在结构来看，意义是知识学习最深层次的价值所在，因此意义应是评价学生知识学习的核心标准，即所谓的意义标准。具体而言，评价学生知识学习应是以学生掌握符号知识为基础，以学生思维水平发展为保障，并要求人与知识之间建立起意义关系。上海师范大学的丁念金教授近年来一直关注对知识学习过程进行评价的问题，并撰写了一系列文章来讨论学生学习过程评价的评价理念、基本框架、指标体系、评价要领、评价方法等问题。他指出，对学生知识学习过程评价理念的基础是多方面的，主要有人学理念、文化理念、学习过程规律、学习生活质量观念等。在《学习过程评价的理念》[③]一文中，丁教授尤其谈到对学生学习过程的评价要关注学生学习生活质量，主要有

---

① ［美］艾斯纳.教育想象——学校课程设计与评价 [M].李雁冰，等译.北京：教育科学出版社，2008：216-229.
② 伍远岳.评价学生知识获得的标准 [J].中国教育学刊，2013(2)：64-67.
③ 丁念金.学习过程评价的理念 [J].当代教育科学，2012(12)：3-6.

如下几个方面，一是高质量学习生活的特征；二是注意学习者的学习意义感，即学习者对学习生活之意义的认识以及他们感受到的学习生活的意义，包括个人意义和社会意义；三是学习生活的幸福感，即学习者对学习与幸福生活之关系的认识，以及学习者在学习过程中的快乐体验。学者解明生 [①] 倡导以全过程、全景式评价取代传统管窥式评价，使对于知识学习的评价由面向知识的数量和质量转向学生的实际发展，使得课堂教学评价真正面向教学的全过程、教学全体学生。

综上所述，对于知识学习的评价并不能完全通过学生掌握知识的数量来进行衡量。有的学生能够通过死记硬背的方式记忆下大量的知识符号，却没有理解知识的内涵及其背后所蕴含的逻辑结构与思维方式，无法实现知识对于自身的发展意义。这样的学生，纵使掌握再多的知识我们也无法将其称为真正实现了对于知识的学习。因此，知识学习的评价应从知识教育价值的实现出发，而不单纯是知识的数量和广度，否则便是有失偏颇的。要真正实现对知识学习的有效评价，其评价标准应是多维度的：既包括对于学生通过知识学习所获得的知识、能力等外显发展结果，也包括学生情感、思维、态度、价值观等内隐发展结果。然而，当前研究对于学生内隐学习结果的评价相对忽视，这也正是笔者希望进一步探究的重要方面。

（三）已有研究评述

基于对国内外与本论文研究内容相关的研究成果的描述，笔者从中发现进一步研究需要关注的问题。现有的相关研究成果给予了笔者有关体验性知识学习研究的诸多启示，引发了笔者更多的思考。

1. 研究的核心概念"体验性知识学习"有待进一步厘清

要探讨体验性知识学习的问题，必须首先对体验性知识学习有一个

---

① 解明生. 论素质教育背景下课堂教学评价模式的转变 [J]. 中国教育学刊，2001(2)：28-30.

清晰的概念界定，这是开展研究要解决的首要问题。通过对已有研究的梳理后发现，目前有关"知识学习"和"体验"的相关研究都较为丰富，但专门讨论体验性知识学习的研究却不多，尚没有学者对体验性知识学习给出明确的界定，因此本研究要解决的首要问题便是明确"体验性知识学习"这一核心概念到底是什么？该如何进行理解？本文所研究的核心概念"体验性知识学习"可以说是体验与知识学习二者的交集，即将体验视作为一种知识学习的重要手段，研究体验性知识学习所具有的独特价值。换言之，知识学习有很多种方式，除了我们所熟知的各种理性化的方式外，还存在某些长期被人们所忽视的非理性方式，而体验便是这些非理性知识学习方式中极具代表性的一种。因此，笔者认为要想厘清"体验性知识学习"的概念就必须从它的对立面出发来进行讨论，即是说要思考除了体验性的知识学习外，还存在哪些形式的知识学习。通过明晰"体验性知识学习"对立面概念，来进一步剖析体验性知识学习的概念。

为了便于讨论，本文尝试将与体验性知识学习对立的知识学习过程归纳为一种理性化的知识学习，并立足于对比的视角，从对于理性化知识学习的探讨出发，参照性的讨论体验性知识学习所具有的特征、过程机制等内容，从而更加清晰地展现体验性知识学习的概念。

2. 对知识学习过程机制的研究有待于进一步深化

通过对"知识学习"相关研究的综述后不难发现，已有研究存在一个很显著的问题，即相关研究多是从整体的角度来研究知识学习的，无论是对知识学习内涵的界定还是对知识学习模式的探究以及如何对学生知识学习的水平做出有效的评价的探讨，都是将知识学习视为一个整体性的活动，缺乏对于知识学习发生的内在过程机制的探究。这是教育学研究知识学习问题所具有的通病，这很容易在教育实践中导致简单否定知识学习与盲目推崇知识学习的两种极端倾向。说到底，知识学习是为了促进学生的发展而进行的活动，我们不能脱离过程与机制来讨论知识学习在教育中的地位。正如有学者所强调的，不研究知识学习的内在发展机制与价值，对知识地位的判断就不是基于理性的，而可能是源于习俗或偏见，如此便会对课程与教学改革带来误导^①。为了弥补这一问题，笔者认为有必要借鉴心理学对于知识学习内在机制的相关研究成果，真正将知识学习发生的过程解开。无论是理性化的知识学习还是体验性的知识学习都有其进行的内在过程机制，只有真正把握它们发生的内在机制，才能更好地理解各种知识学习方式所具有的价值，这是实现对于知识学习深入探讨必须要解决的关键问题。因此，对于体验性知识学习的研究决不能走"知识学习"研究的老路，而是应深入思考此种体验性知识学习发生的内在机制是什么样的？它具有哪些基本的环节？各环节之间是一种什么样的关系？只有回答好这些问题，才算是真正理解了体验性知识学习发生的过程，也才能挖掘体验性知识学习所具有的机制以及它对教学所带来的启示。

除此之外，还有一点值得注意的是：当前对于知识学习过程机制的已有研究（尤其是现代教育心理学的相关研究），其主要适用于对科学知识的学习过程，而对于人文知识的学习却不完全合适。这是因为人文知识与科学知识在本质上存在着很大的差异性，其主要表现在：人文知识的学习往往涉及学习者自身的情感、态度、价值观等诸多内容，学习者个人的体验在其中发挥着重要的作用。这些非理性的因素既不能简单接受，也不能按照某种逻辑去发现。因此用那种陈述性知识学习和程序性知识学习的机制去考察人文知识的学习显然是不完全合适的。因此，我们还必须要研究人文知识的学习过程所具有的独到的学习机制，作者认为这个机制主要涉及体验的形成和获得过程，这也正是本文想要研究体验性知识学习的重要原因。

3. 研究采用的方法有待进一步调整

从已有研究来看，对于知识学习的研究可以采用一种量化的方法。

---

① 陈佑清.知识学习的发展价值及其局限性 [J].教育研究与实验，2005(1)：23-26.

即是通过大规模的调查，掌握知识学习所取得的效果，或通过比对两次考核的成绩来判断某种知识学习是否确定了预期的效果。此种量化的方式之所以可以运用于对知识学习的研究，主要是因为长期以来人们普遍将知识学习视作为理性化的过程，是可以对其结果做出量化评价的。此种研究方法有一定的价值，在某种程度上讲也是十分高效的。这是因为，采用量化的方法能够在最短的时间内对知识学习所取得的效果进行客观性的评价，能够帮助研究者判别某种知识学习是否有效、是否达到了预期的结果，用数据来说话往往是具有说服力和科学性的。然而，量化研究的方法却不太适用于体验性知识学习的研究。这是因为体验性知识学习强调的是学习者对于学习对象的一种融入式的感受与领悟，体验性知识学习的结果往往不会直接表现在成绩上，而是会为学习者带来经过亲身经历而形成对事物独特的、具有个体意义的经历、情感和体会，这种内在的体验虽然不会在短时间内提升学习成绩，但却能够对学生日后的发展起到潜移默化的作用。再者，每位学习者经过体验性知识学习后所收获的内容都是个性化的，对于同一个知识不同的学习者在学习的过程中往往会产生截然不同的体验。因此，我们显然不能单纯使用量化的方法来研究体验性知识学习。

面对这一问题，要想真正透彻地解析体验性知识学习的问题，必须实现研究方法上的更新与整合。首先我们说，运用实证的方式开展大规模调查研究的方法是必要的，因为它能够较为客观地为我们展现当前教育阶段学生知识学习的真实情况。但仅仅采用实证调查的方式是远远不够的，对于学生体验性知识学习情况的把握还需要通过对于学习者大量跟踪观察，具体分析每位学生在知识学习过程中所进行的体验活动，总结其在采用体验的方式开展知识学习过程中所表现出来的共性特征，并以此来归纳体验性知识学习的内涵及体征。这就要求研究者要走入真实的课堂进行观察，通过呈现大量课堂教学中的真实案例，来解释体验性知识学习到底是什么样的。由此可见，对于体验性知识学习的研究呼唤着对研究方法的进一步完善与调整。

三、研究意义

本文尝试从体验的视角来审视个体的知识学习过程，揭示体验性知识学习所具有的内涵及特征，并探究体验性知识学习相较于传统理性化知识学习所具有的独到价值，这对于教育理论研究与实践探索方面都具有重要的研究意义。

（一）理论意义

第一，为知识学习的相关研究提供了新的思路和方法，有助于深化知识学习的基础性理论研究。知识学习既是一个老生常谈的问题，也是一直备受研究者们关注的问题。探索知识学习的问题之所以如此重要是因为，知识是开展教学活动最基本的单位，知识学习则是学生开展学习活动最为基础性的方式，它不仅影响着学习者在学习知识中的态度、方式，甚至还对教师教学活动的开展具有重要的指导意义。时下，教育学领域对于知识学习的理解日渐固化，知识学习逐渐被理解为学习活动所要达成的最终目的而非是开展学习活动的一种重要手段，有人甚至将知识学习曲解为"为知识而学习"，知识的掌握逐渐成为学习的最终目的。这显然违背了知识学习的本意，是对知识学习概念的一种误解。要想真正变革当前此种对知识学习的错误理解，必须尝试从新的角度来重新审视知识学习过程，本研究便是基于此而提出的。论文基于体验的视角，区分了两种截然不同的知识学习观，并尝试针对传统的理性化知识学习，提出一种全新的体验性知识学习的概念。这不仅在一定程度上丰富了有关知识学习的已有理论研究成果，也为基础教育阶段促进学生知识学习变革提供了新的理论方向。

第二，拓展教学论对知识学习的理论研究。知识学习的问题不仅是一个心理学的问题，同样也是教育学、教学论需要关注并不断深入探讨的重要问题。这是因为知识学习的问题直接影响着"学生怎么学"的问题，而"学生怎么学"又对"教师如何教"产生着重要的影响。因此，深入探讨知识学习的问题不仅对学生的学习也对教师的教学具有非常重要的价值和意义。囿于学科知识的分科化，当前基础教育阶段对学生知识学习的关注往往也存在着学科化的差异，不同学科对学生掌握本学科知识的方法与措施往往是不同的。例如语文学科通常会使用背诵的方式让学生准确记忆古诗词等基础性知识，而数学学科则更加强调理解，很多时候是在做题中让学生举一反三、触类旁通地来掌握公式类的知识。此种分科化的知识学习对于学生的发展是极为不利，同样也不是知识学习所期望实现的效果。基于此，本研究从体验的视角出发，尝试将学生的知识学习活动统整起来。笔者认为，任何的知识都可以通过体验性的方式加以学习和掌握，只是体验的类型与方法存在一定的差异。这便是尝试在教学论领域内实现对于知识学习整合的理论创新。

第三，为推进新时代基础教育教学改革提供了新的理论支撑。在我国基础教育改革向纵深推进的时代背景下，重提知识学习这一基本问题有助于从根本上夯实基础教育改革的理论基础，能够帮助我们重新把脉教育改革的前进方向。因此，探究体验性知识学习的问题能够为如何切实地提高学生知识学习的水平，变革教师知识教学实践，进而促进学生的健康成长与发展，提供了新的理论研究视角。通过对体验性知识学习的研究，可以在一定层面上丰富课堂教学的理论研究体系，尤其在当下课堂教学主体性缺失、评价机制缺位的实践困境下，从体验性的指标维度重新审思课堂教学的理论构建与研究，为基础教育阶段教学改革提供了可能的思考方向，有着重要的理论意义。

（二）实践意义

第一，基于对体验性知识学习的讨论，有助于生成一种全新的教学模式，探索出一条以体验为核心的素质教育新路径。我们都知道，知识学习问题是教学中最为基本的问题，对于知识学习的不同理解往往会使得教学活动的开展导向完全不同的结果。因此，探讨体验性知识学习的问题，不仅能够为学生如何有效地开展知识学习活动提供启示，更重要的意义在于它能够生成一套区别于传统知识传授、旨在促使学生实践性思维发展的新型教学模式，能够在一定意义上引发教学体系的变革。这对于转变传统教学中只见零碎"知识"不见完整的"人"的现象具有重要的现实意义。由此可见，探讨体验性知识学习不仅能在一定程度上拓展相关理论研究，其更大的价值在于能够为实际的课堂教学提供一种新的路径，这也是本论文所具有的最大实践意义。

第二，有助于改变教师的教学观念。教学观念可以理解为是教师对教学和学习活动内在规律认识的集中体现，同时也是教师对教学活动的看法和持有的基本态度和观念，是教师从事教学活动的信念。可见，教学观念直接影响着教师在教学过程中的具体行为。探讨体验性知识学习能够打破教师传统的教学观念，为教师教学观念的选择提供更多的空间。具体而言，体验性知识学习能够为教师的教学观念带来以下方面的改变：首先在教学目标方面，基于体验性知识学习的教学设计可以更新教师对实践性思维的看法，帮助他们树立正确的实践性思维观，以保证基于体验的实践性思维在教师教的过程中得到足够的重视。其次在教学过程方面，指向体验性知识学习的教学过程可以更新教师对传统教学过程的看法，帮助他们正确认识体验在教学过程中的重要作用。最后在教学设计方面，着力于体验性知识学习的教学能使教师充分认识到，教学设计的本意不在于知识的传递，而在于体验的生成，即教学设计的核心在于建构能够引发学生学习体验的教学策略。

第三，有助于促进学生学习观念的转型。体验性知识学习不仅能够在一定程度上转变教师的教学观念，更为重要的是，它还能实现学生学习观念的更新。从本质上讲，知识学习的过程是由学生自己来完成的，教师只能起到引领的作用，却无法替代学生完成对于知识内容的学习。因此从某种意义上讲，知识学习是学生自己的事情，而要想更好地完成知识学习的任务，学生学习观念的转变发挥着重要的作用。基于对体验性知识学习的探讨能够对传统学生知识学习观念提出反思，并实现对学生学习观念的有效转型。参照教师的教学观念逻辑结构，体验性知识学习也能够为学生的学习观念带来以下方面的改变：首先是在学习目标方面，体验性知识学习强调要实现学生素养的提升而非知识的掌握；其次是在学习内容方面，体验性知识学习强调的是让学生结合自身的体验进行学习，而不是去学习书本上准备好的知识；最后是在学习方法方面，体验性知识学习强调学生对学习目标的亲身体悟而非机械记忆。

四、研究思路与方法

（一）研究目标

本论文的核心论题是体验性知识学习，围绕这一主题论文拟实现如下研究目标：

1. 从本研究对象的对立面角度出发，理性化知识学习的概念以及知识学习为何会具有理性，剖析理性知识学习所具有的基本特征，并探讨了唯理性化知识学习所具有的局限性。

2. 从体验的概念出发，论证了体验运用于知识学习过程所具有的必要性，并在此基础上提出了体验性知识学习的概念。参考理性化知识学习的特征提出了体验性知识学习所具有的基本特征，深入把脉其与理性化知识学习之间的内在关联与区别讨论了体验性知识学习相较于其他知识学习方式所具有的独到教学价值。

3. 通过文献法探寻国内外有关体验性知识学习的历史渊源，以时间为线索梳理体验性知识学习不同时期的发展走向，尝试以历史的视角重新审视体验性知识学习的发展历程。

4. 立足于发生学的视角，解析体验性知识学习发生的基本方式和过程机制，探究体验性知识学习究竟是如何发生的？需要经历哪些环节？有哪些影响因素？

5. 采用问卷与访谈相结合的方式，从知识学习的目的、知识学习的内容、知识学习的方式以及知识学习的效果四个维度出发，对当前中小学生知识学习情况进行现状调查，并采用 SPSS 23.0 软件对调查数据进行描述性、差异性及相关性分析，以期对学生的知识学习情况做出较为客观的把握。

6. 回归课堂教学的视角，构建基于体验性知识学习的教学实践策略。

（二）研究内容

除导论外，论文共分为六个章节，具体内容如下：

第一章主要阐述了唯理性化知识学习及其局限。笔者尝试将传统的知识学习归纳为一种理性化的知识学习。本章首先讨论了理性化知识学习的概念以及知识学习为何会具有理性；其次剖析了理性化知识学习所具有的基本特征：科学性是其最显著的特征，还包括目的上的预设性、内容上的确定性、方法上的逻辑性；最后探讨了唯理性化知识学习所具有的局限性：它迷失了知识学习的本质，过度强化了教师的地位和作用，束缚了学生的深层次发展。

第二章主要论证了体验性知识学习及其教学价值。在此部分中首先从体验的概念出发，论证了体验运用于知识学习过程所具有的必要性，并在此基础上提出了体验性知识学习的概念。所谓的体验性知识学习是指，知识学习不纯粹是靠理解和记忆来进行的理性活动，还必须通过体验来完成，是一种亲历性、情感性、领悟性的活动。体验性知识学习具有以下特征：情感性是其最显著的特征，同时还包括目的上的生成性、内容上的不确定性、方法上的亲历性。除此之外，本章还讨论了体验性知识学习相较于其他知识学习方式所具有的独到教学价值：有助于课程设计的开放性，有助于教师教导的优质化，以及有助于实现学生学习的个性化。

第三章主要立足于历史的维度探讨了体验性知识学习的思想流变。通过对国内外已有思想的统整，笔者大致将体验性知识学习思想在历史上的发展划分为五个阶段：一是在正规学校教育出现之前，体验是人类学习知识最为原初的方式；二是当专门的学校机构出现后，知识学习逐渐由对体验的关注转向对经验的强调；三是近代知识学习中的唯经验主义倾向，使得体验性知识学习的方式完全被遮蔽；四是强调非理性经验的现代知识学习观开始重拾知识学习中体验所具有的价值；五是后现代教育强调对体验性知识学习方式的回归。通过对体验性知识学习历史渊源的梳理后不难发现，体验性知识学习虽然很晚才被正式提出，且尚未形成成熟对体验性知识学习体系与策略。但体验性知识学习的思想早已出现，并且在知识学习的发展历程上从未中断过。这也说明，某些古已存在的思想虽然很基础、很原初，但这并不表示它很低级，相反这恰恰说明这种思想极具生命力。

　　第四章主要立足于发生学的角度描述了体验性知识学习发生过程机制。本文基于对知识学习基本方式的归纳，将体验性知识学习的发生方式划分为接受式体验性知识学习和探究式体验性知识学习两大类，并分别剖析了两种体验性知识学习发生的基本环节，随后"体"的层面、"验"的层面以及动力层面探究了体验性知识学习发生的内在机制问题，最后还探讨了确保体验性知识学习发生和进行的保障条件。

　　第五章主要阐述当前教育中学生知识学习活动的现实情况，进一步剖析当前知识学习过程中体验缺位的原因。本论文主要采用问卷与访谈相结合的方式，从知识学习的目的、知识学习的内容、知识学习的方式以及知识学习的效果四个维度出发，对当前中小学生知识学习情况进行现状调查，并采用 SPSS 23.0 软件对调查数据进行描述性、差异性及相关性分析，以期对学生的知识学习情况做出较为客观的把握。调查结果显示：当前学生的知识学习更多倾向于理性化的知识学习，体验性知识学习与学生的学段、年级呈负相关，体验在学生的知识学习过程中普遍缺位。笔者结合访谈的结果对当前知识学习中体验缺位的现象进行了归因分析，发现知识学习中体验缺位的原因主要可以归结为传统应试教育制度的制约，教师教学观念的滞后以及体验性知识学习方式本身所具有的局限性三个方面。

第六章主要讨论体验性知识学习的实现路径。要想在教学中真正实现学生的体验性知识学习，应从如下方面着手。首先应明晰体验性知识学习的基本理念：体验性知识学习是一种间接性的知识学习，它通常是以生活经验为中介，要引导学生重走知识提出之路，进而指向某种开放性的结果。其次应实现基于体验性知识学习的教学策略变革：开展富有针对性的教学设计；倡导直接参与，强调具身性体验；创设适当情境，引发替代性体验；释放创造活力，建构想象性体验；并倡导包容性的教学评价。最后则是要创造体验性知识学习实现基本条件：不仅要建构适宜性的教学"场"，鼓励教师"溶入"教学内容之中，还要在一定程度上"稚化"教师的教学行为。

（三）拟解决的关键问题

论文拟解决的关键问题有四个方面，具体如下：

一是如何科学准确地界定体验性知识学习？其特征是什么？它与理性化知识学习之间是一种什么样的关系？体验性知识学习为何可以成立？这需要结合知识学习与体验的特征进行综合性思考。

二是如何客观地把握当前基础教育阶段学生知识学习的现状，剖析其所具有的主要特征，并进一步探寻体验在当前知识学习活动中缺位的原因何在？

三是如何准确地把脉体验性知识学习的历史发展脉络。时下尚未有对这一问题进行系统阐述的相关文献，因此这一部分内容需要在纷繁的历史资料中去粗取精、去伪存真地寻找其脉络，并对其进行科学的概括总结。

四是立足于教学的视角审视体验性知识学习的实现路径。思考如何落实立足于体验性知识学习的教学？这需要将体验性知识学习与教学有机结合起来，并对其做出前瞻性思考。

（四）拟采取的研究方法

论文在探究过程中采用的研究方法具体如下：

一是文献研究法。论文将围绕"体验性知识学习"这一主题，系统、广泛搜集相关的文献资料，全面、科学地梳理体验性知识学习发展的历史脉络，力求对体验性知识学习形成初步的认识和理解。由于体验性知识学习会涉及到心理学方面的研究，因此文献研究法的使用讲求一种综合性，要能够从心理学、社会学、历史学教育学等多视角进行文献的梳理与整合。

二是问卷调查法。为了使论文写作更具有针对性和真实性，笔者尝试使用大规模问卷调查的方式，从知识学习的目的、知识学习的内容、知识学习的方式以及知识学习的效果四个维度出发，对当前中小学生知识学习情况进行现状调查，并采用 SPSS 23.0 软件对调查数据进行描述性、差异性及相关性分析，以期对学生的知识学习情况做出较为客观的把握，并基于此来剖析造成当前知识学习过程中体验缺失的原因究竟何在。

三是访谈法。本文的访谈法主要是作为问卷调查法的辅助而采用的，其目的在于更为真实、准确地了解基础教育阶段的学生当前知识学习的现状，以及其对于体验性知识学习活动的认识。在分析问题时，笔者会在适时将访谈录音以文字的形式呈现出来，以期更好地说明某些问题。

四是案例分析法。为了更好地剖析体验性知识学习活动，笔者会呈现某些特定的课堂教学案例，并借由对其的分析论述体验性知识学习的特点和价值。尤其在论文的第六章，在论述体验性知识学习的教学实践诉求时，会结合某些有代表性的课堂教学案例进行分析，确保论文阐述的科学性。

第一章
唯理性化知识学习及其局限

　　批判是一种立场，一种方法论，一种理性的追求，更是一种态度，一种对话。正如著名的批判教育学家弗莱雷所指出的："只有要求进行批判性思维的对话才能产生批判性思维，没有了对话，就没有了交流；没有了交流也就没有了批判，没有了批判也就更不会有真正的教育。"①这启示我们，当我们面对批判的对象时，绝不是被动、静止的，而是处在不断的对话、生成之中。批判对于我们客观、全面地看待问题具有重要的价值，无论是在生活中还是教育中都是如此。事实上，以批判的视角来审视教育活动的做法自教育产生之日起便已存在，我们的教育从未停止过批判，无论是受到外界的批判还是教育内部所做的自我批判。也许正是由于批判的存在，才使得教育能够不断地实现更新与发展。因此，教育需要批判，我们在思考具体的教育问题时也应采用批判性的观念，如此才能够时刻发现问题，并努力去解决问题，进而达到某种更为理想的教育效果。

　　知识是构成教学活动的基本要素，知识学习则是学生获得发展最为直接有效的方式，是教育需要关注的永恒主题。要想从根本上把脉

---

① ［巴西］保罗·弗莱雷. 被压迫者教育学 [M]. 顾建新，等译. 上海：华东师范大学出版社，2014：59.

知识学习的本质，探求真正意义上的知识学习，也应立足于当前教育中开展知识学习过程中所存在的实际问题，对其进行合理性的批判。在笔者看来，知识学习至少包含两层不同的内涵：一种是以知识为对象的学习活动，它强调让学习者直接去学习知识。以知识为对象的知识学习方式是多样的，既可以通过记忆、练习、背诵等理性方式直接记住知识内容本身，也可以通过让学生通过情感理解、体验、想象等非理性方式来掌握知识。另一种则是以知识获得为目的的学习，它强调的是让学习者通过一系列过程最终实现对于知识内容的掌握，比如杜威"做中学"观点中对于知识学习环节的阐述，他将知识学习划分为三个环节，首先是获得直接经验，其次是通过交往等方式实现经验意义的拓展，最终则是将经验加工成为一种科学知识[①]，这种将知识学习看作是消化、理解、加工、最终建构成一种科学知识形态的做法便是一种典型的以知识获得为目的的学习过程。从本质上讲，两种知识学习都是有价值的，但传统教育中对知识学习的理解存在的问题便在于，它将知识学习活动窄化理解为用理性化的方式直接去学习知识内容本身的过程，即我们通常所说的符号学习，是一种通过背诵、练习、观摩、思考等方式直接获得已有知识结论的过程。笔者将此种知识学习统称为"唯理性化知识学习"。唯理性化知识学习之所以被提出，主要是针对此种理性化倾向在当前教育中出现的各种局限与危机。需要指出的是，即使是某些通过活动开展而进行的知识学习过程仍旧可能是一种为理性化的活动，比如在时下火热的研学旅行热潮推动下，不少学校带领学生走出校门，打卡式的参观景区，便算是研学旅行了。在此种活动中学生依旧是作为旁观者，并没有真正全身心地参与其中，此种活动显然也是一种唯理性化的知识学习。为了便于讨论，笔者将此种知识学习统称为"唯理性化知识学习"。唯理性化知识学习之所以

---

① ［美］约翰·杜威.民主主义与教育［M］.王承绪，译.北京：人民教育出版社，2001：201.

被提出，主要是针对此种理性化倾向在当前教育中出现的各种局限与危机。

一、理性化知识学习的含义

为了更好地把脉唯理性化知识学习所具有的局限性，我们必须首先对理性化知识学习的含义有一个清晰的定位。理性化知识学习就其表面意思可以将其理解为是，采用某种理性化的方式去学习知识的过程。如果按照前文中有关知识学习概念的理解，理性化知识学习也可以划分为两个层面：一是以某种理性的方式直接去学习知识，将知识作为一种学习的对象，并采用记忆背诵、充分联系等理性方式去掌握它；二是借由一种理性的方式去获得某些知识，比如通过对某些问题的分析、综合、思考等进而获得令人信服的知识，比如数学中对于某些问题的思考便是一种典型的理性化知识学习的过程。理性化知识学习虽然相对保守与僵化，但它无疑是一种有效的知识学习方式。为了更为全面地把脉理性化知识学习，必须对理性以及理性化知识学习的含义进行系统解析。

（一）理性与理性化知识学习

1. 什么是"理性"

要想准确把握理性化知识学习的概念，需要首先对"理性"的概念有一个清晰的认识。辞典中将理性界定为：一种从理智上控制行为的能力或以逻辑推理为特征的活动。由此可见，词典中对于理性的理解包含着两个层次的内容，一是将理性理解为是人所具有的从理智上控制行为的一种能力，一种个人行事的风格类型。此种风格通常表现为不易显露情感，不善同情，也不在意人际关系是否和谐等。比如生活中有些人在面对重大变故时仍能够做到平静如水，对于这种人我们通常可以把他们称为理性的人。二是将理性看作是一种类似于判断、推理的活动，此种类型活动的特质是以逻辑推理方式来观察事情。比如某些人在面对十分复杂的事件时仍能够保持清晰的逻辑思维能力，这便是理性的表现。

在日常生活中我们讲到"理性"通常是用来与"感性"概念相对立的，如果一个人能够对所遇到的突发事件做出理智的分析和判断，头脑不会发热，做决定不冲动，并能够做出符合逻辑的科学性选择，那么我们便可以说这个人是理性的。反之，如果一个人在处理事情时完全凭借自己的心情，无论事情对错，往往感情用事，那这类人便可以称其为感性的。理性和感性虽是两种相对立的认识方式，但我们不能简单地评价二者孰优孰劣，更不能简单地说一个人有理性好，也不能说一个人感性不好。这是因为，不同的事情往往需要不同的方式进行处理，在有些事情方面（比如和朋友们分享观影后的想法）感性要比理性更适合，也更有意义和价值。因此，理性与感性对于人的发展来讲往往都是必要的，然而何时何地应选择理性还是感性，则是要看事情本身的性质及其发展的走向来决定。

"理性"的概念最早源于哲学领域，由于哲学的本质是以人类的认知为对象的认识思维活动，而理性便是其中最为典型的一种认识思维方式。可以说，对于理性的讨论贯穿于整个哲学发展史，理性一直是哲学家们关注的重要问题。理性 (reason) 的概念最早出现于古希腊时期所讲的逻各斯 (logos) 概念。赫拉克利特在其哲学体系中首次创设了"逻各斯"的概念，他将逻各斯理解为万物必须依据和遵循的尺度或比例、普通原则或必然性，它类似于我们所讲的"规律"。正如他所讲的，逻各斯不仅永恒存在着，而且万物都根据这个逻各斯生成，逻各斯乃是共同的，谁不认识并进而服从逻各斯，谁就无法获得智慧、把握真理[①]。可见从某种角度上讲，赫拉克利特所讲的"逻各斯"概念便是哲学所讨论的"理性"的前身，逻各斯本身便可以看作为天地万物间具有的一种隐秘的智慧或理性，我们可将其称为一种还未体系化的理性。"逻各斯"概念的创立

---

① 张志伟. 西方哲学史 [M]. 北京：中国人民大学出版社，2002：47.

具有重要的历史意义，其中最重要的便是它用一个逻各斯的概念将不断变化的万事万物统一起来，一切都以逻各斯作为尺度，如此知识也才能具有确定性的价值。

古希腊哲学家阿那克萨戈拉 (Anaksagoras) 是西方哲学史上第一位将"理性"看作高居于万物之上的精神实体的学者。关于"理性"的地位及价值，阿那克萨戈拉曾给出过很多精彩的论述：

> 在万物之中，理性是最精粹和最纯洁的。它有对万物的一切知识和最大力量。理性主宰着一切有灵魂的东西啊，不论是较大的还是较小的。理智也主宰着整个漩涡运动，使这种旋转开始。……其他的东西都分有每一事物的一部分，只有理性是无限的、自主的，它不予任何东西相混合，而是单一的、独立自为的。……理性知晓一切被混合的东西啊、被分开的东西和被区别的东西。一切将要存在的、一切过去存在但现在已不复存在的以及一切现在存在而且将来也要存在的东西，都为理性所安排。①

可见，阿那克萨戈拉很好地承袭了赫拉克利特的"逻各斯"遗风，并以理性的姿态将其视作为万物的基石。而他对于"理性"的看法则被苏格拉底与亚里士多德等人所继承，成为后世论证"理性"的重要基础。

苏格拉底基于对已有自然哲学家和智者派观点的基础上，开始摒弃感觉高扬理性，使哲学从求知、求智转向求真、求善，树立起一面理性主义的大旗。在苏格拉底看来，"善"是自然万物的内在本源，具体到人类身上，这种"善"便表现为一种"德性"②。德性是人的本性，人类并非是生来就具有此种德性的，只有在理性的指导下才能够认识自己的德性，也才能够使这种德性真正发挥出来，成为善的人。亚里士多德更是直接提出了"人是理性的动物"这一论断，将人的德性与理性的发展

---

① 苗力田. 古希腊哲学 [M]. 北京：中国人民大学出版社，1989：146-147.
② 张志伟. 西方哲学史 [M]. 北京：中国人民大学出版社，2002：75.

相关联，并认为德性源于人对理性功能的卓越展示。

近代以来，理性更是成为时代的旗帜。自 14 世纪发端的欧洲文艺复兴运动伊始，一场伴随着理性主义光辉的思想启蒙运动拉开了序幕。人文主义者们以理性为武器将人们从宗教神道下解放出来，肯定人的价值与尊严，并以个人的理性判断表达自己的观点和看法，倡导人性的解放。此时理性的内涵更多表现为一种浓厚的人性光辉，任何反对宗教迷信、倡导思想解放的观点都可以称之为是理性化的。进入 16 世纪以来，伴随着培根"知识就是力量"的响亮口号，西方人开始以理性为工具不断地征服自然、主宰世界。笛卡尔立足于"我思故我在"的基本逻辑，将现有的一切认识都放在理性的尺度上加以校正，理性的地位和价值被抬到了史无前例的高度。西方近代的唯理论哲学认为，理性是知识的来源，只有理性才是可信赖的。此时所讲的作为知识的来源和标准的理性已不局限于指人类的某种认识能力，更表征着人类运用理性而开展的推理认识活动。此后，沿着培根和笛卡尔的理性之路，近代思想家们不断探索，最终将理性与科学相结合，借助于突飞猛进的自然科学技术发展，人类的理性认识能力日益增强。

17 和 18 世纪在历史上却被称作为是理性的时代，之所以有此称谓原因便在于此时的理性主义是建立在高度发达的自然科学基础之上的。人们日益感受到理性和科学所带来的强大力量，此时的理性已不能称之为是一面旗帜，更是人们所追求的一种信仰，理性与科学逐渐成为人类认识并改造客观世界所遵循的唯一方式。近代迅猛发展的自然科学重视观察和实验的求实精神，强调通过精确的量化和计算来获得某种科学性的、确定性的知识，并尝试提出一种能够理解世界的机械论图式，以实现对自然界更好地认识。在此基础上，近代认识论可以划分为唯理论和经验论两大阵营。唯理论以数学作为知识的模型，在认识任何事物时无不推崇数学的方法，将天赋观念作为知识的起点，把必然真理作为知识学习的目标，将观念的内在标准作为判断知识真理性的核心标准。而经验论则将实验科学作为知识的模型，提倡通过实验和观察的方式获得的经验作为知识的来源，将观念与经验的符合程度作为评判知识真理性的标准。虽然唯理论和经验论在观点上存在一定的差异，但二者都属于理性主义的范畴。正如有学者指出的，"无论是唯理论所说的理性还是经验论所说的经验，都属于'理性'或'知性'的范畴，只是他们对理性有不同的理解而已"①。可见，唯理论和经验论都关注知识的基础问题，并强调在确切的基础上按照正确的方法来学习知识。因此二者在本质上讲是一致的，都是理性主义下对认知活动做出的基本理解。德国著名哲学家康德将理性理解为一种人类的认识能力，他指出理性具有提供先天知识诸原则的能力，理性是具有对象、范围和结果的事物。康德基于已有对于理性的理解，将理性进一步理解为一种实践理性，即将理性视为一种人类根据规律的概念而自己决定自己行动的能力。

纵观西方哲学历史上对于理性概念的理解不难发现，可以从两个方面来理解"理性"。一是将理性理解为思辨的理性，它是以追求真理本源为目的，其关注的是思维过程的完整性，将理性视作为人类进行思维活动的基础。二是将理性视作为实践的理性，它是以具体的活动为目的，其关注的是某些多元变化的活动，将理性视作为人类开展各类实践活动所要遵循的依据。虽然二者关注的领域不同，存在一定的区别，但从本质上讲，其都可以看作为是人类依据所掌握的知识和法则来进行各种活动的一种基本的意志和能力。因此，本文将理性理解为人类依据所掌握的知识和法则来进行各种活动的某种意志和能力，理性是从人类的认识思维和实践活动中萌生出来的，它往往影响着人类认识活动、思维活动及实践活动的全过程。

2. 什么是"理性化知识学习"

在明确了"理性"的概念之后，我们将更进一步探讨"理性化知识学习"的概念。所谓的理性化知识学习顾名思义，便是将学生的知识学习活动视作为是需要理性参与的过程。"理性化知识学习"概念的提出

---

① 赵敦华.西方哲学简史[M].北京：北京大学出版社，2001：200.

主要是用以描述那种以理性主义和科学主义为核心的知识学习行为，我们也可以将其称作为"传统知识学习方式"。"理性化知识学习"提法并非是一个全新的概念，传统知识观中的不少学者都曾提出了类似的观点。笛卡尔所倡导的唯理论便是十分具有代表性的，他认为理性是思考一切问题的本源，任何知识的学习都应该建立在一种理性演绎法之上。他曾以蜂蜡为例论证了，感觉经验是不可靠的，不足以充当知识学习的基础，要想实现对于知识的学习必须依靠理性。一块刚从蜂房中取出的蜂蜡其颜色、大小和形状人们可以通过感觉一望而知。但当我们把这块蜂蜡放在火边时，它的颜色、大小和形状都会发生改变，人们会对这块蜂蜡形成另一种截然不同的感觉。虽然蜂蜡还是同一块，其性质也没有发生根本的变化，但人的感觉却一会儿告诉我们它是这样的，一会儿又告诉我们它是那样的[①]。由此可见，感觉是变动不居的、靠不住的，只有基于理性才能认识事物的本质。将其引申到知识学习过程中，通过感觉而进行的知识学习显然是不可靠的，要想真正实现对于知识的学习，也必须要采用理性的方式。在康德看来，知识的学习仅有感觉和经验的参与是不够，知识的普遍必然性只能是一种先天的理性。因此他强调了主体的理性对于知识学习过程所具有的地位、作用与能动性。需要指出的是，康德所倡导的理性知识学习并非是说知识学习完全是需要靠理性来完成的，而是将经验论与理性论有机结合在一起。即一方面肯定知识的确立必须建立在经验的基础之上，但另一方面又强调进行知识学习活动的主题本身应具备一套理性化的认识形式。简言之，经验为知识学习提供了材料，而理性则为知识的学习提供了内在加工的形式。因此在康德看来，知识学习就其内容而言是经验的，但就其形式而言却是理性的。除此之外，还有斯宾诺莎（B.Spinoza）、莱布尼茨（G.W.Leibniz）等人都认为知识是人通过理性思维而获得的成果，强调知识学习中的逻辑成分，否认感性经验在知识形成及学习过程中所发挥的重要作用。因此，他们

---

① ［法］笛卡尔.哲学原理[M].关文运，译.北京：商务印书馆，1958：6.

都提倡对于知识的学习应遵循一种理性的方式，从某种意义上讲这便是最早的理性化知识学习概念。

通过对已有研究的分析我们不难发现，传统对于理性化知识学习的理解大多是建立在理性主义知识观的基础之上的，即所谓的理性化知识学习就是以理性化的知识为对象，知识学习过程中采用理性化思维的活动。然而，并不是所有以理性化知识为对象的知识学习活动就可以称为理性化知识学习，理性化知识学习的概念也绝不仅于描述那种以知识为对象的学习活动。真正的理性化知识学习是那种把知识看作为理性的产物，把知识学习的过程看作是需要理性参与的活动，将知识学习的结果导向追求学生理性能力发展的知识学习活动。具体而言，我们可以从四个方面来理解理性化知识学习的内涵：一是从知识学习的内容上看，理性化知识学习面向的是那些被组织好的理性化知识，这些理性化知识往往是从众多知识中精心挑选出来的，并被按照符合学习者认知发展规律的形式加以安排与组织，如在哪个年龄段该学习哪些知识、不该了解哪些知识、该如何进行学习等往往都有明确的规定。二是从知识学习的过程上看，相较于学生自己开展的知识学习行为，理性化知识学习活动要更为抽象、更具有逻辑性和规定性。这主要体现在理性化知识学习往往强调学生要采用某种理性化的思维方式来进行学习，它将学生学习知识的过程视作为是需要理性参与的活动，理性的参与会使得知识学习的过程更具有内在的顺序性和逻辑性。因此理性化知识学习的开展往往无法由学生自己独立完成，还需要教师等协助者的帮助。协助者的参与不仅能够为学生开展理性化知识学习提供必要的材料和基础，还能够使学生的知识学习过程始终导向理性的道路而不至于偏失。三是从知识学习的方法上看，分析、理解、记忆等理性化的学习方式是其所提倡的，而欣赏、想象等需要学生非理性参与的方法被认为会降低知识学习的效率，进而影响知识学习的效果因而不被提倡。四是从知识学习的结果上看，理性化知识学习取得的结果往往是可以预期的，即只要学生按照规定好的步骤按部就班的开展理性化知识学习，那么任何学生都能够实现对于知识的学习。因此从这个角度上讲，理性化知识学习的结果是可以进行量化评价的，因为它往往指向的是某一个共同的结果。总之，理性化知识学习是一种充满逻辑性、系统性的知识学习，同时也是一种较为稳健的知识学习方式。正是由于这个原因，理性化知识学习是当前教育中最为流行的知识学习方式，尤其在基础教育阶段，理性化知识学习更是被视为学生掌握知识、开展学习的有效方式而被大力提倡。

有一点需要特别指出的是，我们必须要对理性化知识学习持有客观的态度。有不少人一提到理性化知识学习，往往将其视作一种不完备的知识学习形式，认为它存在诸多问题与弊端，必然会对学生的知识学习产生某些消极的影响。这种观点是不正确的，因为它混淆了理性化知识学习的概念，将其简单等同为一种唯理性化的知识学习。通过对理性化知识学习的概念的分析不难发现，理性化的知识学习本身其实并不存在什么问题。事实上在实际的教育实践中，很多知识都需要学生以理性化的方式进行学习，比如在英语教学中对 26 个字母的掌握、语文文言文教学中对某些固定词汇的意义和用法的讲授。这些基础性的知识如果让学生逐个去感受、形成个性化的理解是很不现实的，一者这样做会浪费大量的教学时间，二者这些基础性的知识直接影响着学生对某些更高层次知识的掌握，差异化的理解可能会导致学生日后知识学习出现不必要的偏差。因此对于这些基础性知识的学习最好的方式便是采用记忆背诵等理性化的方式。可见，理性化知识学习在某种程度上讲是学生知识学习必须要采用的一种方式，这种理性化的知识学习本身并不存在什么问题。真正存在问题的是那种唯理性化的知识学习，它强调就知识去学习知识，就符号去学习符号，它将知识学习的过程看作是只需要理性参与的活动，其他非理性的因素都有碍于知识的学习，这种唯理性化的知识学习会对学生的学习和发展产生诸多负面的影响。

（二）知识学习过程为何需要理性

在理性知识观看来，知识学习过程显然具备某些理性特征，这是毋庸置疑的。既然理性化知识学习的概念是成立的，那我们就要接着思考：
为什么知识学习的过程需要理性？理性在知识学习过程中究竟扮演着什
么样的角色？对于这一问题，我们可以从知识学习的内容对象、过程及
评价等方面进行思考。

1. 知识本身可以视作为理性化的产物

知识学习的过程之所以会具有理性的特征，其最首要的原因便在于
作为知识学习内容的知识本身可以看作是理性化的产物。在漫长的人类
发展史上，普遍将知识视作为一种客观真理般的存在。在辞海中知识被
界定为：以"成果"或"结晶"形式出现的、已经得到证明或证实的、
有价值的人类认识"经验"[①]，它既属于人类认识的经验，但又高于人类
认识的经验，只有那些被认定为科学表征了"人类认识成果或结晶"的
"经验"才能够被称为知识。因此我们可以将知识理解为，人在自身生
活经验或科学探究的基础上，在头脑中建构的对事物的看法与观念[②]。此
种观念与看法既是人对待某事物所产生的认识结果，同样也是基于理性
认识而形成的对事物的观念性把握。正因为如此，在日常生活中人们经
常将"知识"与"科学知识""理性知识"等同起来，认为"知识"本
身就是科学化、理性化的，不存在不科学、不理性的知识。如果某种对
事物的认识存在反面例子，那么这种认识显然是不能够被称为知识的。

知识本身之所以可以被视作为理性化的产物主要有以下两方面的原
因：首先，知识往往源于知识提出者的理性思考。约翰·斯图亚特·穆
勒 (John Stuart Mill) 曾指出，人类的一切知识都起源于一种科学的、理
性的归纳，知识的获得就是基于已知的科学事物推断出未知科学事物的
过程，是需要理性参与的过程[③]。即使此种知识可能未必是正确的（事实
上也不存在某种永恒不变的真理性知识），但它也一定是经过了知识提

① 陈至立. 辞海 [M]. 上海：上海辞书出版社，1990：1952.

② 陈佑清. 教学论新编 [M]. 北京：人民教育出版社，2011：119.

③ 刘放桐等. 现代西方哲学 [M]. 北京：人民出版社，2000：47.

出者长时间的理性思考才形成的，从这个角度上讲，知识要比一般的经验和感觉系统化、体系化的多，是必须基于理性思考才能获得的。缺乏系统化、理性化思考而形成的知识只能被称作为认识，远不能达到知识的水平。其次，构成知识的内容往往具有某种逻辑的成分。任何知识的表达都是基于一种系统性或富有逻辑性的方式来进行的，即便是那些日常生活中被人们所熟知的知识，其背后也蕴含着系统化的逻辑体系。知识可以看作是一种系统化、理性化的经验认识，面对世界上的万事万物，人类往往能够提出很多不同的、充满个性化色彩的认识，但这种认识还不能称为知识，因为它们没有经过系统的理性思考与论证，这些内容只能被称为个人的一种理解和看法，只有那些经过严谨的逻辑论证并得到实践证实的内容才是真正意义上的知识。再次，在日常生活中知识通常表现为一种理性化的存在。文字符号是知识存在最主要的形式，正如老话所讲的"书中自有黄金屋"，书本之所以具有如此高的价值便是由于其中蕴含着丰富的知识。反过来讲，以文字符号为核心的书本也是知识存在的主要形式。知识所具有的此种特殊存在形式便使得学习者难以用情感的、体验等方式来实现对于知识的掌握，只能采用记忆背诵的方式来进行。长此以往，用以评价知识掌握情况的指标便会发生相应的异化，进而使知识学习导向唯理性化的泥潭。

由此可见，知识本身便可以理解为是知识提出者对于某些认识"经验"进行理性化思考而得到的产物。无论此种知识能否经得起实践的检验，就其本身而言都是具有理性的。因此我们可以说，知识本身可以视作为是人类理性的产物。

2. 知识学习的过程应遵循一定的内在规律

知识学习过程具有理性特征的第二的原因在于，知识学习的过程并不是随意进行的，它往往需要遵循一定的内在规律。正如王策三先生所讲的："教学论的根本问题与任何一门学科的根本问题都是一样的，就是如何保证真正揭示自己所研究的对象的客观规律。"[①] 因此要研究教学论中的知识学习问题，也必须要真正把脉知识学习过程所具有的一些基本的逻辑规律。正是由于此种内在规律的存在才使得知识学习过程充满了科学性，才使得知识学习有迹可循，进而焕发出理性的光辉。

其实，"知识学习存在一定的内在规律"这一论断似乎是被大家所普遍接受的。探究知识学习过程所具有的内在规律是现代教育心理学研究的重要课题，不少研究者都对于知识学习的过程机制进行了探究与解析。总的来看，我们可以将现代心理学中对知识学习过程机制的讨论大致划分为两大倾向：一种是接受性学习，另一种是发现性学习。接受学习认为知识学习的过程可以理解为是学习者在新旧知识之间建立有意义联系的过程，它强调作为学习对象的知识所具有的客观性、普遍性，认为知识是学习者应该接受、崇拜、占有的对象，学习者在知识面前要保持谦卑的态度，成为知识的崇拜者与接受者。发现性学习则认为知识的学习并非是从理解、接受知识结论开始的，而是要求学习者重走知识发现的过程，经历"问题、假设、推论、验证、应用"等一系列过程，才能真正掌握知识，并养成一种发现知识的探究能力。发现性学习强调的是学习者要对作为学习对象的知识保持一种自主选择、能动建构的态度，学习者在知识面前是主体，能有效地发挥能动作用影响知识学习的过程。这两种对于知识学习过程的观点显然是立足于不同的知识观而形成的，由此可见对于知识学习过程的理解直接受到不同知识观的制约，但无论是何种知识观，知识学习的过程都是存在着一定的内在规律性。

在理性知识观的视角下，知识学习过程所呈现的内在规律主要表现在以下方面：一是作为学习对象的知识是价值中立的，是某种客观性的存在，在知识面前每位学习者都是平等的，学习者应积极地接受知识，不提倡对知识开展个性化的批判分析。二是知识学习的过程往往是从某些知识结论开始，经过大脑中一系列的认识过程，最终导向对知识结论

---

① 王策三. 教学论稿 [M]. 北京：人民教育出版社，1985：2.

的理解与掌握，是一种从呈现知识结论到理解知识结论再到获得知识结论的过程。三是为了使知识学习能够按部就班的顺利进行，知识往往被以由简到繁、由易到难的逻辑加以组织，这种组织逻辑的选择主要是依据人类大脑认知活动所表现出来的规律而设定的。四是如果学习者能够实现对于知识结论的准确掌握，那么他便实现了对于知识的学习，这也从侧面表明对于学习者知识学习效果的评价往往可以依据某些设计好的指标。正是有了上述这些基本的内在规律，才使得知识学习呈现出某种理性化的特征，进而使得知识学习导向一种理性化的知识学习。

3. 知识学习的评价遵循知识本位的评价思维

除了上述的两点外，我们之所以将知识学习的过程视作为某种理性化的活动原因还在于，我们通常是采用知识本位的评价思维来审视知识学习效果的，依据某些设计好的理性化指标来评价知识学习的达成情况。在理性知识观的视角下，知识学习的内容往往是被事先设计好的，学什么、如何学以及如何进行评价都有着明确的规定，具体表现在对知识学习效果的评价方面便是遵循一种知识本位的评价思维。

知识本位的评价思维将作为学习对象的"知识"看作是评价学生学习的"阿基米德原点"，认为对于知识学习效果的评价便是对知识掌握情况的评价，评价关注的更多的是学生对知识的掌握程度而非学习者通过知识学习所取得的发展水平。这种知识本位的评价思维在我国基础教育中根深蒂固，在实践中知识本位的评价思维具体表现在如下方面：首先，它认为对知识学习的评价就是对知识掌握情况的评估。如果学习者学习的是知识，那就直接评价知识；如果学习者学习的不仅仅是知识，还包括技能、道德情感、价值观等其他方面的内容，它就尝试将其转化为知识再进行评价。例如，当前基础教育中开展的对学生德育水平的评价，其本意是要对学生道德品质的发展水平进行评估，但在知识本位的评价思维下，往往将其转化为对学生道德知识掌握情况的评价。如果我们借用杜威的话来讲，这种做法无异于是在用"关于道德的评价"来取代"道德评价"①，这实际上违背了开展道德评价的本意。

其次，知识本位的评价思维通常强调对知识学习的评价应建立在系统化的指标体系之上。遵循知识本位的评价思维往往要求建构一套评价指标体系，没有指标体系的评价是不可想象的。表现在对知识学习的评价中，它会将知识学习的内容分解为若干个知识点，评价时要尽量涵盖所有的知识点，尤其是那些重要的知识，更要尽可能全面地覆盖并要求学生准确地加以掌握。这种以评价指标体系为依托的知识学习评价方式虽然比较体系化、科学化，但它并不能够对知识学习的任何方面进行评价，比如学习者通过知识学习的过程取得的情感及价值观方面的发展就很难以规定好的指标体系去评价。事实上，评价方式应是多元化的，知识学习的评价并非一定要通过建构完整的评价指标体系来实现，过程性评价、欣赏性评价都是可以参考的评价方式。

再次，知识本位的评价思维强调评价过程的开展要遵循统一化的标准。为了使评价具有可比性，对不同学生通常都应采用统一的指标体系。以评价学生的知识学习水平为例，凡是不符合或未达到预定评价标准的学生，其学习过程都被视作为不合格。这种评价从本质上讲就是设计出一把标准化的尺子来丈量所有的学生，这种便于比较的、统一尺度的评价在一定程度上有助于对学生的知识学习情况做出客观性的评估，但学生在知识学习过程中表现出的个性、多样性等在评价中都极易被忽略掉。

二、理性化知识学习的基本特征

理性化知识学习存在这样几个基本的观点：一是认为知识学习是一种富有科学性的活动；二是认为知识学习就是传递预先准备好的知识的

---

① ［美］杜威. 评价理论 [M]. 冯平，等译. 上海：上海译文出版社，2007：7-14.

过程，准确地掌握了知识便实现了对于知识的学习；三是认为知识学习的内容是某些确定不变的真理，其确定性是不容置疑的；四是认为知识学习的过程遵循着某种客观的逻辑规律，理想的知识学习应该是一种方法上符合逻辑的知识学习。受这几个基本观点的影响，理性化知识学习呈现出许多基本特征。如过于追求知识学习的科学性，强调知识学习目的的预设性，倡导知识学习内容的确定性，追求知识学习方法上的逻辑性。为了便于文章的论述，下文将这些特征简称为"科学性""预成性""确定性"和"逻辑性"。其中"科学性"是理性化知识学习所具有的最显著特征，"预成性""确定性"和"逻辑性"则分别构成了理性化知识学习的在具体实践中所表现出来的各方面特征。有一点需要指出的是，理性化知识学习所具有的这些特征之间没有绝对的界限，很多特征之间往往是相互关联、相互交融的，我们很难将两种特征完全准确地区分开。以"预成性"这一特征为例，它既可以视作为"科学性"的延伸，也具有其自身的独特表现；它不仅体现在知识学习的内容方面，在知识学习过程机制以及方法选择中也有所涉及。总之，理性化知识学习所具有的各个特征呈现出纵横交错的状况，要想对理性化知识学习有更为深刻地理解，理性看待其所具有的特征是十分必要的。

（一）科学性

如果要用一个词语来形容理性化知识学习所具有的最核心特征，"科学性"应该是最恰当的选择。理性化知识学习具有很多的特征，但科学性是其中最显著的特征，其他的特征都可以看作是从"科学性"这一特征中推演出来的。科学性这一提法在日常生活中运用的十分广泛，从狭义上讲，科学性主要是指自然科学所具有的属性，是用来描述自然科学所具有的显著特征。我们通常将某些关于客观世界中各种事物的本质及运动规律称为是富有科学性的，而那些未经过逻辑和实践严格检验的内容往往是非科学性的。略微广义上的科学性是指事物所具有的有规范、有程序、有步骤要求的、严格按规范来操作的特征，它通常是用来判断某事物是否符合客观事实的标准，或是指某一概念、原理、定义的表述是否清楚，是否富有科学性的依据。最广义的科学性则可以理解为是一种合理性，此种意义上讲某件事只要是合理的、合适的便可以视作是具有科学性的。

本文中所讲的科学性主要指向的是理性化知识学习过程所具有的科学性，它是指知识学习活动是建立在科学基础之上的，其内容、形态、运行方式以及取得的结果等都是符合客观事实的，同样也是符合学习者的基本认知规律的。简单地讲，知识学习的科学性就是使知识学习活动完全按照某种科学性的原则加以组织，并力图使知识学习的结果导向科学性的结论。理性化知识学习视角下知识学习的科学性主要表现在：作为知识学习对象的知识内容本身的科学性以及知识学习过程中所表现出的科学性。

从知识学习的内容上看，知识学习的科学性主要表现在以下两方面：首先，知识学习的内容要符合客观实际，那些有悖常理的或存在争议的知识（如有关神、鬼、上帝、精灵等内容的知识）显然不适合成为理性化知识学习的对象。理性化知识学习认为，知识之所以具有学习价值，其原因便在于它是独立于人类而存在的，不受人类主观意识影响的科学对象。正如布朗希尔（Brownhill）所讲的：知识是独立于我们自身的"客观实体"，它具有一种"非人格性"和"公共可传达性"，以至于无论我们身处何时何地都能准确地理解它们[①]。可见，知识是对外界事物的忠实反应，它是不以人的意志为转移的客观存在。人们对知识客观性的广泛信仰和追求要求人们在获得知识的同时摒弃个人的情感与主张，从而确保获得知识内容的科学性。其次，知识学习的对象要具有一种的普适性。这种普适性主要表现为知识所具有的"普遍的可证实性"以及建立在其上的"普遍的可接纳性"。"普遍的可证实性"是指知识能够在不同的情境中得以证实，它不会因时间、地点、条件等方面的变化而发生改变，

---

① Brownhill,R.J ,Education and the Nature of Knowledge[M].London & Camberra: Croom Helin,1983:11−13.

具有一定的稳定性。"普遍的可接纳性"是指知识能够超越个体和社会条件的限制，得到普遍的认同与接纳，正所谓真正的知识应当是放之四海而皆准的，应当能够被所有人所普遍接纳。知识所具有的这种普适性不仅使得人们对于知识内容的学习是有意义的，也从一个侧面表明了知识学习活动所具有的科学属性。

从知识学习的过程上讲，知识学习的科学性主要表现在如下方面：首先，知识与学习者之间应保持合适的距离。在理性化知识学习看来，在知识学习的过程中知识与学习者并不是融为一体的关系。相反，学习者要始终和知识保持着一定的距离，学习者要以一种隔离的目光来注视着作为学习对象的知识，并且这种距离保持的越适度知识学习的效果越理想。其次，知识学习的活动开展的应遵循一定的科学原则，这种科学原则是一种相对稳定性的东西，是任何学习者开展知识学习都必须要遵守和执行的，也可以视作为是一些原则性的东西，违背了这些科学原则，知识学习的科学性便无法得到保证。再次，知识学习的开展讲求对学习策略的使用。所谓的学习策略是指学习者在学习活动中有效开展学习的程序、规则、方法、技巧及调控方式[①]。它既可以是某些内隐性的规则系统，也可以是外显的操作程序与步骤。学习策略的使用会使得知识学习依照某种设计好的路径加以开展，使得知识学习的开展更具有科学性。在理性化知识学习看来，讲求学习策略多是指对认知策略的使用，它认为认知策略在学习策略中发挥着核心作用，是知识学习能够顺利开展必须要遵循的根本性原则。事实上，学习策略所涵盖的范围要远大于认知策略，学习策略不仅仅有认知方面的策略，还包括情感态度和实践技能等多个方面，而这些恰恰就是理性化知识学习所忽视的内容。

可见，无论从知识学习的内容上看，还是从知识学习的过程上讲，科学性都是理性化知识学习所具有的最显著特征。正是因为科学性特征的存在，才使得理性化知识学习的开展得以可能。然而需要指出的是，

---

① 刘电芝.学习策略研究 [M].北京：人民教育出版社，2001：3.

理性知识学习所具有的此种科学性虽然有助于将学生的知识学习过程导向科学化的道路，进而提升知识学习的效率，使学生在有限的时间内尽可能多的掌握知识，但它同时也伴随着对学习者个性化特征的丧失。理性化知识学习否认了知识学习过程所具有的个性化特征，扼杀了学习者在开展知识学习过程中所表现出的创造性，这种知识学习虽然在短时间内是有效的，但从学生的长远发展来讲却是有待进一步完善与改进。

（二）预设性

所谓的预设通常又被称为先设、前设，它通常是指对某件事情进行提前性的设计或设定，带有一种计划和规划的意味。与"预设"概念相近的词是"预成"，在实际的生活中，人们通常将"预设"与"预成"的概念等同起来，认为二者意义相近，没有必要对其进行明确的区分。然而深入剖析两个概念的内涵不难发现，"预设"与"预成"还是存在着明显差异的。"预设"往往是指在某项活动还未开始前对其进行的设想、预算、规划及安排等活动的总称，它面对的主要是活动的运演路径以及对活动结果的预期，至于该活动是否真正达到了预期的效果，却并不是"预设"所要关注的内容。相较之下，"预成"不仅包含对活动诸方面进行的预期和计划，还包括对活动按照严格的计划推进从而达到预期的效果。简言之，"预设"仅仅强调的是在活动还未开始前对其各环节进行预先的设计，至于这些预先设计的内容是否在活动实践中真正得以实现，则并不做强制性的规定；而"预成"关注的核心点则在于"成"即活动的完成情况，如果活动未能达成预期的结果，那么对此活动进行的"预成"便是失败的。如果我们更进一步来剖析，"预设"的内涵要比"预成"包含的范围小、程度要轻，"预设"并非一定是消极的，它强调的仅是对活动进行一定的设计和预期，并非要求活动必然达到某种计划好的结果。而相比之下"预成"则蕴含着必然性，它是以某种固化的、呆板的态度对待预设的行为，进而使事物的发展过程完全倒向预期来进

行 ①。因此，我们可以将"预成"理解为一种刚性化的"预设"，而"预设"本身却是弹性化的，它可能倒向固化的预设进而成为"预成"，也可以根据具体情况进行调整。

如果立足于理性化知识学习的视角来看，用"预设"来形容其具有的特征要比"预成"更为恰当。因为理性化知识学习强调对知识学习过程的预先计划，但对于学生通过理性化知识学习所达成的结果却是无法准确计划的，只有唯理性化的知识学习才会将知识学习视作为"预成"的活动。理性化知识学习的预设性主要是指知识学习的目标、内容、开展形式以及结果等方面都被事先做出了相应的设计，知识学习的过程就是按照预先设计好的内容来展开的活动。

理性化知识学习的预设性主要表现在以下方面：一是预设知识学习的目标，这是理性化知识学习预设性最显著的表现。以理性化的方式让学生进行知识学习时，知识学习的目标往往是被事先规定好的。例如当前基础教育阶段课本中在开篇都有讲明本章的学习目标是什么，将学习目标放在前面能够让学生一目了然地了解本次知识学习的目标何在。这类似于泰勒所提出的"目标模式"中的第一个环节即"学校试图达到什么样的教育目标"，从某种程度上讲，这便是一种典型的理性化知识学习的环节。二是预设知识学习的内容。理性化知识学习的开展面向的是某些被事先组织好的学习内容，这些内容往往不会随着学习活动的开展而进行增减或调整。为了能够满足学习者的实际学习需要，理性化知识学习内容的安排一般要尽可能的丰富，为学习者提供尽可能多的学习资源。如小学阶段的语文课本中经常在每节课的课后附上相关学习的材料（可能是某首与本文相关的诗歌、也有可能是学习资料的网络链接），由于受到书本篇幅的限制，很多时候知识学习的内容无法全部得到呈现，书本上只能呈现某些最为核心的内容，因此其他部分的学习内容便会通过此种方式向学生进行传递，这便是典型的预设知识学习内容的做法。

---

① 罗祖兵.从预成到生成：境遇性教学导论[D].武汉：华中师范大学，2007：49.

三是预设知识学习的方式方法。理性化知识学习往往会为学生提供一套理性化的知识学习方案，此种学习方式或方法虽然未必是最有效的或效果最好的，但一定是科学可行的。任何学生只要按照此种方式行动都能够实现对于知识的学习。这就好比某道数学题目可能有不止一种解法，教材上往往不会将所有的方法都列举出来，而只会选择其中相对而言最科学的、最容易被学生理解的那种，这种方法未必是最简单的，但一定是成立的，是肯定能够得到问题的正确答案的。同理，理性化知识学习认为只要能够为学生预设这样一种学习方法，知识学习的过程便是可行的。四是预设知识学习的结果。理性知识学习认为有必要对知识学习的结果进行必要的预先设计，即思考知识学习可能取得哪些方面的结果，学习者通过知识学习能够获得哪些方面的发展。需要指出的是，这里对于知识学习结果的预设指的是对知识学习可能达成的结果进行的预设，而不是通过知识学习必然会取得的某种结果。

由此可见，在理性化知识学习过程中，预设性表现在知识学习的方方面面，无论是知识学习的目标还是内容，或是知识学习的方式方法以及结果，都有着强烈的预设性色彩。这种预设性虽然使得知识学习活动表现出某种固化和死板的特征，但其本质上并非是消极的，它仍旧具有一定的积极意义。事实上，知识学习活动是需要一定的预设作为前提的，缺乏了预设性的知识学习往往会导向随意主义的泥潭，沦为一种漫无目的的活动。

（三）确定性

所谓的确定性通常是指事物所具有的某种明确存在的、确实成立的属性，它通常是作为不确定性的对立面而存在的。理性化知识学习所讲求的确定性主要表现在以下方面：首先立足于存在论的视角来看，知识学习的对象是某些明确性的、肯定性的科学知识，是显性的知识对象；其次从实践论的角度出发，学习知识的过程具有某种确定不变的流程，呈现出稳定性的特征。

理性化知识学习认为，知识学习之所以是确定性的，其首要原因在于知识学习的对象是某些具有确定性的知识，知识学习的确定性必然以知识的确定性为前提的。所谓确定性的知识通常符合以下特征：陈述知识所使用的是一种数字化、准确化的语句，所涉及的概念、关系、符号等也都是不存在任何异议的，是准确无误的。它类似于波兰尼所讲的显性知识的概念，即是指那些能够明确用语言和数理逻辑符号清晰表达的知识[①]。确定性的知识之所以能够存在是因为，在理性知识观看来，事物的本质是唯一的，对于同一事物的正确认识只有一个，由此产生的知识也是确定性的。知识是客观世界的"镜像反应"，知识与客观现实的关系如同镜子中影像与客观事物之间的一一对应关系，因而是确定的。人们追求知识的确定性，目的是想消除世界中存在的不确定风险，从而更好地实现对世界的控制、利用与预测[②]。因此，理性化知识学习中的知识通常是指那些具有绝对客观性、普遍性和正确性的知识，这种知识在本质上讲都是确定无疑的，不存在任何的争议。那些还处于不断探索中的、未被证实其真理性的知识，是不能成为知识学习对象的，应该被排除在知识学习活动之外。从这个角度来讲，理性化知识学习为了保证其所具有的确定性必须对知识学习的内容进行筛查与选择，然而从庞大的知识体系中究竟应选择哪些知识作为学习的内容？通常的做法是选择那些被人们所公认的科学知识，因为科学知识通常都是极具科学性和真理性的，其也必然是确定性的。然而科学知识并不能成为知识学习的全部对象，正如弗朗索瓦·利奥塔尔所讲的，"科学知识并不是知识的全部，它总是与另一种知识处于竞争和冲突之中，另一种知识便是叙述性的知识"[③]。利奥塔尔所讲的叙述性知识我们可以将其理解为某些具有显性特

---

①　M.Polanyi. The Study of Man[M].London: Routledge & Kegan Paul,1957:12.

②　罗祖兵. 不确定性知识观及其教学意蕴 [J]. 湖南师范大学教育科学学报，2011(9)：69-72.

③　[法]弗朗索瓦·利奥塔尔. 后现代状态：关于知识的报告 [M]. 车槿山，译. 北京：生活·读书·新知三联书店，1997：12.

征的人文性知识，这类知识也应该成为知识学习的对象。然而对于此种人文知识确定性的寻求不能像科学知识那样通过系统的论证来实现，而只能通过其能够引起学习者内心世界的认同来进行把握。对此理性化知识学习往往将这些显性的人文性知识科学化，为其赋予普遍情境中的适用性，并以此尝试获得确定性的人文知识。事实上，此种知识学习方式不仅是不恰当的，甚至还是危险的，因为它极易使学习者导向错误的知识观。

除此之外，理性化知识学习所具有的确定性特征还表现在知识学习过程的稳定性上。从知识学习的过程上来看，理性化知识学习所讲的确定性主要是针对个体在知识学习过程中所表现出的多样性、灵活性和个体性等非稳定因素而提出的。理性化知识学习认为这些非稳定因素不利于知识学习活动的开展，会使得知识学习导向某些预期之外的结果，进而无法实现知识学习的真正目的。因此这种对于知识学习过程稳定性的强调可以视作为对知识学习过程单一性、固化性、同一性的追求。知识学习过程所具有的稳定性主要有以下方面的表现：一是知识学习的过程有其内在的运行规律。知识学习的内容是事先设计好的，知识学习的方法也是通用性的甚至是可以重复使用的，所有的知识学习活动都是有迹可循的，是可以平稳落实的。二是知识学习活动的开展具有一定的抗挫折性，无论出现何种突发性的事件都不会对知识学习活动的正常开展造成影响，都不会影响知识学习活动的正常进行。因此理性化知识学习的开展往往强调学习者不要被个别的、特殊的事物所干扰，应有能力径直走向知识学习的"本质"。三是知识学习者应具备一定的改造能力，确保知识学习的平稳运行。面对知识学习中的某些突发性事件，学习者要能够做出理性的判断：如果某些知识学习行为不符合逻辑的要求，学习者要么对它弃之不理，要么对其加以改造，使之符合知识学习的逻辑后再加以学习。

由此可见，理性化知识学习所具有的确定性是确保知识学习活动能够正常进行的基础，正是因为这种确定性的存在，才使得知识学习的活动有迹可循，才可能最终导向预期的结果。

（四）逻辑性

所谓的逻辑性通常是用来描述事物发展过程所呈现出符合客观存在和发展规律的特点，它通常表现为发展过程符合逻辑体系、具有逻辑特点、恪守逻辑规则等。任何活动为了确保其顺利进行都必须遵循一定的逻辑性，知识学习过程也不例外。知识学习过程中的逻辑性涵盖着十分广泛的范畴，如知识的逻辑、儿童的心理逻辑、社会逻辑、生活逻辑等。知识学习过程是由学习者自己完成的活动，从本质上讲，知识学习应是一个有学习者情感参与、受学习情境等多因素影响的复杂过程。表现在实际的知识学习中便是，每位学习者开展的知识学习活动都是不同的，都有其独特性。然而理性化知识学习认为，缺乏逻辑性是不良知识学习的象征，是对知识学习的干扰，是违背知识学习本质的。知识学习的开展必须是富有逻辑性的，缺乏逻辑的知识学习将是混乱的，更是不可想象的，要想有效地开展知识学习必须遵循一定的内在逻辑。不可否认，为了确保知识学习活动的正常推进，强调逻辑性对于知识学习过程而言是十分必要的，然而理性化知识学习却过于关注知识本身的逻辑性，主要表现为对知识学习活动所表现出的内在逻辑的追寻。

知识学习所具有的逻辑性主要表现为对知识学习过程有序性的强调。所谓的有序即是指有秩序，它是指事物的运行应遵循一定的规则，并以一种恰当的次序加以实现。知识学习活动的有序性主要表现在对知识学习时间安排及程序设计上的有序性。所谓的知识学习时间安排的有序性是指对知识学习所花费的时间做出精心的设计和规划，让学习者充分了解知识学习活动的时间安排。如学习某一知识需要花费多长的时间来完成？如何对知识学习所花费的时间进行有效分段，以使学习效果达到最优化？对于某个比较难于理解的知识应如何合理地规划时间，才能最有效率地掌握它？要想使知识学习活动具有逻辑性，上述这些问题都应做出明确的规定。有关知识学习程序设计上的有序性是指对知识学习的步骤应该有非常清晰的划分。如学习某一知识需要分几个步骤来进行？

每个步骤之间的先后次序是怎样的？先学习什么后学习什么能取得更好的效果？这些问题也应该得到详细的规定。因此，只有知识学习的时间安排和流程安排上都遵循一定的内在逻辑，知识学习活动才有可能具备逻辑性的特征。

倡导知识学习的过程应当是有序的，追求知识学习的内在逻辑性，这种做法本身并不存在什么问题，因为对于有序性的强调能够保证知识学习的顺利进行。但问题在于，理性化的知识学习过于重视知识学习的有序性，它批判任何不以秩序为前提的知识学习行为，认为知识学习的开展就必须要遵循一定的秩序和规律，这种做法显然是欠妥的。事实上，知识学习过程是由不同的学习者来完成的，每位学习者都是具有主观能动性的人，他不会完全屈服于已有的安排和规定，不会像木偶一样完全遵照已经设定好的逻辑来学习知识。换言之，知识学习的过程总是会出现某些无序的现象，这是无法避免的。从某种角度上讲，正是由于这些无序性的存在才使得知识学习活动焕发出多元化的色彩。就像莫兰所讲的："在一个只有有序性的宇宙中是不存在变化、革新和创造的。"①

三、唯理性化知识学习的局限

通过前文对于理性化知识学习的概念及其特征的论述我们不难发现，理性化知识学习虽然是一种比较固化、不太灵活的学习方式，但其本质上还是具有一定价值的。尤其在针对某些科学知识或基本性规律定理方面的学习中，理性化知识学习还是发挥着十分重要的作用。然而当前的教育却很难准确把握理性化知识学习的限度，在实践中极易使其导向唯理性化知识学习的深渊。而这种唯理性化知识学习恰恰是本文所极力批判的，相较于理性化知识学习所具有的双面性，唯理性化知识学习

---

① ［法］埃德加·莫兰.复杂思想：自觉的科学 [M].陈一壮，译.北京：北京大学出版社，2001：159.

更多表现出的则是对知识学习活动开展的制约和危害。

从概念上讲，所谓的唯理性知识学习是指，完全借由理性化方式直接去学习知识的过程，它强调就知识去学习知识，就符号去学习符号，把知识看作为理性的产物，把知识学习的过程看作是只需要理性参与的过程。唯理性知识学习将知识学习过程中的认知与情感、体验等所有非理性因素完全割裂开来，是一种过于追求知识内容准确性而忽视学生对知识个性化理解的知识学习，是一种过于重视采用记忆背诵等理性化手段而忽视学生非理性化学习方式的知识学习，是一种强调教师引领作用而忽视学生创造性发挥的知识学习。具体而言，唯理性知识学习的局限性主要体现在误待知识学习本质、阻碍教师深度教学、束缚学生深层次发展等方面。

（一）迷失了知识学习的本质

关于知识学习本质的认识是开展知识学习活动必须要明确的核心问题，对于知识学习本质的不同理解，往往会导致知识学习活动走向截然不同的方向。唯理性化知识学习由于对理性的过分推崇，在一定程度上已经迷失了知识学习的本质，其实，正如有学者所指出的，"在知识学习过程中，知识本身只具有工具价值而不具有本体价值"[①]，知识学习的工具价值有两种，一种是通过知识学习导向一个预期的目标，如找到一个好工作、取得好文凭、为完美生活做准备等；另一种则是通过知识学习实现自身发展，相比之下后者的价值更为深刻。而知识学习的本体价值则是指，学习知识的目的就在于掌握知识本身，知识的内在价值便是知识的本体价值所在。真正的知识学习目的应在于实现学生的发展，即实现知识学习工具价值的第二方面，而不是将学习知识本身当作目的。因此，理性化知识学习在一定程度上迷失了知识学习活动的本质，具体而言这种迷失主要表现在对知识学习目的的曲解、对知识学习内容的窄

---

① 罗祖兵，宋正艳. 知识的发展价值及其实现 [J]. 教育导刊，2017：5-9.

化以及对知识学习方法的误读等方面。

1. 曲解了知识学习的目的

知识学习究竟应走向何种目的？这是开展任何形式的知识学习都要思考的问题。通常我们认为，知识学习的目的最终应导向学生的发展，即是说知识学习本质上是为学生的发展而服务的，学习知识仅仅是学生获得发展的有效途径。知识学习之所以能够实现学生的发展是因为借由学习知识的过程，学生可以快速地掌握前人所创造出的科学知识，能够在有限的生命中获得超越时空限制的知识。然而，知识获得的再多也不一定意味着学生必然会获得相应的发展。我们经常可以在生活中看到一些所谓"高分低能"的人，这些人掌握着大量的知识，但却没有能够真正将知识内化为自身的素养，进而实现自身的发展。如果按照唯理性化知识学习的标准来看，这些"高分低能"的人由于实现对于知识本身的准确记忆与掌握，已经实现了知识学习的目的，是一种有效的知识学习。但这些人开展的知识学习活动学习到了知识但仅仅是死的知识，他们根本不会将这些知识加以运用，更不要讲实现自身的发展。因此，唯理性化知识学习其实远未实现知识学习的根本目的。

由此可见，唯理性知识学习关注的是对知识本身的学习，而非学习者自身所获得的发展。借用赫伯特·马尔库塞[①]的说法，唯理性知识学习的过程可以看作是在用一种单向度的思想来引导学生学习知识，其目的在于培养一种只追求知识的单向度的人。知识学习的目的在于如何更好地让学习者掌握知识本身，而并非学习者通过知识学习能够获得哪些方面的发展，理性化的掌握知识本身在这一过程中被看作根本目的。从表面上看，唯理性知识学习强调对知识掌握的观点并不存在什么问题，因为对于知识的掌握确实是开展知识学习所要达成的基本目标之一，通过对知识的掌握能够有效地提升学生认知水平。然而如果对于知识学习

---

① ［美］赫伯特·马尔库塞. 单向度的人——发达工业社会意识形态研究 [M]. 刘继，译. 上海：上海译文出版社，2016：114.

的目的仅止于此，那便是不恰当的。知识学习的主体是人，开展知识学习活动的根本目的应该指向人的发展，掌握理性化的知识仅仅是实现学习者全面发展中的一个十分重要的方面但不是全部。简言之，知识学习的目的不仅限于给予学习者充足的理性知识，更要能够给予他们理智的欢乐，带来一种经过认真思考后豁然开朗的情感体验。由此可见，唯理性知识学习的开展曲解了知识学习所应具有的本质目的，遵循的是一种片面化的知识学习目的观。在实际的教学活动中唯理性化的知识学习容易造成一种十分尴尬的局面：为了能够让学生准确地掌握知识，便在课堂教学中对某些知识内容进行反复讲授，即使某些学生已然掌握了此种知识，也毫不顾忌他们的实际发展需要。这种做法就好比在日常生活中当别人生病时，却让我们去吃药；当班级中有一位同学生病时，便让班级中的所有人都去吃药。这显然是十分荒诞的，但却是唯理性化知识学习经常导致的结果。从本质上讲，这种做法违背了知识学习的本质目的。

在唯理性知识学习看来，通过体验的方式来获取知识或许是一种可行的方式，但却不是最理想、最科学的方式。因为通过体验和感受的方式虽然也能够获取知识，但这种方式是不稳定的，它极易受到知识学习者个人因素的影响。比如在语文教学中面对同样一首古诗，如果让学生结合自己的感觉与体会来学习它，那每位学生在这首古诗中学到的东西肯定是不尽相同的。因为每位学生个人的经历不同，看待事物的角度以及体验事物的方式都存在着差异，这就会使得知识学习导向完全不同的结果。这绝不是唯理性化知识学习所期望达到的效果，如果我们借用加涅的学习与记忆信息加工模式① 来审视唯理性化知识学习的过程不难发

---

① 加涅的学习与记忆信息加工模式是指，外界环境中的刺激通过感受器转变为神经信息到达感觉记录器，其中部分被感觉登记了的信息进入到短时记忆。短时记忆里的信息经过编码贮存在长时记忆里，当信息需要使用时，通过检索，从长时记忆中提取出来。信息被提取后有的直接通向反应发生器，有的又回到短时记忆，在短时记忆中对提取出的信息进行核实确认，合适的则通向反应发生器，反之回到长时记忆中进行再次提取。这些成功提取出来的信息最终通过效应器作用于环境。

现，理性化知识学习追求的是如何科学、高效、准确地将个体的工作记忆（或者说是短时记忆）转化为长时记忆。因为只有对长时记忆的使用才是熟练的，才能避免出现某些不必要的错误和问题，才能真正使知识学习的效果导向理性化的目标。简言之，唯理性知识学习追求的是，尽可能地拓展学习者长时记忆中的信息，学习者由短时记忆向长时记忆传导的知识和信息越多，知识学习的效果就越理想。

2. 窄化了知识学习的内容

除了对知识学习目的的曲解外，唯理性知识学习还在一定程度上窄化了知识学习的内容。知识是开展知识学习活动的基础和前提，对于知识对象的选择直接影响着知识学习活动的开展。在唯理性知识学习看来，知识学习的内容应限定在那些科学的、公共的、结构完整的、显性的知识。其中最理想也是最具有代表性的便是科学知识、工具性的知识。而那些个人的、结构不完整的、只可意会不可言传的、默会的知识却被排除在知识学习的内容之外。这便使得知识学习的内容过于片面和狭隘，很多有价值的知识都被排除在知识学习活动之外。

具体而言，唯理性知识学习对知识内容的窄化主要表现在以下方面：一是它推崇公共知识否定个体知识。所谓的公共知识是指那些普遍存在着的，为全体公众所拥有并加以肯定的，没有进入到个人知识结构之中并被个体内化为素养的知识[1]。公共知识往往具有普遍性、一般性和公共性的特征，通常能够被大众广泛地认可与接受，成为人们所公认的知识。唯理性知识学习认为这种公共性的知识正是首先应被学习者加以掌握的，因为只有掌握了公共性的知识，才能够获得与社会公众交流的筹码，也才可能获得与公众交流的权利。相反，个体知识所指的便是那些个体所用的、充盈着个体特征的知识。个体知识往往源于个体对公共知识或自身生活经验的提炼与内化，正如罗素 (B.Russell) 所讲的，个人知识来自个人的亲身经验，这种知识并不是用语言便可以完全表达出来

---

① 靖国平 . 教育的智慧性格 [M]. 武汉：湖北教育出版社，2004：182.

的 ①。因此，个体知识是将个人的热情、性格、体验完全纳入其中所形成的知识，它与个体的生命活动息息相关，充满着显著的个体性与生命性。正是由于这个原因，个体知识往往存在着显著的差异性，如果立足于唯理性知识学习的角度来讲，此种知识便是不稳定的、非科学的，因此个体知识是不适合作为知识学习对象的。二是它推崇显性知识，否定缄默知识。所谓的显性知识是指那些能够用语言和数理逻辑清晰表达、明确言说的知识。也有学者将显性知识称作为语言的知识、清晰的知识，这种知识正是唯理性知识学习所追求的最具理性形态的知识，因为此种知识无论是阐述的对象还是表述的过程都是准确的、是不存在异议的，学习者无需个人思考的参与只需准确地记忆便能够实现对于此类知识的学习。缄默知识是由波兰尼所创设的概念，它是指那些无法用书面文字或数字公式来表达或描述的知识，它类似于我们日常生活中所说的"只可意会不可言传的知识"。相较于显性知识，缄默知识无法用语言或文字等符号进行说明，也难于介于某种公共性的媒体加以传递，更无法进行理性的批判与反思，它通常只存在于人类的认识和行为之中。在唯理性知识学习看来，缄默知识是不可捉摸的、也是很难讲清楚的，因此决不能作为知识学习的内容。三是推崇结构良好的知识，否认结构不良的知识。结构良好的知识这一提法是由美国学者斯皮罗所提出的，他认为知识按其存在的结构特征可以划分为结构良好的知识和结构不良的知识。所谓的结构良好指的是那种与其应用案例之间存在一一对应关系的知识，而结构不良的知识便是那些涉及多个案例、表现出不同意义的知识 ②。我们也可以将结构良好的知识理解为是一种简单的、稳定的知识，而结构不良的知识则是复杂的、迁移性的知识。从这对概念的角度出发，唯理性知识学习更加提倡的是结构良好的知识，因为它可以在知识学习

① ［英］罗素.人类的知识 [M].张金言，译.北京：商务印书馆，1983：9-10.
② 参见［美］斯皮罗，等.认知弹性、建构主义和超文本，载［美］莱斯利·斯特弗.教育中的建构主义 [M].高文，等译.上海：华东师范大学出版社，2002：70-73.

中稳定地将知识再现出来，无需考虑具体的情境和条件。而结构不良的知识则是充满着不稳定性，需要时刻对知识进行重组与改造，不能对知识进行直接性的学习，只能以一种弹性化的方式加以实现，这对于唯理性知识学习来讲是难以接受的。

3. 误读了知识学习的方式

所谓的知识学习方式是对学习者如何开展知识学习活动的描述与概括，对于知识学习方式的理解直接影响着学习者进行知识学习所选择的途径与方法。唯理性化知识学习在关于知识学习方式方面的观点是：知识学习必须要是理性的，它强调学习者自身理性的参与，学习者任何非理性的因素都会对知识学习产生阻碍作用。不可否认，理性化的学习知识是知识学习的一种基本方式，通过此种方式习得的知识也是比较科学的和有价值的。但理性化的学习知识并不是知识学习的唯一方式。众多感性的、情感的、实践的方式都可以成为学习者进行知识学习的方式选择。这些方式虽然没有理性化知识学习那么科学、有效，但也能够为学习者学习某些内隐性的知识提供可能。比如要学生掌握某些有关沟通交流的知识与技巧，如果仅仅从理性化的角度上去记忆它，是很难真正使学习者学会沟通和交流的。如果换一种方式，让学习者亲身与他人进行一次沟通，便很容易理解沟通交流的真谛。可见理性化的学习知识绝不是开展知识学习的唯一方式，而唯理性化知识学习的错误便在于将这种方式唯一化。

唯理性化知识学习对于学习方式的误读主要表现在，它认为知识学习应遵循"储蓄性"的模式。这种储蓄式学习的概念是源于著名教育家弗莱雷的思想，他认为，传统知识学习过程呈现出一种是类似银行工作模式的"储蓄式"形态，知识学习的过程就是将已经准备好的知识"储蓄"到学习者头脑中的过程。他在《被压迫者教育学》一书中是这样描述储蓄式学习的：

　　学生是保管人，教师是储户。教师不是去交流，而是发布公报，让学生耐心地接受、记忆和重复储存材料。……这种教育让学生只能接收、输入并储存知识。无疑，他们的确是有机会对所存储的知识进行收集或整理。但归根到底，在这种（最多是）误导的制度下，倒是人们自己因为缺乏创造力，缺乏改革精神，缺乏知识而被淘汰出局。[①]

可见，在灌输式教育中，知识通常被视作为是那些自以为知识渊博的人赐予某些一无所知人的一种恩赐，知识学习被视作为是一种被动接纳的过程，无论教育者给予的内容是什么都要毫无疑虑的全部接下。而这正是唯理性化知识学习所倡导的，这与其在知识学习方法上的看法可谓是不谋而合。这种储蓄性的知识学习方式虽能够在短时间内掌握大量的知识，提高应试考试成绩，但从学习者长远发展的角度上讲，后劲却极为不足，因为它限制了学习者的自我思考与创造，是以牺牲学生独立思考为代价的知识学习方式。唯理性化知识学习所倡导的这种知识学习方式显然具有一定的局限性，绝非是一种适用于任何情境的知识学习方法。

（二）阻碍了教师的深度教学

学生虽然是知识学习的对象与主体，但知识学习活动的开展往往还需要其他对象的配合与帮助，教师便是其中最常见、最具有代表性，同时也是最适合学生开展知识学习的伙伴。教师的参与往往能够使得知识学习过程更加科学有效，能够为学生有效地学习知识保驾护航。因此，谈论知识学习的问题一定离不开对教师教学的关注。从某种程度上讲，教师的教与学生的学仅仅是同一问题的两个不同的方面。倡导唯理性化知识学习在一定程度上也会限制教师深度教学的开展，具体而言表现在以下方面。

---

① ［巴西］保罗·弗莱雷.被压迫者教育学 [M]. 顾建新，等译. 上海：华东师范大学出版社，2014：36.

1. 扼杀了教师的教学创造力

教师教学是一种极具创造性的工作，正所谓"人不可能两次踏进同一条河流"，教师的教学活动更是如此，即使是同一位教师在讲授某一节相同的课程时，其教学过程也不可能完全相同。之所以为会出现此种情况，便是教师的教学创造力在其中发挥着重要的作用。教师的教学创造力是指，教师在开展教学活动中所表现出的探索与发现新思路、新方法的能力。有学者将其理解为是教师为解决教育教学问题，促进学生和自身发展，使教育活动得以顺利进行所必须具备的改变和探索能力①。教学创造力的发挥不仅是教师教学主体性的体现，同时也是实现学生创造性学习与发展的前提。然而在唯理性知识学习的视野下，学生开展的知识学习活动往往不追求创新与创造，只要按部就班地进行，达到预期的效果即可。相应的教师开展的教学活动也不讲求对教学内容及形式等方面的创新，只要"原味"地贯彻知识内容并设法让学生准确掌握、获得高分即可。因此，唯理性化知识学习限制了教师的教学创造力，更多强调的是教师对学生知识学习过程的控制与干涉。控制与干涉越多的教学往往创造性越低，因为教师无需去努力创造某些新的东西，只需要维持现状，做好应该做的事即可。在此种教学中，教师的权利和地位被无限放大，甚至大到能够决定学生学习知识的内容及顺序。而此种教学正是唯理性化知识学习所推崇的，因为它在一定程度上能够保证知识学习的平稳进行。

唯理性化知识学习之所以阻碍教师教学创造力的发挥，主要归因于各种理性化的规定制约着教师教学活动的开展。在前文中我们详细分析了理性化知识学习所具有的显著特征，归纳起来可以理解为：知识学习目标的预设性、内容的确定性以及方法上的逻辑性。不难发现，唯理性化知识学习对学生的知识学习活动做出了明确而详尽的说明，甚至对知

---

① 蔡永红，王迪，雷军.教师教学创新能力结构与创新表现的关系研究 [J].教育研究与实验，2012(2)：40-44.

识学习的顺序及其开展的节奏都有相应的规定。在此种知识学习观的指导下，教师教学活动的开展可谓是如履薄冰，为了更好地服务于学生的知识学习，教师必须对各种各样的规定、规章、条件等做出妥协。当然，并不是说教师不应该做出妥协以服务于学生的知识学习，教师从本质上讲就是为学生而服务的，但这种服务是有限度的。有些事情教师可以做出让步，如课前对于知识内容的设计与安排、课堂中对学生进行必要的引导和评价等，这些都是可以事先有所设计的，其根本目的就在于更好地帮助学生实现对于知识的学习。然而也有些内容则是教师可以灵活处理的，如教师在为学生讲解知识时所使用的方法或引导学生进行思考时所使用的材料和问题。对于这些内容我们不应对其做出过于细致的规定，否则，教师的教学便会完全沦落为机械性的行为，毫无新意可言，更没有教师进行教学创造的任何空间与可能性。

2.限制了教师的专业发展

教师的专业发展指的是那些能够有效增进教育者专业知识、教学技能、讲解技巧等方面的活动，教师专业发展对于所有教师来讲都是必不可少的，是教师生活不可或缺的组成部分。这是因为，社会的进步与发展以及教育的变革必然会对教师提出新的要求，这要求教师必须不断地进行专业学习，更新自己的教学理念、方法、思维、能力等，最终满足教育的实际需要。因此从某种意义上讲，教师的专业发展不仅是教师理解教育教学活动与实现自身成长的重要途径，更是确保教学质量、满足社会教育需求的必由之路。唯理性化知识学习虽然没有直接明确地指出禁止教师进行专业发展，但却对教师的专业发展有所限制。具体而言，这种限制主要体现在以下方面。

一是强调教师专业发展的分学科化。在唯理性化知识学习的角度来看，教师的专业发展的首要意义应在于，为教师提供所需的学科专业知识，使其学科教学能力得到更好的提升。即是说，数学教师需要学习有关数学专业的知识，而语文教师则是需要学习有关文学方面的相关知识。从本质上讲，这种做法并不存在什么问题，因为这样的学科专业划分有助于实现教师"学术有专攻"，有助于显著提升教师专业发展的水平。然而，随着对专业分化的强调，教师经过专业发展往往会被改造成为仅了解一门学科知识的老师，这就好比数学老师除了会教数学外，对其他学科都知之甚少。此种现象在高中阶段也许并不存在什么问题，然而到了倡导学科综合化的小学阶段，每门学科的专业知识本就不多，很多时候会需要教数学的班主任带上一节语文课或思想品德课的情况，此时如果教师无法胜任便有些说不过去了。事实上，教师的专业发展应该是全方位的，仅仅为教师提供本领域的专业知识是不够的。正如有学者所指出的，"教师的专业发展应突破自身专业的局限，实现一种宽口径的发展"①，这种宽口径发展的优势就在于能够实现教师之间专业发展的相互补充、相互促进，以期形成一种教师专业发展共同体，构建共同研讨的专业发展氛围。因此，唯理性化知识学习强调的教师专业发展分学科化显然是不太妥当的。

二是过于强调教师专业发展的功利化。从本质上讲，教师专业发展的目的是为了实现教师更为全面而健康的成长，它追求的是对教师整体精神面貌及综合素养方面的改进，帮助教师形成一种优秀的精神品质。然而在唯理性化知识学习的视野中，教师是为学习者更好地开展知识学习活动的服务者，教师的专业发展的目的便在于让教师成为一个富有专业性的、高效率的工具人。此时教师专业发展完全变了味，逐渐陷入了功利主义的泥潭，成为一种为了专业发展而进行专业发展的过程。在与众多一线教师的交流中可以明确感觉到，当前的教师专业发展正在走向功利化。当谈到参与专业发展的动机时，多数教师都表示进行专业发展的动机往往并非是出于自身对教学内容的热爱与渴望，而是在教育教学之外某些大家趋之若鹜的东西。如教师的专业发展会与教师的职称评定相挂钩，参与一定的专业培训已成为职称晋升的硬性指标，为了凑齐规定的培训课时量，教师往往会参加很多无意义的报告和培训，由此而进

① 曹永国，范太峰.教师专业发展亟需返璞归真 [J].教育学术月刊，2017(2)：84-88.

行的教师专业发展的质量也就可想而知了。可见，唯理性化知识学习观下的教师专业发展是功利化的，此种专业发展虽然能够从整体上对教师的专业发展做出规划，并以学时和考试成绩为指标来确认教师的专业成长。但从实际效果来看，却在一定程度上弱化了教师专业发展所扎根的教育实践和情境，忽视了教师专业发展过程中面临的各种不确定性，缺乏对教师专业发展所处的多元关系的综合性考虑[①]，使教师专业发展走向功利主义的深渊。事实上，促进教师专业发展的方式是多种多样的，除了推崇某种理论化的教师专业发展通则外，课程培训、工作坊、教学观摩和研讨会等方式都能够实现对于教师的专业发展，都是积极可行的选择。而这些同样也是教师理解教育教学活动与实现自身成长的重要途径。

（三）束缚了学生的深层次发展

除了对知识学习活动本身及教师教学活动的局限，唯理性化知识学习还在一定程度上束缚了学生的深层次发展。众所周知，知识学习的最终目的应指向学生的发展，而唯理性化知识学习为学生带来的发展却是浅层次的，这种浅层次主要表现在它限制了学生发展的全面化，同时也制约着学生追求个性化发展的脚步。唯理性化知识学习所追求的发展往往是一种固守性的发展，它不追求学生发展的新和全，只强调学生发展达到预期的效果，此种做法显然限制了学生的深层次发展需求，并不能够从根本上真正实现学生的全面发展。

1. 妨碍了学生的全面发展

学生的发展应是全方面、多层次的，既包括学生认知方面的发展，也应该包括情感道德方面的发展，甚至还应该包括劳动、操作技能等方面的发展。2020年3月出台的《关于全面加强新时代大中小学劳动教育的意见》中就曾明确指出：劳动教育是实现学生全面发展不可忽视的重要组成部分。该文件再一次明确了劳动教育的内涵，认为"劳动教育

---

① 毋丹丹.论教师专业发展的特质及其实践路径 [J].教师教育研究，2017(5)：81-86.

是有目的、有计划地组织学生参加日常生活劳动、生产劳动和服务性劳动，让学生动手实践、出力流汗，接受锻炼、磨炼意志，培养学生正确劳动价值观和良好劳动品质的教育，其重点应着眼于系统的文化知识学习之外"①。这再次证明了劳动素养的发展也是实现学生全面发展的重要组成部分。如果借用当前比较流行的说法便是：学生的发展追求的是德智体美劳各方面的全面发展。即是说，学生的发展应该是涵盖德智体美劳多方面的，只有各个方面都获得了相应的发展，才是真正意义上实现了全面发展。然而，唯理性化知识学习追求的是学生在较短的时间内准确地掌握更多的知识，它除了对学生智力方面的发展有一定的作用外，对其他方面的发展并无多少助益，有时甚至会起到阻碍的效果。

具体而言，唯理性化知识学习对学生的全面发展的制约主要表现在以下方面：一是限定了学生全面发展的内容和对象。要想真正实现学生的全面发展，必须首先回答的问题是：学生达到了哪些方面的发展才算是实现了全面发展？全面发展到底指向的是所有方面的发展还是其中某些主要方面的发展？在唯理性化知识学习看来，全面发展更多倾向于后者即是指其中某些主要方面的发展。它认为，如果学生能以理性的方式掌握知识便是实现了所谓的全面发展。可见唯理性化知识学习的关注点主要在知识学习本身，它所讲的"全面"指的是知识内容的"全面"，强调要对学生的知识学习内容进行系统而详尽的设计，以期实现学生对知识的全面掌握，此时学生学习的内容都是被事先设计好的。正如多尔在《后现代课程观》中所谈到的，"教师成为驾驶员（通常驾驶的是别人的车）；学生最多是旅客，更糟糕的是成为被驱动的物体"②。然而这种以固定知识内容为对象的学习往往只能实现学生的认知发展，很多能够实现学生其他方面发展的资源都被忽视掉了。如一些无法用固定知识

---

① 中共中央国务院：《关于全面加强新时代大中小学劳动教育的意见》，http://politics.people.com.cn/n1/2020/0326/c1001-31649871.html,2020-03-26。

② ［美］小威廉·E.多尔.后现代课程观[M].王红宇，译.北京：教育科学出版社，2015：27.

来呈现的操作技能或实践能力，仅仅开展唯理性化的知识学习便是无法掌握的。这便在某种程度上限制了学生进行全面发展的内容和对象。二是限制了学生全面发展的形式和方法。除了要回答"全面发展应该发展什么"之外，"全面发展应如何发展与推进"也是十分关键的问题，即学生全面发展如何落实的问题。在唯理性化知识学习看来，以理性的方式学习知识应是实现学生全面发展的必行之路，是任何学生想要实现自身全面发展都必须遵从的方式。它认为只有通过理性化的知识学习才能够实现学生的发展，离开了理性化的知识学习学生的发展将会寸步难行，当然全面发展更是不可能的。不可否认，唯理性化知识学习能够在一定程度上助力学生智力方面的发展，有效提升学生的认知能力。但学生道德品质、情感态度、价值观等方面的发展仅仅通过理性化的知识学习是难以达成的，而这些方面相较于认知方面来讲往往对于学生的发展是更为重要的。须知单有认知方面的发展是不能够实现全面发展的。三是曲解了评价学生全面发展的指标。要想实现学生的全面发展除了要明确全面发展是什么、如何做之外，还应对其评价指标有一定的理解，即是说，学生发展到什么程度才能算是全面的发展。如果我们以分数来衡量，全面发展是要求每个方面都达到 60 分及格还是要达到 90 分优秀或是更高？这一问题直接影响着有关全面发展水平与层次的判定。在唯理性化知识学习看来，对于学生全面发展评价的标准主要是参照学生的知识学习成绩，分数成绩越高证明学生发展的越好，各科成绩越高越平均说明学生发展得越全面。可见，唯理性化知识学习下对于学生的全面发展讲求的是一种"高平均"标准，即追求每位学生在知识学习的各个方面的发展都达到顶级水平。这种做法只能实现学生在知识学习方面的"高平均"发展，而对于学生真正意义上的全面发展却并没有多少助益。由此可见，如果站在唯理性化知识学习的角度来评判学生的全面发展显然是过于片面的，这不仅不能实现学生真正意义上的全面发展，还可能在一定程度上阻碍学生的全面发展。

2. 阻碍了学生的自由发展

自由对于人的发展而言具有根本性的意义和价值，正如马克思所言："人所具有的类特征就在于其自由的自觉活动，自由是全部精神存在的类的本质。"① 可见，自由可以看作是人之所以为人的本质所在。学生的自由发展强调的是学生在发展中所具有的自主性和独立性，学者李黎将这种自由发展理解为学生个性的充分完善和潜能的充分发挥②。学生的自由发展与全面发展之间存在着某种内在关联，如果立足于辩证性的视角来看，学生的全面发展是实现自由发展的基础与前提，而学生的自由发展则是对全面发展的升华，是实现学生全面发展的重要保障。可见，实现学生的自由发展要比全面发展更为关键，具有更为重要的意义和价值。正如罗祖兵教授所指出的："'自由发展'是'全面发展'的卓越层次，当受教育者达到'全面发展'这个基本要求的基础之上时，就应该实现'自由发展'。"③

显然，实现学生的自由发展具有十分重要的意义，在实际的教学活动中我们应当将推进学生的自由发展作为开展教学工作的重要目标。然而对于唯理性化知识学习的推崇却在一定程度上阻碍了学生的自由发展。唯理性化知识学习以对固定知识结论的记忆为目的，将书本上的理性知识视作为至高无上的权威，这就导致知识学习的过程没有为学生的自由发展留下多少可能的空间，因为它消耗了学生全部的时间用来组织学生系统地掌握理性知识。具体来讲，唯理性化知识学习对学生自由发展的制约主要表现在以下方面。首先是知识与学生主从关系的易位阻断了学生进行自由发展的可能。立足于唯理性知识学习观的角度来看，知识学习应该围绕知识的逻辑而不是学生的发展来组织，知识学习是学生

---

① 中共中央马克思恩格斯列宁斯大林著作编译局. 马克思恩格斯全集：第1卷 [M]. 北京：人民出版社，2013：67.

② 李黎. 论促进人的全面而自由发展 [J]. 教育研究与实验，2010(5)：22-24.

③ 罗祖兵. "全面而自由的发展"的教育及其制度建构 [J]. 中国教育学刊，2014(9)：26-30.

发展的目的而不是手段，因此一切都应该以知识为核心进行重组。在此种观点下，学生开展知识学习是不需要融入个性特征的，是不需要个人自由参与的。知识学习的模式也是固定的，学生无需进行选择，只需按部就班的进行就可以完成知识学习的任务。可见，唯理性化知识学习中学生极易沦落为知识的附庸，此种主从关系一旦易位，教育就不光会显得无用，甚至会现出一副反人性的嘴脸，此时要想实现学生的自由发展便是无从谈起的。

其次是教条化的知识学习方式斩断了学生自由发展的路径。唯理性化知识学习过分强调统一性，主张让学生学习同样的知识、具备同样的品质，将学生培养成"标准件"。此种做法让学生接受既定的规则，却不允许学生自由地创造，扼杀了学生的主动性与创造性，长此以往学生便会遗忘追求自由发展的愿望。令人担忧的是，此种充满教条主义的知识学习在当前教育中却是十分的普遍。以美术课教师教学生画苹果为例，时下的教师通常会先带领学生在课上认识苹果所具有的外貌形状，让学生掌握苹果的基本特点，形成对苹果的基本印象，之后在黑板上手把手地教学生如何准确、美观的画出一个最标准的苹果，并在教学过程中向学生传授画苹果所应具备的绘画技巧。这种美术教师的教学过程实际上是将教学生画苹果的过程教条化，学生所要画的并不是自己心中的苹果而是按照教师要求的、教师眼中的苹果，在此种教条主义的艺术教育下，学生们画出的苹果几乎完全一致，教师也会用心目中标准苹果的样子去衡量学生苹果画的好坏。正如美国教育家科顿姆在其专著《教育为何是无用的》中所写到的"标准化、教条化的教育麻痹了我们的创造才能"①，使得学生的个性化发展、自由发展难以实现。学会画"标准的苹果"远不是知识学习的目的，真正的知识学习应该是让学生画自己心中理解的苹果。

---

① ［美］丹尼尔·科顿姆. 教育为何是无用的 [M]. 仇蓓玲，等译. 南京：江苏人民出版社，2005：105.

第二章
体验性知识学习及其教学价值

　　体验性知识学习是一种超越于理性化知识学习的知识学习新模式，虽然我们经常听到体验式学习或体验式教学的相关研究，但对于体验性知识学习还未有专门性的研究出现。因此，本文想要讨论的核心概念便是体验性的知识学习，力图站在其对立面——理性化知识学习的角度上，挖掘体验性知识学习所具有的基本内涵及特征，以期能够对体验性知识学习有一个清晰的认识，并在此基础上探究其所具有的独特教学价值。由于体验性知识学习源于对"体验"这一概念的理解，所以本章节将先论述什么是体验，在此基础上再阐述什么是"体验性知识学习"，进而对体验性知识学习的特征及其教学价值进行剖析与把脉。

一、体验及其对知识学习的必要性

　　德国著名教育哲学家博尔诺夫认为，儿童最初认识事物时绝不是靠纯粹的理性，而是靠某种心不在焉的日常体验。他曾指出"为了能获得纯粹的、无偏见的、了解事物本来面目的直观，首先需要突破一种依靠中介来认识事物的习惯"①。这即是说，体验是引导学生进行知识学习的一种重要的方式，其具有一定的知识学习适宜性。

（一）什么是"体验"

体验是个很有趣的概念，它对于我们来说既熟悉又陌生。体验之所以被我们所熟悉是因为人活在世每时每刻都在体验着生活、体验着世界，无时无刻不从体验中受益，因此从这个角度来讲，体验是每个人都会经历的事情，是每个人都熟悉的活动。然而，体验在某种程度上来讲又是陌生的，这是因为体验本身通常是难以言说、难以界定的，我们有时很难说清楚自己究竟体验到了什么、是如何获得体验的。体验的概念自其诞生伊始便受到各学科的共同关注，哲学、心理学、美学、教育学等都对体验的概念提出了相应的理解。

1. 哲学视域中的"体验"

在哲学领域中，体验作为一个独立的概念被提出的时间比较晚。根据伽达默尔的考证，最先使用"体验"这个词的是黑格尔，他曾在给朋友的一封信中写到"我的整个体验"②，由于是在书信中的表达，因此黑格尔所讲的体验更多的是一种口语表达，他并未对体验的概念进行深入的阐释。体验的概念虽然出现的比较晚，但从发生学的意义上讲，体验的概念却与哲学中的老概念"经历"有着重要的关联。"经历"在德文中翻译作"Erleben"，它在一定程度上可以视作为"体验"（Erlebnis）的词源。所谓的"经历"是指，当某件事情发生时，认知主体是在场的，它强调的是认知主体与认知对象之间关联的直接性，我们通常将"经历"称作为"主体的亲身经历"。在这种情况下主体通过"经历"而获得的经验就可以称作是认知主体的体验，换言之，在经历中认知主体是通过

---

① ［德］O.F.博尔诺夫.教育人类学[M].李其龙，译.上海：华东师范大学出版社，1999：68.
② ［德］伽达默尔.真理与方法[M].洪汉鼎，译.上海：上海译文出版社，1999：77注3.

体验的方式来形成经验的。可见哲学中"体验"的概念一定程度上可以看作是由"经历"的概念衍生出来的。

19世纪60年代前,哲学中的体验概念出现的非常零散,未见有专门对体验进行研究的代表人物及著作。直到70年,体验才在狄尔泰、尤斯蒂以及格林等人的著作中频频出现。生命哲学代表人物狄尔泰首次将体验的概念引入哲学领域并对其赋予了概念性的功能。他反对传统认识论中提倡的主客二元对立,倡导建构一种身心统一的整体性体验观,试图立足于内在存在的角度来理解体验的概念。在狄尔泰眼中,体验具有两个方面的意义。一是本体论上的体验,此时的体验主要是指一种"生命体验",是个体所经历的生命历程、过程、动作。因此他将此种体验理解为具有统一性的生命在"现在"所形成的一个最小的单位[1]。这种体验具有直接性的品格,正如狄尔泰所讲的:"体验并非如一种感觉物或表现物那样对立与我,相反地,只是由于我们内省到了它,将它看作为某种意义上属于我的东西,从而直接据有它。"[2]二是认识论上的体验,这时的体验主要表现为一种内在的"感知统一体",它强调的是通过生命的客观化来认识生命,这一过程便是将生命自身客观化于意义构成物之中了[3]。此时的体验是建立在人的内在感受之上的,它虽然丧失了直接的生命性,却因此而获得了整体性的意义。它更加强调体验为认知主体所带来的一种创造性的关联。这种关联性也充分体现在狄尔泰的作品《体验与诗》的标题之中,即体验不单纯是一种生命体验,它还一种充满创造的内在认识论概念。可见,狄尔泰口中的"体验"还是具有不确定性的,由于在两方面理解之间的游荡,使得他很难对体验做出一个明确的概念界定。

狄尔泰对于体验的双重解读拉开了哲学界对于"体验"概念的热议,不少学者都对体验提出了新的理解。解释学家伽达默尔立足于身体经验

---

① 李红宇. 狄尔泰的体验概念 [J]. 史学理论研究, 2001(1): 88-99.

② Dilthey. Gesammelte Schriften[M]. Germany: Stuttgart Press,1968:313.

③ 潘德荣. 西方诠释史 [M]. 北京: 北京大学出版社, 2013: 277.

的角度，对体验的概念做出了新的解读。他认为如果某个事物不仅被经历过，而且这种经历自身还具有继续存在意义的特征，那么这种东西便是体验①。伽达默尔眼中的体验是一种直观性的活动，是主体通过这种直观性而获得的收获。当人经历某个东西后获得意义，这种意义便是一个体验物，而这个经历的过程本身便是体验。缺少了此种个体亲身经历过程的活动是绝不能称之为体验的。可见，伽达默尔已经将体验与个体的意义相关联，认为体验是能够持续影响个体行为的内在产物。此后，现象学家胡塞尔以及存在主义学者海德格尔都对体验的概念进行了丰富，并逐渐将有关体验的研究推向了认知领域。胡塞尔认为各种主观意识和内容（如想象意识、图像意识、希望与忧虑、猜测与怀疑、愿望与要求、快乐与痛苦等等）只要在我们的意识中发生，便都是一种体验②。简言之，体验从本质上来讲强调的是一种主体意识，是主体通过内在体认而内化为自身认知的过程。

海德格尔认为体验是"贯通在世的所有本质关节来领会掌握在世的整个展开状态"是一种"非规定的思"③。这里所讲的"非规定的思"是相对于以笛卡尔为代表的近现代西方哲学而言的，近现代西方哲学认为思维决定存在，其所尊崇的是一种控制式的思维方式。海德格尔认为此种以思维来规定存在的做法将原本主客统一的存在经验规定为外在于主体的经验对象，进而将主体价值化、工具化。而体验是一种未规定的思，它消除了主客体之间存在的二元对立关系，是人的存在经验、生活方式的一部分，是与个体不可分割的存在。

进入 21 世纪以来，体验逐渐成为哲学领域普遍关注的主题。学者

---

① ［德］伽达默尔.真理与方法 [M].洪汉鼎，译.上海：上海译文出版社，1994：78.

② 倪梁康.胡塞尔现象学概念通释 [M].北京：生活·读书·新知三联书店，2007：326.

③ ［德］海德格尔.存在与时间 [M].陈嘉映，译.北京：生活·读书·新知三联书店，1999：171.

Lakoff 和 Johnson 在其著作《体验哲学——基于身体的心智以及对西方思想的挑战》^①中建构了一种全新的哲学理论：体验哲学，它归纳总结了体验哲学所具有的三大基本原则：心智的体验性、认知的无意识性以及思维的隐喻性，并认为认知语言学是体验哲学的理论基础。所谓心智的体验性是指心智不是一种纯精神性的，而是由身体和大脑形成的，取决于身体如何在日常生活中发挥其作用；认识的无意识性是指对我们心智中的所思所想没有直接的知觉，即使去理解某个简单的话语也需要涉及许多运作程序，无意识概念结构就像一只看不见的手，随时随地对我们的经验进行概念化；思维的隐喻性是指构成思维模式的基础是某种隐喻结构，并强调了隐喻在哲学理论中发挥的重要作用。总之，Lakoff 和 Johnson 建构的体验哲学强调概念、范畴、认知、心智、推理等基于具身的体验，重视身体和大脑的第一性，强调体验和实践所发挥的决定性作用。由此，体验的概念研究出现了新的趋势，即关于体验的具身研究。

我国吉林大学的孙利天教授指出，如果将 17 世纪的哲学称为"理性的时代"、20 世纪的哲学称为"分析的时代"，那么 21 世纪的哲学则可以称之为"体验的时代"，用维特根斯坦的术语来讲即是"立足于生活的形式"，用后结构主义的观点来讲即是"解构"。这些哲学观点的表述虽有不同，却拥有某种区别于理性主义哲学的共同倾向，即不再以确定性、规定性的思维来归纳那些多样性、差异性的理性边缘，而是强调通过某种"非规定性"的体验来寻求事物的本来面目。这里的体验是指那种内在于人的身体并改变人的身体存在形态的经验，它区别于传统为人所显现的外在经验对象。与此种外在经验不同，体验不单纯是为人所显现的经验，它同时是给予性的经验，是我们在某种生活方式中世界赐予我们的赠品，是我们不得不接受的馈赠^②。它能够使我们的身体、存在和生活发生确定性的变化，但却不能测量和规定它的准确意义。

---

① Lakoff, G. and M.Johnson. Philosophy in the Flesh: The Emboied Mind and its Challenge to Western Thought[M].New York: Basic Books,1999.

② 孙利天 .21 世纪哲学：体验的时代 [J]. 长白学刊 ,2001(2)：36-40.

综上所述，哲学领域大致遵循从两条理解体验的路线，一条从本体论意义上讲，可以将体验视作为人类的一种存在方式，是主体对生命意义的把握。这就如范梅南在他的《生活体验研究》中所指出的"世间万物从不同的角度被人类体验着，与此同时人类又以体验为基础，不断地对万物加以理解与改造"[①]，人们对于事物的各种无主题的意识，会转变为个体对于生活的独特体验。很显然，这种体验是基于个体过往的生活经历、背景以及事物出现的状态等因素，是生活中个体对于过去行为发生的事后反思、对于当时意识的再思考，这显然具有一种本体论意义。另一条从认识论的意义上将体验看作是人类认识世界的基本方式，是主体一种有目的的内在活动。人的已有体验会沉浸在思维中，进而影响日后的认知活动。正如伽达默尔所讲的，我们应当从两个方面来把握体验，一方面是直接性，另一方面是从直接性中获得的收获，即直接性留存下来的结果[②]。

2. 心理学视域中的"体验"

从本质上讲，体验首先应被视作为是一个心理学的问题，因为它涉及人的认知、情绪等多方面的心理变化，是心理学研究应该解决的关键问题。然而在以行为主义为代表的传统心理学中，体验并没有得到应有的重视。感觉心理学 (sense psychology) 和机能心理学 (functional psychology) 虽然着眼于揭示人的心理活动及日常行为所具有的"客观规律"，但也没有对体验的概念进行专门的探讨。传统心理学之所以不对体验进行专门的探讨是因为，他们认为体验和思维、记忆等内容一样，都是一种常见的心理现象，每个人的体验都是自发地、直接地、自然而然地提供给我们的，不涉及意识和反省等方面的活动，因此是不需要进行专门探讨的。从某种程度上讲，这正是传统心理学研究的一个巨大的缺憾。

---

① ［加］马克斯·范梅南. 生活体验研究——人文科学视野中的教育学 [M]. 宋广文，等译. 北京：教育科学出版社，2003：18.

② ［德］伽达默尔. 真理与方法（上卷）[M]. 洪汉鼎，译. 北京：商务印书馆，2007：78.

在心理学领域，体验概念的首次出现是在对情绪的相关研究中。众多情绪心理学家普遍将体验理解为人类情绪的重要组成部分，认为它是由理解、情感、联想、领悟等多重心理要素构成的一种情绪状态。国外著名心理学家马斯洛将体验理解为一种压倒一切的敬畏情绪，它可以是瞬间产生的，也可能是转瞬即逝的强烈幸福感或是欣喜若狂的感觉[①]。在他看来，情绪性、情感性是体验所具有的最显著特征，某个人如果形成了相应的体验，必然会产生相应的情绪反应。总而言之，情绪心理学通常将体验视作为是主体意识内容的一种直接的呈现形式，通常是以情绪的形式而存在的。

苏联心理学家瓦西留克将体验从情绪情感研究中独立出来，将体验作为心理学研究的全新范畴进行了探讨。他在其《体验心理学》一书中将"体验"理解为是人在度过这样或那样（通常是艰难的）生活事件或情况时，恢复精神平衡的活动。即主体用来应付有威胁性情境时的一种特殊的内部活动或工作[②]。这种体验的实现应遵循满意、现实、价值和创造四大原则，体验活动的结果往往会指向某些超越具体的情感与形象，进而促使个体生成更为深刻的意义世界。可见，在瓦西留克看来，体验不是作为人会这样或那样状态在其主观意识中的反映，也不是作为人消极观察的特殊形式，而是一种旨在恢复精神的平衡，恢复已丧失的对存在的理解力的活动，可以视作为是人"产生理智"的一种特殊形式。

国内的不少心理学者也对"体验"的概念提出了自己的理解。著名心理学家孟昭兰教授将体验定义为情绪的心理实体[③]，他将人的内在体验理解为情绪的最原始状态和社会适应的凭借和依据，认为体验是反映人

---

① ［美］马斯洛，等.人的潜能和价值 [M].林方，主编.北京：华夏出版社，1987：366.

② ［苏］瓦西留克.体验心理学 [M].黄明，等译.北京：中国人民大学出版社，1989：9-10.

③ 孟昭兰.体验是情绪的心理实体——个体情绪发展的理论探讨 [J].应用心理学，2000(2)：48.

与外界对人的利害关系，从而驱动人采取行动的根源所在。乔建中教授将体验理解为大脑对主观情绪的感受状态，是心理活动的一种带有独特享乐色彩的直觉与意识①。上海师范大学的卢家楣教授将人类的主观体验从强度、快感度和复杂度三个层面②上加以界定，他在其《情感教学心理学》中将体验理解为：个体以身体为中介，以"行或思"为手段，以知情相互作用为典型特征，作用于人的对象，对人产生意义时引发的不断生成的居身状态。近年来，随着现代认知科学领域的不断发展，具身认知作为一种全新的思潮逐渐迈入心理学研究的视野，不少学者基于这一视角重新理解了体验的概念。叶浩生教授基于具身认知的视角将体验理解为个体认知活动所具有的一种显著特征，他指出无论是人类认识的产生、过程还是工具、结果都深深打上了个体体验的烙印③。从这个角度来看，体验首先必须是具身的，否则便不能称之为体验。

通过对国内外已有观点的综述不难发现，在心理学的视野中，体验往往与人类的情感是分不开的，多数心理学者更加偏向于将"体验"理解为是个体所具有的一种"情感体验"，将体验看作个体情感的发生剂或重要成分之一。在体验过程中，个体往往采用具身的方式去感受与理解事物，并发掘事物与自身之间的关联进而形成情感方面的反应，并由此产生领悟获得新的认识。

3. 美学视域中的"体验"

在美学中，体验通常被视作与艺术本质相关的东西加以探讨，它常被理解为一种审美体验的过程或结果，即作者结合其在亲身体验的活动中所获得的素材来创造艺术作品的过程。正如伽达默尔所讲的，审美体验不仅是一种与其他体验相并列的体验，是某种一般体验的本质类型。在艺术的体验中存在着一种意义的丰满，它不仅反映了某个特殊的内容

---

① 乔建中.情绪研究：理论与方法 [M].南京：南京师范大学出版社，2003：10.

② 卢家楣.情感教学心理学 [M].上海：上海教育出版社，2009：33.

③ 叶浩生.有关具身认知思潮的理论心理学思考 [J].心理学报,2011(5)：589−598.

和对象，而是更多代表着生命的意义整体①。因此他认为一种审美体验总是包含着某个无限整体的经验，正是由于此种审美体验的存在，才使得艺术作品的创造更具有灵活性与可变性。审美体验是十分个性化的东西，不同的作者对待同一个事物往往会形成截然不同的审美体验，因此借由此种审美体验所创造出来的艺术作品也必然是非规定性的。换言之，艺术作品的价值便在于其创作者自身所具有的非规定性的审美体验。美国学者赫伯特·马尔库塞将审美体验理解为一种感性与理性相统一的"情思"，他指出，在审美体验中自然的、感性的、情感的事物本身具有某种尺度和目的，而直觉和情感也被提升到具有心灵的普遍性②。这样情感、快感和欣赏就有了存在的理由而得到认可，进而实现了自然与自由、感性与理性的统一。

中国学者王一川在其专著《审美体验论》中将审美体验理解为主体在欣赏和感受美时，伴随着的紧张剧烈的内部活动、丰富活跃的想象、热烈欢快的情感，产生的深层次的、活生生的、令人沉醉痴迷而难以言说的特殊内心感受③。北京师范大学的童庆炳先生指出，基于文学创作来讲，体验与经验不同，它是经验中渐出深义、诗意与个性色彩的一种形态。体验在文学创作中讲是价值的叩问，它给文学带来的是情感的诗意化、意义的深刻化和感受的个性化④。牟纲认为审美体验是一种合乎宇宙精神，把握人生境界、渗透自然之气、讲求灵肉内修的过程，它对于个体认识美及开展审美教育具有重要的意义⑤。颜翔林教授将审美体验界定为一种综合判断和介于逻辑和非逻辑之间的审美判断，它包含着内容的

① ［德］伽达默尔.真理与方法 [M].洪汉鼎，译.上海：上海译文出版社，1994：89-90.

② ［美］赫伯特·马尔库塞.审美之维 [M].李小兵，译.桂林：广西师范大学出版社，2001：51.

③ 王一川.审美体验论 [M].天津：百花文艺出版社，1992：125.

④ 童庆炳.经验、体验与文学 [J].北京师范大学学报（人文社会科学版），2000(1)：92-99.

⑤ 牟纲.浅谈审美教育中的审美体验 [J].教育科学，2004(4)：32-33.

丰富性和精神的无限可能性，它既可以逾越认识论和知识论的制约，也可以打破日常经验和悖谬形式逻辑①。因此，审美体验具有比一般体验更为广泛的心灵自由和更为独特的话语方式，它赋予了主体更为宽泛的阐释权利和想象空间。

总之，在美学的视域中，体验往往被视为与生命和艺术的本质密切相关的东西，是艺术中超越于一般经验之上的那种瞬间的、活生生的、难以言说的深层感性素质。它是看不见摸不着的，但却对审美过程发挥着不可替代的作用。

4.教育学视域中的"体验"

在教育学视域中，不少研究者从不同层面对体验给予了不同的理解。《教育大辞典》中将体验界定为是个体联系自身经历加以体味的活动②，正如朱熹在《读书之要》中所倡导的："读书要切己体验，不可只作文字看，又不可助长。"这里提到的体验便是强调将读书视作为一种联系自身已有经验并加以体悟的过程。即是说，读书不可只专纸上求理义，须要反过来在自己身上进行推究。因此，《教育大辞典》中将体验视作为教育过程中一种获取认知的有效方式。裴提娜教授将体验理解为一个人对愿望、要求的感受③。辛继湘教授认为，体验的概念应从本体论的视域进行理解，她认为体验是与生命共生的，二者不可分离。当我们说一个人活着的时候，他便是体验着的④。陈佑清教授在论文《体验及其生成》中将体验界定为一种产生情感并且生成意义的活动，他强调要关注体验在学生素质形成与发展过程中所发挥的重要作用⑤。还有学者（闫守轩，2004）将体验理解为人把握自身与世界的一种思维图式，是一种试图突破主客体二分世界进而实现主客融合的整体性思维方式。

① 颜翔林. 审美体验及其性质与对象 [J]. 学术月刊，2018(7)：150-158.

② 顾明远，等. 教育大辞典 [M]. 上海：上海教育出版社，1997：3628.

③ 裴提娜. 发展性教学论 [M]. 沈阳：辽宁人民出版社，1998：25-27.

④ 辛继湘. 体验教学研究 [D]. 西南师范大学，2003.

⑤ 陈佑清. 体验及其生成 [J]. 教育研究与实验，2002(2)：11-16.

　　此外，还有研究者就体验的类型划分进行了相关论述。朱小蔓立足于多个维度对体验进行了系统地解析。他指出如果从内容的维度出发，可以将体验划分为接受性体验与创造性体验；如果从空间维度出发，可以将体验分为紧张性体验与庇护性体验；从时间维度出发，可以将体验划分为期待性体验与追忆性体验[①]。对于此种划分，学者张志勇对其进行了补充。他指出除了可以按照以上三个维度划分体验外，还应该从教育教学的结果维度出发，将体验划分为成功性体验与失败性体验[②]。裴提娜教授同样强调对学生成功体验的关注，他将体验划分为积极体验和消极体验两种类型，其中积极体验在教学中便集中表现为一种成功的体验[③]。

　　综上所述，在教育学领域内，目前对"体验"比较公认的界定是：体验是主体内在的、历时性的知、情、意、行的亲历、体认和验证过程。它应该包括认知和情感上的双重认同。简言之，体验中既包括认知的成分，也包括情感的因素，二者是一种相互交融的关系，体验也往往与认知过程相伴并以此为基础，但在表现过程中却以情感活动为显著的特征。

　　5. 本文所理解的"体验"

　　要清楚地探明何为体验性知识学习，必须首先明确本文中所讲的"体验"指的是什么。通过对当前教育学视角中"体验"概念的综述后发现，当前教育学中有关"体验"的理解还有待进一步厘清。体验不仅仅是认知与情感二者的交融统一，它还包含某些其他的内容。对此，笔者结合各学科对于"体验"的理解，将本文所理解的"体验"界定为：人对某事或某物的一种融入式的感受与领悟。它强调主体经过亲身经历而形成对事物独特的、具有个体意义的经历、情感和体会，具体而言我们可以从以下几个层面来把握体验的内涵。

　　第一个层面是以身体之。即是说体验是一种需要有身体、动作参与

---

① 朱小蔓. 情感教育论纲 [M]. 南京：南京出版社，1993：53.

② 张志勇. 情感教育论 [M]. 北京：北京师范大学出版社，1993：413-424.

③ 裴提娜. 发展性教学论 [M]. 沈阳：辽宁人民出版社，1998：25-27.

的活动，它强调主体的亲历性，没有身体的参与则是很难产生体验的。其实我们日常生活中所讲的体验多半都强调的是其所具有的身体亲历性，比如我们非常熟悉的"经验"概念，它与体验十分相近，但经验的获得未必都是需要个体身体活动参与的，也可以单纯通过思维的方式来获得，就像我们经常所说的学习作为间接经验的书本知识而获得的更多便是一种"经验"而非"体验"。相较于"经验"而言，体验显然更加强调个体行为上的参与，是一种更为直接的"经验"。如果没有身体活动的参与，体验便无法真正发生。这就好比在日常生活中，我们想要让一个人学会驾驶汽车，如果让他整天待在家里通过阅读书本的方式学习有关汽车驾驶的知识，他是无法真正学会开车的，这是因为从书本上学到的只是有关开车的"经验"，而并不能获得驾驶汽车的真实体验。由此不难看出，体验实际上要比经验的范畴更小，它的实现要求更高，一定要有个体的实际参与才能够真正实现。缺乏了身体的参与就如古人所讲的"闭门造车"，仅仅依靠思维的力量是无法真正获得体验的。

此种"以身体之"的说法极其类似于有学者所讲的"具身"概念，它是指某件事的完成一定是需要主体的身体力行来实现的，缺少了实际的肢体参与便不能完成。需要注意的是，体验所经历的"以身体之"与"具身"的概念虽十分详尽，但二者仍旧存在某些差异性。"具身"概念所强调的身体参与往往被视作为是一种先决的条件，如果没有主体的身体参与，便无法实现"具身"；而体验中存在的"以身体之"状态则未必一定是体验发生的必要条件，在实际生活中有很多时候，体验的获得都是先经过心理、情感或认知层面而并非是实践的层面。比如个体观看某部纪录片时获得相应的体验，这种体验多半就是认知层面的，当然此时个体获得的认知层面的内容还不能称作为是体验，只有主体在日后将此种获得的认知体验引入自己的生活实践之中时，才算是真正获得了体验。由此可见，在体验活动中，"以身体之"既可以发生在获取体验的初始阶段，也可以发生在获取体验的最终阶段。简言之，体验的发生并非一定源始于身体的活动参与，但真正意义上的体验一定包含着"以身体之"的状态，需要主体身体的参与加以实现。

第二个层面是以情感之。即是说体验的发生必然伴随着一种情感上的激荡，它会引发主体内心情感世界发生相应的变化，进而使主体对体验的对象形成一定的情感态度，或欣喜或悲伤，或赞许或反对。如果我们立足于心理学的视角来讲便是达到所谓的"移情"效果，这种移情往往源于个体被自己感知到的对他人的感受所打动，进而做出某种直接性的情绪反应。此种移情的过程是极富个性化的，即使是面对某个相同的事物，不同人能够感受到的、进而通过自身的加工并进行转移的情感也往往是不同的。我们经常会看到这样的现象：在观看完一部爱国影片后，学生们获得的情感体验会有着很大的差异，有的同学可能感动得流下了泪水，这是因为电影中的故事或情境真的打动了他，使其为之动容；还有的学生可能看完后毫无感觉，甚至会觉得十分虚假乃至发出笑声，显然对于他来讲电影中的内容并未能够起到理想的"移情"效果，反倒导向了相反的结果。无论如何，只要主体对事物发生了体验都会伴随着情感上的体验。换言之，如果个体在经历了某件事后情绪上毫无波动，那便不能算是获得了体验。

从某种程度上讲，情感可以看作是体验发生最为显著的特征。我们说某人对某物形成了体验，期间必然伴随着对其产生的某种情感。之所以能够这样讲是因为，体验活动的出发点和最终归宿都指向于情感世界。从体验的出发点上讲，由于人是情感的动物，情感关系是人与人、人与物之间最原初、最基本的关系，在体验中也不例外。在体验活动中，个体总是会站在自身已有感受的基础上去感受事物，在体验时个体往往会联系自身的已有的遭遇，进而对事物做出属于自己的理解和判断，从某种程度上讲，这种理解便是所谓的体验。因此不存在绝对客观的、不蕴含任何情感元素的体验过程，个体开展体验的目的便在于实现对于事物的情感性理解。除此之外，从体验的最终归宿上讲，体验的结果往往也会导向一种更为深刻性的情感生成。当个体真正实现对于事物的体验时，通常也会对事物产生更为深刻的理解，进而伴随着更为深刻的情感产出，此种新生成的情感将引领个体不断开展新的体验行为。可见，正是由于"以情感之"的发生才使得主体在体验过程中能够不断使自身投入其中，进而消除体验者与体验物之间所存在的二元对立，使得体验最终能够达到"以心验之"的状态。

第三个层面是以心验之。它是指体验除了强调个体行为上、情感上的参与之外，还更加强调主体的内心感受与体会，正是由于经历过某件事，主体才会相信某一知识，进而形成信念。这就好比，如果一位驾驶员亲身经历过或亲眼看见了交通意外发生的全过程，看到了事故现场和受伤人员的惨状，那么他在日后的行车过程中往往会更加主动地遵守交通规则，努力确保自身的安全行车。之所以会发生这样的变化，便是因为交通事故的事件引起了驾驶员内心感受和体验的变化，这种变化已经不仅是情感上出现的激荡状态了，它已经上升为信念的层次，是完全被主体所接受并乐于遵循的东西，它会影响主体日后的行为选择。从某种程度上讲，此时对于主体而言体验所把握的已经不是单纯的客体，而是客体对主体的意义和关系（其实个体通常只会与自身有关联的或对自身具有意义的事物产生体验），它已然超越了情绪上的体认，而转化为一种内心的感受。正如有学者所指出的：体验可以看作是主体对客体在自己内心中的地位、意义、价值、距离感、亲近感、对象与自我同一性的确认与把握[①]。在体验过程中，主体往往会表现出一种强烈的趋近客体并尝试与客体同一的心理取向，这便是我们说讲的"以心验之"，只有能够达到此种层次，体验才算是真正发生了。

相较于其他层面，"以心验之"可谓是体验过程所指向的最终目标。我们说究竟应如何判断体验是否发生了呢？如果我们以"以身体之"作为评判的标准，那么在日常生活中，一个人按照说明书组装一台电脑的过程是否算作是体验呢？这显然称不上是体验。如果我们以"以情感之"作为标准，那么某人在观看一部感人的电影后潸然泪下，是否能够说是

---

① 陈佑清.体验及其生成 [J].教育研究与实验,2002(2)：11-16.

进行了体验呢？显然这也不能够完全称作为体验。真正判定个体体验活动发生的标准就在于经过所谓的体验过程后，主体是否实现了一种自身的意义生成。光有身体的参与或情感的表达都不能算作是体验，然而光有意义的生成而没有个体行动和情感方面的参与显然也只是一种单纯地认知，也是不能够成为体验的。由此可见，我们可以将体验理解为是主体伴随着行为活动和情感反应的意义生成活动，体验活动的真正价值便在于它能够在一定程度上实现主体的意义生成，而此种意义的生成通常是通过书本学习所无法达到的。

简言之，体验的三层内涵之间是层层递进、互为表里的，它们共同构筑了体验的内涵。由此可见，体验是个体行动、情感生成和信念建构三者的统一。缺少了其中的任何一个部分都不能称之为真正的体验。

具体来讲，体验具有以下方面的特征：首先，体验作为一种认识主客观世界的活动，是人所独有、因人而异的，其根本特征就在于它的主体性。相较于动物通过本能反应消极地"感受"事物，人类则是通过主动"体验"事物的方式来满足自身生存和发展的需要。体验凸显了人类认识的"主体性"，也构成了人类认知的"类特征"。正是通过体验，人类才得以不断拓展自身的生活空间、质量及方式。体验十分强调个体对体验过程的主体亲历感。在体验中，个体不仅能感觉到自我的存在价值，体会到自我理智的力量、情感的满足、意志的独立与自由，还会感受到自我与自然、社会间所具有的内在的、有机的联系。

其次，体验往往是由体验者主动开展的、有目的的活动，具有鲜明的主动性与目的性。一方面，体验活动的开展往往是主体有意为之的，是主体对认识对象的一种主观性的选择而非被动性的接受。另一方面，人类所有的体验活动往往是以认识和了解某种主客观事物或其存在状态为目的的，它总是基于某种目的对事物进行体验并产生个性化的理解、生成独特的意义。没有目的性，就没有逻辑意义上的主观体验，而只能沦为盲目性的感受。

再次，体验还具有文化性的特征。所有的人类体验都是文化性的过程，面对同一个事物，不同文化背景的人往往会形成不同的体验。这一方面是因为，体验的主体是在一定文化背景下成长起来并带有深刻文化印记的人。不存在脱离一定文化传统和模式的人，因此也就没有脱离文化而开展的体验。除此之外，体验是体验者按照自身的经历、认知结构、价值取向等方面进行感受与建构的过程，它总是发生于一定的文化场域中，体验的目的、手段、效果等无不受到文化的影响，不存在脱离一定传统文化模式而开展的体验①。因此，关注体验的文化性也就是关注体验的可行性，体验者只有真正理解从事体验活动的文化背景，才能更为有效的开展体验活动。

最后，体验区别于经验的概念，具有超越性。美国教育哲学家尼克斯 (P.H.Phenix) 将"超越"界定为三个方面：其一是拓展性，超越是一种关系性的存在，它是基于过去拓展而言的；其二是创造性，它是指超越本身就是将每时每刻都体验为一种新的创造，是为生活不断创造可能性的过程；其三是批判性，它是指批判是超越的来源，正是批判赋予了具体现实价值以相对性，亦给予了实现超越的可能性②。经验与体验的区别集中体现在"超越性"方面，如果将人类的经验理解为立足于客观世界和经验世界，是对客观世界的反应与对作用于环境的行动结果的反思；那么体验则是立足于精神世界，是对主、客体有机统一"世界"的存在澄清、意义建构与价值超越。人类的体验正是这种具有超越性的体验，它根植于人的精神世界，以自由想象为基础，为主体的内在价值所支配，指向个性的解放与超越。

需要特别指出的是，本文所讲的这种"体验"与我们日常生活中所讲的"经验"有所不同。在英语的语境中，体验与经验这两个词都可以用"experience"来表示，二者在很多地方都是可以互相通用的。然

---

① 石中英.知识转型与教育改革[M]北京：教育科学出版社，2001：4.

② Philip H.Phenix.Transcendence and the Curriculum[J].Teachers College Record,1971(02):273-274.

而，从词义上讲，体验和经验是相互联系但又有所区别的。我们通常所讲的经验是指，人在同客观事物直接接触的过程中通过感觉器官获得的关于客观事物的现象和外部联系的认识，这种认识既可以是关于客观事物的知识或常识，也可以是个体对客观事物的理解与感受。可见，经验更多偏重于强调一种客观性，即使经验中包含着某些主观性的因素，这些主观因素也只属于过去时。而相比之下体验则是现在时的，它通常是指主体经过经历事物而形成对事物独特的、具有个体意义的感受、情感和领悟。只有当某个人亲身经历了某件事情，融入了自己的情感，并在这一过程中生成了某种感悟时，我们才能说这个人对于这件事情是有体验的，否则我们只能说这个人对这件事情是有经验的。从某种角度上讲，体验是一种特殊的经验，它的范畴要小于经验。如果我们说一个人对某件事有经验并不一定意味着这个人对这件事有体验；而过来讲，如果一个人对某件事已经形成了体验，那么他必定对这件事是有经验的。换言之，经验是体验的基础，没有经验就难有体验；而体验则是对经验的升华，是一种融入了情感、发现了意义和价值、生成了感悟的经验。经验往往指向的是认识论的范畴，而体验则是指向价值论的世界。举一个生活中的例子来讲，比如睡觉这件事情本身是一件生物性的活动，是我们每个人都会做的日常行为。从这个角度讲，睡觉就可以看作为人的一种普遍的经验，可以说我们每个人都有睡觉的经验，但普通的睡觉活动本身是不能构成经验的特殊形态——体验的。然而，如果某人有一天在睡觉中做了一个噩梦，噩梦让他从梦中惊醒并难以释怀，那么此时我们便可以说这个人对于这次睡觉是有体验的，而噩梦本身的内容却依旧是源于这个人的日常生活经验，他绝不会梦到从未经历过的事情。可见，体验不仅源于经验，更在某种程度上高于经验，是对经验的升华和超越。

（二）体验的类型

从不同的角度出发，可以对体验做出不同的分类。本文主要从体验的性质和内容两个角度对体验的类型进行论述，以期能够对体验的概念有更为清晰和直观的把握。

1. 从体验的性质来划分

体验的性质主要指的是某种体验过程所具有的某些本质属性与特征。从体验的性质出发可以将体验划分为显性体验和隐性体验两种类型。

显性体验。也可以将其称作为有目的的体验、有意识的体验。这种体验通常是由主体有意开展的过程，体验活动追求某个预先设定好的目标，体验的过程能够以某种形式被体验者意识到。简言之，此种体验无论是其存在方式还是发生作用的方式都是显性的、可以被感知的。比如在学校教育中通过让学生观看生命安全教育影片使学生体验生命的脆弱，进而学会珍惜生命、注意安全；再比如某位运动员为了参加射箭比赛，每天拼命地练习，在不断体验中提升了自身的射箭技巧，最终取得了好成绩。这些做法都是典型的显性体验。显性体验的实现多要依赖于强制和引导，因为显性体验通常都具有某个想要达到的预期目标，而体验的过程便是为了达到那个目标而进行的努力。它通常会明确告知体验者去体验什么，以及如何去进行体验。虽然人们对于显性体验的开展有着系统地规定，但这种体验在实际中却并不一定会完全按照设计好的路线进行，因为此种显性体验的开展受到体验者理解和领悟程度的制约，如果体验者未按照预先设定好的方式进行体验或对将要体验的对象缺乏系统化的理解，那显性体验的效果将会大打折扣。可见，显性体验虽是一种较为科学的体验方式，但其体验效果却未必是最理想的。

隐性体验。也可以将其称作为无目的的体验、无意识的体验。在开展此种体验时，主体往往是毫无意识的，体验活动的开展并没有某个固定要达成的目标，主体本身甚至都没有意识到自己正在进行体验。体验与人的生存息息相关，一个人只要活着就无时无刻不在进行着体验，而这些体验的大部分都没有被人所意识到，都是隐性的体验。比如生活中很多人学习自行车的过程就是一种典型的隐性体验，很多人都是在不断摸索和体验中无意识地学会骑车的，如果问他们是如何学会骑车的，他们可能自己也讲不清楚到底是如何学会的，但却是真的掌握了骑车这项技能。相较于显性体验，隐性体验的效果往往更加深刻，更容易让体验者形成意识和感受。在生活中的很多时候，当人们想通过显性体验的方式来做某件事却无法达到预期的效果时，就可以尝试通过无意识的隐性体验的方式来实现对于某件事的掌握。比如对于某些始终无法理解数学问题"6除以3等于2"的学生，如果让他作为组长将六个苹果平均分给小组内的三个人，通过这一过程他就可能对这道题目有所理解，进而掌握这个知识。可见，隐性体验在某种程度上能够发挥比显性体验更有效的作用，使体验者对体验对象形成更为深刻的记忆，从而取得更为理想的体验效果。

2. 从体验的内容来划分

体验的内容主要指的是体验者在开展体验时所面向的对象。基于此，我们可以将体验大致划分为认知体验、情感体验和实践体验三种类型。

认知体验。此种体验主要是从认识论的意义出发来看待体验活动的。即通过某种体验主体形成了相应的认识。由于是通过深入感知和体验而获得的认识，此种认识往往不再是停留在表层上的、形式上的，而是深入体验对象本质的、深层的一种认识。可以说没有经过这种体验的人是无法达到更高认识水平的。认知体验的达成是有前提条件，而这个前提条件便是个体已有的对生活的各种经历和体会[①]。一个人要想获得某种认知体验，他必须真正经历过相应的生活才有可能实现，而这种对生活的经历会像火山爆发前的能量积攒一般，积累的时间越长，便越可能爆发出来，即形成相应的认知体验。因此从这个角度上讲，认知体验与人的生活经历、生命历程有着紧密的联系，它往往与时间成正相关。即一个人对某种生活经历得越久，他就越容易对这种生活产生相应的认知体验，而这种体验也会随着经历的长久而变得深邃，也越有可能成为一种可信的认知体验。我们经常说，同一句话从一位老人口中说出要比从孩子的口中说出更容易被人们所信服，正是这个道理。由此可见，我们可

---

① 张奎志. 体验批评：理论与实践 [M]. 北京：人民出版社，2001：15.

以将认知体验可以理解为在体验中得到认知的过程，这种认知体验往往是各不相同的，同时也是没有对错可言的，每个体验者所形成的认知体验都是与自身的认知为前提的，是任何其他人的认知都无法替代的，因此也必然是独一无二的。就好比我们无法找到两片完全相同的树叶一样，认知体验是一种完全自我的、不可被替代的东西。

情感体验。所谓的情感体验顾名思义是指人在日常生活中所表现出的喜怒哀乐等各方面情感的感受与体验。人是情感的动物，情感性是每个人都具有的一种本质属性。因此在实际的工作生活中，我们做任何事情时都伴随着一定的情感，或喜悦、或无奈、或痛苦。而对于这些情感因素的体验也是开展体验活动所要必须关注的一个重要方面。对于情感的体验具有一定的特殊性，这是因为情感不仅是看不见摸不着的而且还是复杂的、多变的。每个人所产生的情感体验都是不同的，即使是同一个人在面对不同的事件时也会表现出不同的情感。再退一步来讲，就算是同一个人在面对同一个事物时由于看待它的时间或角度不同也会呈现出完全不同的情感。可见，情感体验不存在某种固定的形态，对于情感的体验往往都是一种瞬间性的行为，不久之后就会转变为一种完全不同的情感体验。因此对情感体验的生成并不一定是刻意而为之的，它不是人们有意去追求就一定能够得到的。相反，情感体验往往是在人们无意间产生的，甚至可能是在某些日常生活的细节之中出现的。马斯洛曾在他的《人的潜能和价值》一书中描述过这样一个画面：

　　一位年轻的母亲在厨房里为丈夫和孩子准备早餐而转来转去，奔忙不止。这时一束明媚的阳光泻进屋内。阳光下孩子衣着整洁漂亮，一边吃着东西，一边叽叽喳喳地说个不停；丈夫也正在轻松悠闲地与孩子们逗乐。当她注视着这一切时，一股不可遏止的爱涌上心头，她甜甜地笑了。①

---

① ［美］马斯洛，等.人的潜能和价值[M].林方，主编.北京：华夏出版社，1987：370.

可以看出这位年轻的母亲产生了情感体验，而这种体验完全是在她没有意识到的偶然间获得的，这位母亲既没有对所要体验的情感进行规定，也未对情感体验的过程进行设计，一切都发生在不经意间，而这便是一种典型的情感体验。由此可见，情感体验虽没有认知体验那样明确，却是一种更为本质性的、指向意义价值层面的体验，是一种比认知体验更为高层次的体验。

实践体验。所谓的实践体验指的是人们在实践活动中所生成的一种体验，或者说是人对于实践活动本身所具有的感受与体验。相较于认知体验和情感体验，实践体验是人类体验中最直观、最常见也是最普遍的体验类型。我们在日常生活中进行的一系列实践活动都可以成为获取实践体验的重要途径。实践体验主要是从实践论的角度出发，关注的是在具体操作实践过程中个体所形成的一种感受。因此实践体验更加强调体验的亲历性，从这个角度来讲，只有体验者亲自进行了动手操作的过程后才有可能产生实践体验，而那些没有经历此类实践活动所获得的体验绝不能称为是实践体验。在实际生活中，我们可以采用间接的方式来获得知识，但是却不能用间接的方式来获得体验。因此实践体验永远是直接性的，它只有通过人们直接的操作和参与才能获得，离开了具体的实践活动而谈体验往往是不可想象的。因此简单来讲，实践体验指的就是那些人们实际动手操作后所获得的体验，它是所有类型的体验中最直接的体验，是构成完整体验活动不可或缺的一部分。

（三）体验运用于知识学习的必要性

通过前文对于体验概念及特征的剖析不难发现，体验蕴含着多重含义并具有多种表现形式。但体验这一概念是否有必要运用于研究知识学习问题还需要进一步思考，因此我们有必要对体验运用于知识学习的必要性进行剖析。有一点需要指出的是，虽然我们可以将体验运用于知识学习过程，但这并不意味着知识学习活动必然会与体验发生关系的，事实上很多学生完成的知识学习活动都是没有与体验发生任何关联的。因此，知识学习与体验发生关系是一种因然的追求。因此我们只是倡导要将体验应用于知识学习过程中，并不是说知识学习脱离了体验便无法得以实现，就像前文论述的理性化知识学习，它就不强调体验的参与，但它同样也能完成知识学习的任务。然而我们说理想的知识学习、内化的知识学习或发展性的知识学习都应该有一定的体验元素的参与。

1. 知识本身是体验的产物

体验运用于知识学习的必要性首先表现在，作为知识学习内容的知识本身可以视作为是知识提出者自身体验的产物。知识与人的体验密切相关，可以说没有体验就没有知识。在认识客观事物时，主体通过感官获得事物的印象，这种印象如果与主体已有经验、感受发生联系、产生共鸣，就形成体验。此时，主体就会产生分析、比较、加工感觉印象的迫切性，并对其进行探索与思考，进而得到知识。因此，知识表面上看是理性的，但它实质上源于研究者或提出者的个人经历或体验。按照知识的性质可将其分为自然知识、社会知识和人文知识。从某种意义上看，这三类知识都是体验的产物。

自然知识是通过一定的概念符号和数量关系反映不同层次自然界所存在的事实和事件的描述性知识[1]。它通常被当作知识的理想类型，因为它最不易受人的主观性影响。然而，这不过是一种假象而已。自然知识其实都诞生于提出者对客观世界的体验。德国著名哲学家马丁·布伯(Martin Buber)曾指出，要认识树是什么，我们就要把自己想象成一棵树，将树当作自己的朋友，与它展开对话[2]。只有真正对树感兴趣并对其有热爱之情的人才会去深入地研究它，才能在对树的体验中形成有关树的知识。事实上，众多自然科学知识都源于科学家的真实体验。首先，

---

① 石中英.教育哲学 [M].北京：北京师范大学出版社，2007：133.

② ［德］马丁·布伯.我与你 [M].陈维纲，译.北京：生活·读书·新知三联书店，2002：109；2.

自然知识的获得过程往往伴随着科学家的深切体验。经常看到这样的报道：某位科学家为了弄清楚猩猩的种群，长期生活在艰苦的野外，甚至扮演成猩猩并与猩猩生活在一起。没有这种真切的参与，就难以获得让人信服的知识。其次，自然知识的更新源于科学家对已有知识的不满。无论是伽利略著名的自由落体实验，还是牛顿对万有引力的猜想，都出于对已有知识的质疑与不满，这种质疑与不满本身就是一种体验。正是由于在体验中产生的不满意状态促使人类不断超越对自然的已有认识。再者，科学家总是坚定地维护着自己提出的知识。一种新知识的提出往往伴随着众多的反对与批判，无论是提出进化论的达尔文还是提出日心说的哥白尼都受到过教会的迫害，然而他们却依然坚定地维护自己提出的理论。这是因为，这些知识是建立在他们真实的体验之上的，是付出心血的结果，远远超越了认识的层面，已经成为一种信念。简言之，无论是自然知识的提出过程还是维护过程，都有体验渗透其中。

社会知识是立足于相应的理论传统和价值立场对社会事实或事件的现状与发展趋势进行的系统化、类型化或模型化分析的结果。相较于自然知识，社会知识更多涉及价值判断，其受人类价值背景及主观特征的影响更为强烈，更容易受到体验的影响。其实，众多社会学者提出的理论都是基于他自身的经历，都是其体验的一种写照。"社会学研究必须基于研究者的体验……如果一个研究者对其所做的研究并无亲身体验，甚至没有个人兴趣，他又怎么能指望吸引甚至影响读者呢？"[①]比如《教育想象》的作者艾斯纳 (Elliot W. Eisner) 之所能提出"教育想象"这一理论，正是由于他本身是一名艺术家，在艺术创造中他体验到了想象所具有的魅力与价值，才使得他能够将想象这一概念引入教育教学中。试想如果他本身是一位数学家或物理学家，那么他提出的观点可能就会是完全不同的。再如，农村出生的教育学者往往更多关注于教育公平的

---

① ［美］C. 赖特·米尔斯. 社会学的想象力 [M]. 李康，译. 北京：北京师范大学出版社，2017：总序.

问题，而城市出生的教育学者则更多会关注教育艺术、个性化教育等问题。事实上，所有的社会知识都来源于研究者的深刻体验。虽然这种体验是个性化的，但它仍能够得到他人的认可与认同，成为被人们广泛接受的知识，原因就在于体验的深刻性，它是社会根本问题的反映。体验越是深刻，就越能得到大众的认可。这正是当前田野研究、人种志研究广受重视的原因所在。

人文知识是对人内心世界反思的结果。相比于前两类知识，它与个体的生活体验联系最为紧密，是一种富有情感性、经验性的知识。事实上，众多精彩的文学作品都诞生于作者的生活体验。比如，《红楼梦》在某种意义上就可以看作是曹雪芹小时候生活的写照。又如，写《十里长街送总理》的作者一定是真切地体会到周总理的伟大，并发自内心地感激周总理，否则他无法写出如此感人至深的作品。再如，《学会关心》的作者诺丁斯 (Nel Noddings) 之所以能够提出独具特色的人文关怀理论，正是由于她本身是一名女性哲学家，能够以女性的视角来进行体验和感受；假设她是一位男性，她所提出的理论可能是另外一种情形。鉴于人文知识具有非常强的体验性，我们不能对其进行简单的逻辑推理，而只能通过个体的再体验来加以理解。

综上，知识从本质上讲是源于体验的，它只有经过体验才能被提出或创造出来，但实际的情况是，当知识被表达出来后，往往就成了一种语言的存在、理性的存在。它实质上就是知识提出者自身素质的一种外化，是科学家自身素质对象化的结果。科学家之所以能够发现某种知识，是由于他自身具有较高的素质。如果说科学家提出知识必须要经过体验才能完成，那当我们想将他们所提出的知识转化为学生素质时，依然要学生通过类似于科学家的体验来实现，否则学生便是仅仅记住了知识本身。

2. 体验能够促进知识向素养的转化

正如前文所述，作为学生学习对象的知识（书本知识）是前人或他人体验的产物，其中都蕴含着深刻的体验。但这体验往往是创造发明知识的人自己的体验，并不等同于学生的体验。想要使学生将知识提出者的体验转化为自身的体验，就必须实现由知识向素养的转化。体验是知识产生的重要途径，亦是掌握知识、并将其转化为素养的途径。正如海德格尔 (Martin Heidegger) 所讲的，"知识本身是具有价值负载的，任何知识的掌握都是一种意义建构与体验的过程"[①]。知识学习的目的绝不仅仅是掌握知识本身，而在于将其转化为素养。素养是存在于人身上内在的、比较概括的、相对稳定的身体和心理特征[②]；它是比知识和技能更为深层次的东西，已经内化为主体的一部分。将知识转化为素养，仅靠理解和记忆是远远不够的，必须借助于体验来实现。

体验是将知识内化为个体素养的必由之路。根据皮亚杰 (Jean Piaget) 的理论，素养的形成与内化过程有关。皮亚杰将内化过程理解为同化和顺应两种活动，同化是主体将外在因素整合到现有认知结构中的过程，而顺应则是主体内部认知结构受到外在因素影响而发生的适应性调整过程。在皮亚杰看来，内化就是主体通过认知、记忆、理解的方式将外在的东西纳入自己心理及认知结构中的过程[③]。事实上，内化除了认知、记忆、理解之外还有一种重要的方式，那便是体验。正如苏联心理学家瓦西留克所讲的，体验是主体内化过程不可忽视的部分[④]。

体验在知识转化为素养过程中的价值在于，能够将知识与主体的需要、情感、信念联系起来，使主体真正相信它，并将其转化为自觉的行动。知识本身是不能直接转化为素养的，只有经过体验的过程，它才能变成主体的信念，进而成为主体的素养。例如，我们通过劝诫的方式告诉孩子不要去碰触一个烫手的杯子时，这种命令往往是不起作用的，孩子一有机会还是想去偷偷地尝试；如果在安全的情况下，我们让孩子真

①　孙周兴.海德格尔选集（下）[M].北京：生活·读书·新知三联书店，1996：877.

②　陈佑清.教学论新编 [M].北京：人民教育出版社，2011：80.

③　[瑞]皮亚杰.教育科学与儿童心理学 [M].傅统先，译.北京：文化教育出版社，1981：29.

④　朱小蔓.情感教育论纲 [M].南京：南京出版社，1993：151.

正触摸一下他想摸的烫手的杯子，体验到手被烫的感觉后他便不会再去触摸烫手的杯子了。这说明，直接告诉孩子杯子烫手并不能禁止他去触摸杯子；而若让其体验一下杯子是烫手的，则能够达到让他不去触摸烫手杯子的目的。这个例子说明，只有通过触摸烫手杯子的亲身体验，才能使儿童真正相信"烫手杯子不能碰"。在现实中，人的行为很多时候不是受知识的支配，而是受信念的支配，而知识只有通过体验才能转化为信念，进而影响行为。由此可见，体验在个体实现知识向素养转化的过程中发挥着十分重要的作用。

二、体验性知识学习的基本含义

在明确了"体验"这一概念之后，下面我们将更进一步来讨论什么是"体验性知识学习"。由于体验性知识学习是本文想要探讨的核心概念，所以深入把脉体验性知识学习的内涵及特征，弄清它与理性化知识学习之间的关系等问题将是笔者下文中想要讨论的重点问题。

（一）体验性知识学习的定义

什么是体验性知识学习？这是本文所要探讨的核心问题。因此，本文首先要解决的问题便是要为体验性知识学习的概念下个符合本文语境的定义。美国教育哲学家谢弗勒(Scheffler,I.)曾在《教育的语言》一书中探讨了给一个新概念下定义的三种方式：第一种是规定性定义，即是说不管其他已有学者对其做出过何种界定，都可以结合自己研究的语境创立一种属于自己的定义，并且保证这一定义在自己所讨论的范畴中始终保持一致。第二种是描述性定义，即是说通过一系列的系统描述来说明自己所要阐释的概念，其中可以包括这一概念的适用对象、适用范畴、适用方法等。在这一过程中描述的越细致，定义的可信度、科学度就越高。第三种是纲领性定义，即是说采用蕴含一定价值判断和价值导向的方式，来给被定义对象做出系统的定义。这种定义是三种定义方式中最具体的，也是最容易出现偏差的，它往往受制于定义者自身所具有的价值判断。三种定义方式各有利弊，我们很难说出它们孰优孰劣，而在实际中对某一个对象下定义时，通常是综合运用这些方法以期提出更为准确的定义。受谢弗勒有关定义观点的启发，本文在界定"体验性知识学习"这一概念时，将综合运用规定性定义与描述性定义的方法，既结合本文的语境，创设"体验性知识学习"属于本文的定义，又采用一系列的系统描述来论证它的科学性。

根据前文对"体验"的内涵及分类的讨论，我们将"体验性知识学习"理解为，知识学习从本质上讲可以看作是体验的过程，知识学习的目的、过程、特征、表现及结果等都会因个体体验的不同而发生改变，甚至走向截然不同的结果。体验性知识学习主要是相对于传统理性知识学习的概念而提出的。在理性化知识学习中，知识学习被理解为是单纯依靠理解和记忆来进行的理性活动，它强调知识学习开展的逻辑性并对知识学习所要达成的目标进行充分的预设。理性知识学习是一种循规蹈矩、按部就班的知识学习，是没有惊喜、没有意外的知识学习，也是不需要学生进行深入探索与创造的知识学习。不同于理性化知识学习，体验性知识学习着重关注的是学习者在知识学习过程中所具有的个性化体验。体验性知识学习实际上表达的是这样一种知识学习：知识学习是依据学习者自身的体验来完成的，是一种亲历性、情感性、领悟性的过程，而并非是完全依靠理解和记忆等理性活动来进行的。体验性知识学习不是一种教学所要达到的终极目的，而是一种特殊的教学方式，是一种渗透着主体教育思想的教学范式，它能够弥补传统知识学习方式的不足，为知识学习活动更好地开展提供可能。

要全面、准确地理解体验性知识学习，应从以下方面来理解它的基本内涵：第一，体验性知识学习是一种以体验为基础的连续性过程。这种连续性主要表现为，知识在学习者的体验中连续性地发生并被不断地被检验。借用杜威的说法，"体验的持续性意味着每一种体验即开始于过去经历的一些事情，也包括修正将来一些方法的特征"①，即是说，学习者能够在体验中不断获得知识与技能，也能够形成某些解决将来问题所需的手段。可见体验性知识学习强调一种能够不断从新得到的体验中持续开展学习的能力。因此从某种程度上讲，如果我们立足于体验性知识学习视角，所有的知识学习活动都是结合学习者自身体验而开展的重新学习。比如在学习某些历史知识时，每位学习者都可以视作为是一位历史学家，尽管学习者头脑中的理论比真正的史学家要粗浅很多，但他们同样会像真正的史学家一样对知识进行了重新理解与阐释，而这种理解与阐释便是建立在自身已有体验的基础之上的。可见，体验性知识学习鼓励学习者不断对所学的知识提出自己的理解，这与理性化知识学习不同：理性化知识学习是一种稳定掌握知识的过程，而体验性知识学习则可以视作为持续创造知识的过程。

第二，体验性知识学习是一种强调过程性的知识学习。它更多关注的是知识学习的过程而不是结果。与其他类型的知识学习相比，体验性知识学习虽然也追求知识学习的效果，但它更加强调的是学生学习知识过程本身。简言之，体验性知识学习是要带领学生重走知识的产生与发展之路，进而获得某些富有个人体验的知识，而不是简单地去记忆与掌握那些精确化的科学性知识。从这个角度讲，体验性知识学习是难以达成某种固定化的预期结果的，这是因为每个学习者开展的知识学习过程都是结合自身体验来完成的，都蕴含着个体独一无二的色彩，由此而开展的体验性知识学习也绝不会呈现出相同的面孔。因此，体验性知识学习往往不在乎对知识的准确掌握程度，而关注的是学习者在体验的过程中究竟学到了什么。

第三，体验性知识学习是一种富有情感色彩的知识学习。体验性知识学习认为，任何知识学习活动的开展都离不开情感的参与，这种情感

① ［美］约翰·杜威. 我们怎样思维·经验与教育 [M]. 姜文闵，译. 北京：人民教育出版社，2005：256.

主要指的是学习者在对作为学习对象——知识的体验中所产生的情绪方面的变化。体验性知识学习之所以是富有情感的原因在于，情感本身便是主体对事物的某种体验，正如前文所述，"以情感之"是体验的一项基本内涵，体验和情感是两位一体的，体验在本质上是情感性的，只有在情感中才能够生成体验。在体验性知识学习中，学习者将知识中所蕴含的情感个人化了，同时又将自己对知识的情感客体化，借此实现对于知识内容情感方面的把握。可见，情感贯穿于体验性知识学习的整个过程。没有情感也就无法实现对于知识的体验性学习。

第四，体验性知识学习是一种强调情境性的知识学习。任何体验的过程的开展都需要在一定的情境中来进行，知识学习活动也是一样。脱离了情境的知识学习只能够称为抽象化的知识学习，它是很难引起学生的体验的。因此体验性知识学习十分强调对于情境的建构，它认为应该为不同类型的知识学习创设不同的情境以满足学习者的实际学习需要。可见，在体验性知识学习看来，学习者的知识学习活动都是具体的，我们无法为每位学习者详尽地安排知识学习的具体流程，只能够为其体验的顺利进行提供合适的情境。它鼓励学习者与情境之间不断地进行交互，进而获得某些超越于知识内容本身的新认识。

第五，体验性知识学习是一种强调学习者全身心"在场"的知识学习。"在场"是存在主义学派关注的一个重要概念，在存在主义学者眼中所谓的"在场"是显现的存在或存在意义上的显现。海德格尔对"在场"进行了如下解读："在场作为在场就是向着人之本质的在场，只要在场是始终呼唤着人之本质的指令。人之本质本身是倾听着的，因为它归属于呼唤着的指令，归属于在场。"[①] 本文中说讲的"在场"主要是用来形容学习者在知识学习过程所表现出的一种全身性投入的状态，它是指作为学习者的学习以完全主体的身份参与到知识学习的过程之中，这种参与不仅是认知上，还包括身体、情感等方面的参与。相较于传统知识学

---

① ［德］海德格尔. 路标 [M]. 孙周兴，译. 北京：商务印书馆，2000：480.

习过程所过分强调的学生作为一种认知主体的在场，体验性知识学习更加强调学生要实现一种全身心的在场，它绝不是类似于所谓的身在曹营心在汉，而是真正内化于心、外化于行的，是一种"有我"的知识学习过程。

在此，我们将知识学习视作为能够以体验的方式加以开展的活动，知识学习活动的性质、特征和表现都依赖于学习者的体验行为。可见，此种体验性知识学习是充满不确定性和变化性的，它完全可能由于学习者的体验不到位而取得某些偏差性的结论，也可能由于学习者的积极体验进而探索出某些超越知识本身的内容，甚至实现对于某些新知识的创造。从某种角度上讲，这正是体验性知识学习的魅力所在。事实上，知识学习作为一项由学习者人为开展的活动，不可能在任何情况下都维持某种预期的状态、取得某种既定的效果，它必然会因学习者自身行为的变化而导向不同的结果，这也正是学生之间知识学习水平产生差异的原因所在。换言之，我们可以立足于体验性知识学习的角度来重塑知识学习的概念，即知识学习与其说是让学生知道不知道的东西，倒是不如说是让他们去体验不曾体验过的东西，或者说是以自身已有的体验去体验某些未知的东西。知识学习作为一种充满着变化与生成的活动，体验性地去参与知识学习过程应该是一种更为理想的方式，这也正是本文想要探讨体验性知识学习的原因所在。

体验性知识学习的概念与体验性技术学习、体验性社会学习的概念相类似，但它们之间仍存在着明显的区别。体验性的技术学习通常是指学习者通过运用体验的方式掌握某些工具和技术的过程，它往往强调的是学习者对工具和技术的理解与应用。相较于体验性知识学习而言，体验性技术学习更加强调体验过程中的程序和方法的规范性，以确保学习者通过体验能够习得相应的技术。因此从某种程度上讲，体验性技术学习要比体验性知识学习更加严谨，更具有系统化与体系化。所谓的体验性社会学习主要指的是通过体验的方式使学习者了解并掌握有关社会生活方面的相关知识与信息，时下十分流行的"人种志"等人类学观察研究方式都是典型的体验性社会学习活动。相较于体验性知识学习而言，体验性社会学习更近似于对生活的体验，在体验性社会学习中学习者不仅能够接触有关社会性的知识，还能够关注有关人际交往和社会活动方面的内容，是一种更具有人文气息的体验性学习过程。由此可见，体验性知识学习虽然没有体验性技术学习那样规范，也没有体验性社会学习那样接地气，但却是一种更为深邃的体验性学习方式，通过体验性知识学习学习者往往能够感知到某些在技术和社会领域所体验不到的内容，而这些内容同样对于学习者的发展具有重要的意义，从某种程度上讲，这便是开展体验性知识学习的价值所在，它不仅能够带领学生走进真实存在的社会世界和技术世界，更能够引领学生体验知识所表征的那个世界。

（二）体验性知识学习的基本类型

如果我们立足于知识学习方式的角度来讲，可以将体验性知识学习划分为以下三种基本的类型。

1. 具身性体验

所谓的具身性体验就是指那些主体通过肢体的直接接触或亲身经历的方式对事物生成的体验与理解。正如有学者所强调的，真正的认知一定是身体的认知，它是借由身体具身参与而完成的[①]。借由亲身参与的方式获取的经验往往是最为真实的，同时也是学习者最为信服的，正所谓实践出真知。那些通过具身感知而获得的经验往往能够在学习者的头脑中保存相当长的时间。如果立足于体验性知识学习的角度来讲便是指，学习者通过直接接触或感知蕴含着知识内容的事物进而获得相应知识的一种学习方式。比如在美术课上教学生画苹果时，采用让学生实际触摸苹果的方式，来对苹果的颜色、形状等形成相应的体验。学生通过这一

---

① 叶浩生.身心二元论的困境与具身认知研究的兴起[J].心理科学，2011(4)：999–1005.

过程所形成对苹果的知识便是通过具身性体验而获得的。之所以说具身性体验是开展体验性知识学习较为理想的方式，原因在于通过具身感知而获得对知识内容的体验是最为真实的，同时也是最为准确的，这种体验一定是知识对象身上真实存在并真实发生的内容，同时也是最容易被知识学习者所接纳和信服的。正如梅洛－庞蒂所言，身体是我们认知的最初主体，人对于身体的每一次运用都是最初的表达[①]。具身认知便是通过身体开展的一种在场的认知，是主体形成体验最直接的方式。它没有任何中介因素的参与，因此形成的体验也最直接、最深刻。

美国教育家达克沃斯曾指出，"知识必须由每个个体自己来建构，人们必须建构自己的知识，并以对他们自己有意义的方式来吸收新的经验"[②]，而具身性体验则是个体构建属于自己的知识最为有效的手段。首先，通过具身体验获得的知识一定是真实存在的，其正确性毋庸置疑；其次通过具身体验获得的知识也极易被学习者自身所信服，更容易被学习者所接受进行内化进头脑之中。由此可见，具身性体验在助力学习者理解并掌握知识中发挥着极为有效的作用。

以具身性体验的方式来学习知识虽然十分理想，但它也存在一定的局限性。首先，具身性体验的开展需要学习者具备一定的知识和素养作为前提和基础，比如前文中提到的通过触摸苹果获得有关苹果知识的例子中，如果学习者本身对颜色和形状缺乏一定的认识和了解，那么此种具身性体验过程便会难于进行下去。因此从这个角度上讲，我们无法对每位通过具身性体验方式学习知识的学习者所取得学习效果提供保证，由于每位学习者自身已有认知素养所存在的差异性，其通过具身性体验方式学到的知识水平也是存在差异的。其次，由于对亲身参与的强调，采用具身性体验来学习知识的过程往往需要花费更多的时间，这在一定

---

① Richard Shusterman. Body Consciousness[M]. New York: Cambridge University Press,2008:50.

② ［美］爱莉诺·达克沃斯.精彩观念的诞生——达克沃斯教学论文集 [M].张华，等译.北京：高等教育出版社，2005：164.

程度上便会降低知识学习的效率，对于要在短时间内掌握大量知识内容的学习任务就显得不太适用。但花费更多的时间也绝不会是白做工，长时间的具身性体验可能会使得学习者对所学的知识内容产生更为深层次的理解，进而具备创新的可能性。总的来讲，具身性体验还是一种比较理想的知识学习方式，也是应该得到鼓励和推崇的一种知识学习方式。

2. 替代性体验

具身性体验虽然是体验性知识学习最为理想的一种方式，但由于知识内容所具有的间接性和广泛性，在实际的知识学习过程中，很多知识并不能被学习者直接加以体验，此时便要发挥替代性体验在知识学习所具有的价值。所谓的替代性体验顾名思义便是指，学习者并没有亲身感知蕴含知识内容的事物本身，而是通过参与某些蕴含着知识内容的模拟情境、模拟活动或是作为旁观者观摩别人体验知识内容的过程进而获得的一种类似于具身体验的体验。以替代性体验的方式学习知识虽然没有具身感知知识内容那样直观，却也能够引起学习者对知识内容的体验，进而实现对于知识内容的掌握和学习。其实相较于具身性体验而言，以替代性体验的方式不仅能够实现对于更多不同类型知识对象的学习，还能够在一定程度上拓展体验性知识学习的范畴，使某些无法直接进入课堂的知识内容也能够被学生所体验到。

对知识内容的替代性体验不强调学习者对蕴含知识对象本身的直接体验，但却往往需要借由一定的情境才能真正发生，即是说替代性体验之所以能够实现对于知识内容的学习，其原因就在于它能够创设一种蕴含着知识内容的情境，使学生投入其中，进而引发学生的情感共鸣，促使其联系头脑中已有的知识并将情境中的知识迁移于自身，进而实现对于知识的学习。在实际的体验性知识学习过程中，替代性体验具有以下方面的显著优势：首先，替代性体验可以帮助学生完成对某些无法用肉眼观察到的知识内容的学习。比如物理中的"重力""浮力"、数学中的"比例"等，这些知识是真实存在的，但却无法让学生去进行具身体验，因为它们看不见摸不到，此时营造适当的情境开展替代性体验便是一种很好的选择。其次，替代性体验能够有效帮助学生完成某些存在安全隐患的知识，比如在安全教育课上讲授有关火灾的知识，我们决不能带领学生亲临火灾现场去开展具身性的体验，这时便可以发挥替代性体验的方式，采用带领学生观看火灾纪录片的方式，使学生在相应的氛围中对火灾形成相应的了解和体验，进而掌握有关火灾防控和救火的知识。由此可见，以替代性体验的方式学习知识虽然没有直接具身体验知识内容来得那么直接，但它却拓展了体验的可能性，使知识学习中许多无法具身体验的内容可体验化，故而它同样是学生开展体验性知识学习的重要手段。

3.想象性体验

除了具身亲历知识内容或借由某个情境来学习知识之外，在体验性知识学过程中我们还可以通过一种想象的方式来实现对于知识内容的学习。所谓的想象性体验指的是，通过想象的方式来构建体验的对象或情境，进而在想象中实现对于某事物的体验，从而获得有关事物的相应知识。想象性体验与我们前文所讲的替代性体验有一定的相似之处，二者都是通过营造特定情境和氛围的方式使学生对知识内容形成相应体验的，但二者的区别就在于，替代性体验面对的是某些实际存在的事物，但碍于各种因素的限制，无法让学生对其进行具身体验。而想象性体验针对的则是那些在现实生活中完全无法进行体验的知识内容。比如某些历史知识，它们已经在过去发生过了，已经是过去时了，不可能再让学习者重新进行体验了；再例如语文学科中的某些科幻小说，它们诞生于作者的头脑世界，描绘的本身就是一些不存在的事物，是现实生活中无论如何都体验不到的。体验性知识学习要想实现对于这些知识内容的学习，就必须发挥想象性体验的作用。

在体验性知识学习过程中，想象性体验的优势就在于它的开放性与灵活性，任何学习者随时随地都可以就某一知识内容开展相应的想象性体验，而通过想象性体验对知识对象所产生的理解也没有固定的答案，相反导向的则是一种开放式的结果。然而需要指出的是，个体以想象性体验方式学习知识时，虽然能够在一定程度上摆脱对知识对象的具身限制，但对知识内容的想象性体验也并非是完全凭空进行的，它需要某些相关材料以及体验者本身已有的知识经验作为支撑。正所谓巧妇难为无米之炊，想象性体验之所以能够实现，其实也是建立在已有知识经验的基础之上。否则此种对于知识内容的想象性体验便是天马行空、漫无边际的，更谈不上实现对于知识内容的学习和掌握了。

（三）体验性知识学习的基本特征

结合前文对于体验性知识学习内涵的解析，我们可以立足于知识学习的视角，从以下方面对于体验性知识学习所具有的基本特征进行归纳：一是知识学习的目的在于结合学习者的个人体验，导向意义的个性化生成；二是知识学习的内容是结合学习者自身体验的产物，是无法在事先做出准确规定的，从本质上讲是不确定的；三是知识学习的过程是由学习者亲身经历、体验来完成的，任何人都无法替代；四是知识学习的结果往往会伴随着某些情感上的变化，使学习者获得某些情感意义的生成。通过对于体验性知识学习过程的上述理解，我们可以总结归纳出体验性知识学习所具有的某些基本特征，即生成性、不确定性、亲历性以及情感性。其中，情感性是体验性知识学习的整体性特征，生成性、不确定性和亲历性都是体验性知识学习所表现出的具体特征。与理性化知识学习的特征类似，这些特征之间也没有明显的界线，相反很多时候是相互关联、相互交融的，你中有我，我中有你。下面将对这些基本特征进行逐一阐释。

1.情感性

与理性化知识学习的整体特征"科学性"相对应，体验性知识学习的整体特征可以用"情感性"来概括。在体验性知识学习看来，学习者的知识学习活动离不开情感的参与，从这个意义上讲，体验性知识学习也可以称之为是一种"情感性的知识学习"。人是情感的动物，情感对于任何人来讲都不陌生。日常生活中我们所讲的情感通常是指个体对外界刺激所表现出的一种综合性的心理反应。《心理学大辞典》中认为，情感是人对客观事物是否满足自身需要而产生的态度体验。从本质上讲，情感是个体的一种心灵的感受和体验，这种感受和体验既能够影响个体自身的行为，也可以通过沟通与交流等方式传递给他人。由此可见，我们可以将情感视作为是主体对事物的某种态度层面的体验，即是说，情感与体验是两位一体的，任何情感都表现为一种体验，而体验则可以看作是情感的一种最为典型的表现形式。

知识学习的情感性是指学习者开展的知识学习活动是一种有情感参与、富有情感特征的活动。它主要包含两个方面的含义：首先，从知识学习的内容上看，学习者学习到的知识都是富有个人情感色彩的，都是独一无二的。从这个角度讲，不同的人即使是采用同样的方式学习同样的知识内容，其获得的知识结果也会是存在差异的。这是因为每个人看待知识内容的情感态度都是不同的，个人情感在其中发挥着重要作用。其次，从知识学习的过程上讲，知识学习的过程可以视作为是以个人情感为基础对知识进行加工的过程。如果学习的知识未能融入学习者自身的情感，那此种知识学习的过程便是仅仅记住了知识本身，远未达到内化的效果。由于学习者无时无刻不处于一定的情感之中，在进行知识学习时也必然会受到情感因素的影响。此种影响有利也有弊，但在体验性知识学习看来，情感对于学习者学习知识的过程更多具有的是某种类似催化剂的作用。一方面，情感的参与能够深化学习者对于知识的理解，从而获得富有情感性的知识；另一方面，基于情感的知识学习学到的往往是"活生生"的知识，而不是那些死板呆滞的知识，这些知识更容易被学习者所接受和理解，并更有可能在日后的生活实践中被加以使用。可见，体验性知识学习十分强调知识学习过程的情感性。

长久以来，人们通常将知识学习视作为是一种科学性的过程，不仅知识学习的内容是科学性的知识，知识学习过程的开展也应该遵从某种科学性的规律。然而，知识学习的过程说到底是一种由学习者完成的个人行为，它不可能是绝对科学、客观的，必然会受到学习者个人因素的影响进而导向各种可能结果。其中最具有代表性的因素便是个人所具有的情感差异性。情感的差异会使得学习者看待知识内容的角度发生改变，进而使知识学习导向不同的结果，因此从本质上讲，采用科学性的方式来进行的知识学习只能够学到知识内容科学性的一面，而要想实现对于知识的全面学习，还需要采用一种基于学习者自身情感的体验的方式，这也正是我们强调体验性知识学习的重要原因。

在体验性知识学习中，情感性在知识学习的目标、内容、方法等均有所表现。首先是知识学习目标的情感性。在体验性知识学习中，开展知识学习活动所要达成的目标不在于对知识内容的科学掌握，即让学生通过对于知识的学习掌握多少科学性的知识、记住多少通用性的公式定理，而是要求学习者要能够对所学到的知识有自己的理解，这种理解一定是建立在个人的情感之上的，无论成熟还是青涩，也无论是对是错，只要是学生基于自身情感所形成的体验便是有价值的。碍于学习者已有发展水平的限制，此种情感性的理解可能是片面的甚至可能是错误的，但这并不影响有关知识学习目标的达成情况，只要能够使学生学会情感性的理解与看待知识，此种知识学习过程便是有意义的，体验性知识学习的目标便达到了。

其次是知识学习内容的情感性。体验性知识学习对于知识学习内容的选择没有过多的规定，它与理性化知识学习有所不同，并不追求知识学习内容的准确性和逻辑性。相反它认为，知识学习的内容在某种程度上讲应该是多元化的，其中既可以包含某些实用的科学性知识，也可以涉及有关情感、价值观等方面的知识。总之知识学习的内容未必都是科学性的，情感性的知识内容也应成为学生开展知识学习所应关注的重要内容。其实立足于学生发展的角度来看，情感性知识的学习往往更能够激发学生的学习热情，弥补传统教育中片面强调知识传授的不足，进而实现学生的全面发展，因而也应该成为学生知识学习的重要内容构成，然而遗憾的是，当前教育并未将此部分内容纳入知识学习之中，这也是当前教育所具有的一大弊病。

　　再次是知识学习方法上的情感性。所谓的知识学习方法指的是学习者在知识学习过程中为了实现对于知识的学习所使用的手段和方式。在理性化知识学习中，知识学习的方法是被事先设计好的，学习者只能采用某些固定的方法，而在设计这些方法时通常是将情感等非理性因素排除在外的，因为情感的参与会使得知识学习方法在落实中出现很多不可控的因素，最终导致知识学习的结果与预期出现偏差。体验性知识学习正是针对理性化知识学习方法的反思，提出要采用一种情感性的知识学习方法。所谓的知识学习方法上的情感性是指，学习知识所采用的方法是非固定性的，最理想的学习知识的方法应该是学习者结合自身实际情感加以实现的，这种方法可能并非是效率最高的、效果最明显的，但一定是最适合学习者自身的，是融入了学习者真情实感的，是最乐于被学习者所接受并采用的。

　　需要指出的是，体验性知识学习虽然强调情感性，但它并不完全否定知识学习的科学性。事实上，知识学习的过程是需要科学的，同时也是希望达到科学性的。理想的科学性并不是要求知识学习过程完全的科学化，而是会为学生科学性地学习知识留下可能的空间。科学性的知识学习并不一定意味着规训和命令，而应该是一种尊重知识学习内在规律的方式。它不仅要考虑如何使知识学习取得科学的效果，还要能够设想在知识学习过程中如何处理众多非科学因素，使它们共同助力知识学习过程的有效开展，进而使知识学习过程走向科学的道路。

　　2. 生成性

　　与理性化知识学习不同，体验性知识学习非但不讲求对知识学习过程的预设，相反它强调要以一种生成性的眼光来看待知识学习活动。因此，体验性知识学习所具有的"生成性"可以看作是与理性化知识学习所具有的"预设性"相对立而提出的。

　　在辞海中，生成被理解为事物所经历的长成、形成或养育的过程。也有学者将"生成"这个词分开来理解，认为"生"是指事物从无到有，其中蕴含着创造的意思；而"成"则是指形成的结果，强调的是变化后的结果[①]。因此从整体上看，"生成"便是蕴含了起点和终点的双重内涵，既强调过程性又关注结果性。知识学习的生成性是指，知识学习的内容、结构及方式方法等方面都不是固定不变的，而是随着知识学习过程的推进而不断进行变化和调整。知识学习过程之所以是生成性的原因主要有二：一是知识学习的主体是活生生、会思考的人，在学习知识的过程中总会无意间产生一些新的思路和想法，而这些是无法提前做出预设的。二是知识学习的过程不可能总是一帆风顺、波澜不惊的，总会出现一些始料未及的情况，无论在知识学习前做出多么详尽的预设，都无法避免此类情况的出现。因此，从某种意义上讲，知识学习的过程应该是也必然是动态生成的。而体验性知识学习所具有的生成性特征主要描述的便是在知识学习过程中所表现出的此种"动态转化和不断生成"的特征。

具体来讲，体验性知识学习所具有的生成性主要表现在以下两个方面。首先，知识学习的内容是生成性的。在体验性知识学习中，学生要学习的知识内容不是被事先挑选出来并"打包密封"好的、完全不能进行更改的，而是能够根据实际的学习情况随时进行删减或调整。这里需要注意的是，讲求学习内容的生成性并不是完全否认对知识的预设行为，相反对于知识学习的内容进行一定的预设是十分必要的，否则知识学习活动的进行便会漫无目的、失去方向。然而此种预设仅仅是对知识学习的内容提供一个大致的范围，在实际学习知识的过程中，学生应能够对知识学习的内容进行选择，以满足自身体验性知识学习的实际需要。当预设的知识无法满足学生体验性知识学习的需要时，学生也应当可以探索并增添某些新的知识内容，以满足自身的学习需要；当预设的知识与学生体验到的知识相悖时，学生有权选择相信自身对知识的体验，进而抛弃原有的预设知识，重新组织新的知识内容来开展体验性知识学习。

---

① 李祎. 教学生成：内涵阐释与特征分析 [J]. 全球教育展望，2006(11)：6-10.

其次，知识学习的过程是生成性的。在理性化知识学习中，知识学习的过程往往遵循某种刚性化的逻辑，知识学习过程的进行完全是按照预先设计好的路线来完成的，即使在知识学习中出现了某些突发情况，通常仍旧是要求学生遵照预先的计划继续执行知识学习的任务。因此，理性化知识学习的过程是相对稳定的，但也是缺乏创造性与创新性的。而在体验性知识学习中，由于知识学习的内容是生成性的，这就呼唤着知识学习的过程也应当具有生成的特征。如果借用多尔的话来讲，体验性知识学习的过程不应成为一种固定性的"先验跑道"，起码不能仅仅只有一条跑道。理想化的知识学习应是能够为学生提供多元化跑道的过程，允许学生在当前跑道中遇到困难时可以切换到其他的跑道或是选择更适合自己的跑道。跑道的切换能够使学生的知识学习走向完全不同的道路，使得知识学习过程更有可能适合于学生的实际需要，更有利于实现学生的发展。

3. 不确定性

对于确定性的寻求是人类长久以来的梦想，人们期望找到某种永恒不变的真理作为自身行动的准则，对于"科学"的追求便是人类不断探求确定性的典型表现。然而从本质上讲，那些被认为是确定性的、永恒不变的科学真理是不存在的。伴随着现代科学技术的迅猛发展，许多之前被认定是真理性的知识都出现了反例进而被推翻，比如随着对空间观念的引入，传统数学中的勾股定理已经无法适用于空间中的运算，进而产生了全新的空间勾股定理。可见，确定性是事物具有的一种特殊状态，而不确定性才更贴近事物的原本形态。正如莫兰所讲的，"认识是在一个不确定性的海洋里穿越一些确定性的群岛的航行"[①]。同理在教育中的各种活动从本质上讲都具有不确定性的特征，教育可以看作是一种拥有最高不确定性的智慧行动，因此学生的知识学习活动也应该是不确定

---

① ［法］埃德加·莫兰.复杂性理论与教育问题[M].陈一壮，译.北京：北京大学出版社，2004：68.

的。相较于理性化知识学习对确定性的寻求，体验性知识学习更加关注知识学习活动所具有的此种不确定性特征。

具体来讲，体验性知识学习所具有的不确定性主要表现在以下几方面。首先是作为知识学习主体的学生是一种未完成的人。正如哲学人类学家兰德曼所讲的，"人的非特定化是一种不完善，可以说，自然把尚未完成的人放到世界之中；他没有对人做出最后的限定，在一定程度上给他留下了未确定性"①。这里的非特定化的结果指向的便是不确定性，即是说人本身便可以看作是一种不确定性的存在。既然作为知识学习对象的学生本身就是不确定性的存在，那么通过对于知识的学习进而取得何种发展以及日后会发展成什么样的人都将是难以确定的。然而这并不意味着我们无法对知识学习过程中学生的发展做出任何确定性的干涉，而是说在体验性知识学习中，我们强调学习者自由的、富有创造性地开展知识学习活动，如此取得的知识学习效果可能是不理想的，但我们还是给予学习者以肯定，鼓励学习者追求不确定性。

其次，作为知识学习内容的知识本身是一种不确定的存在。对于同一个知识，任何人都可以基于自己的立场给出自己的理解，这种理解未必一定是知识提出者所给出的理解，而是学习者自身的一种理解，因此此种理解通常会导向不确定的结果。而此种不确定的知识结果往往是学习者在开展体验性知识学习中所要面对的。莫兰曾就未来教育所需要的七种知识进行了梳理与归纳，其中很重要的一种便是具备能够随时迎战不确定性的知识。他指出，科学曾使我们收获了许多关于确定性的知识，但随着 20 世纪科学技术的迅猛发展，无数不确定性的知识已经展现在我们面前。因此，"知识学习的过程就仿佛是在散布者确定性的岛屿的不确定性的海洋中航行"②。可见，知识本身便是不确定的，确定性仅仅

---

① ［德］M. 兰德曼. 哲学人类学 [M]. 阎嘉，译. 贵阳：贵州人民出版社，2006：192.
② ［法］埃德加·莫兰. 复杂性理论与教育问题 [M]. 陈一壮，译. 北京：北京大学出版社，2004：73.

是知识存在的临时形态。

再次，知识学习的过程本身还具有非连续性的特征。所谓的非连续性是指，知识学习的开展往往并不是连续不断的线性化过程，相反其中经常会出现某些突发的、未预想到的情况。正如博尔诺夫所讲的，"在人的生活中总会有一些突然出现的、非连续性的事情，如遭遇、危机、灾难等"①。这种非连续性事情出现在学生的知识学习过程中也并不罕见，像今年爆发的新冠疫情就对学生的学习活动产生了很大的影响，很多学生不得不改变以往的知识学习方式，采用线上学习的方法。这种情况便是知识学习过程中出现的非连续性事件。此种非连续性虽然会打破已有的知识学习过程与安排，但同时也会为知识学习活动的开展提供新的契机。其实非连续性事件本身就具有重要的教育价值，这是因为非连续的事件往往更容易使学习者对所学到的知识内容加以铭记，更容易引发学习者的深层次体验。

4. 亲历性

体验区别于经验的一个显著特征便是，体验十分讲求主体的亲身经历。相应的体验性知识学习也是一般，它也具有鲜明的亲历性特征。体验性知识学习的亲历性是指，知识学习的过程是由学习者以亲身参与、亲身经历的方式加以完成的，学习者直接参与到了知识内容当中，进而形成了相应的认识。这里的亲历不一定是指学习者要亲身感知某些实际存在的事物，学习者对于知识所表征世界的感知也可以采用亲历的方式。简言之，亲历性并非一定意味着学习者身体的参与，当然身体方面的参与是亲历性最典型的表现，学习者通过思维和想象的方式来感知知识内容所表征的世界也是一种亲历的表现。在知识学习中，能够让学生实际感知蕴含着知识元素的事物固然是一种理想的方式，但对于很多知识内容的学习却是难于直接感知的，尤其是那些社会性、人文性的知

---

① ［法］埃德加·莫兰.复杂性理论与教育问题[M].陈一壮，译.北京：北京大学出版社，2004：73.

识，更是很难以通过直接感知的方式加以学习。因此体验性知识学习的亲历性更多表现在，学生对知识所表征世界的亲历性。用一句话来概括便是：体验性知识学习不一定非要回归生活世界，通过引导学生进入知识所描绘的世界亦是一种学习知识的重要方式。

具体而言，体验性知识学习的亲历性表现在以下几个方面。一是学习者能够亲身感知实际生活中所蕴含的知识并加以学习。此种学习有些类似于卢梭所讲的自然教学法，即让学生在亲身感知自然的过程中掌握相应的知识。通过此种方式获得的知识是极具体验性的也是极容易被学习者所接纳的，可以说是开展体验性知识学习最为理想的方式。二是学习者能够者亲身经历某些知识所存在的情境。即学习者并非是亲身经历蕴含着知识的事物本身，而是通过对蕴含着知识的情境的体验来获取知识。此种方式是课堂教学中学生体验性地学习与掌握知识较为可行的方式，它要求对知识学习的情境进行一定的创设。在体验性知识学习看来，情境在学生的知识学习过程中扮演着十分重要的角色，正如有研究者所讲的，"任何教学活动的开展均不能在真空中发生，必须依赖于一定的环境与条件因素"①，而这些因素便是所谓的情境。要满足学生体验性知识学习的需要，知识情境的创设应满足以下要求：首先此种情境要允许学习者与知识文本之间发生对话互动关系，此种关系一定是双向的，正如戴维·伯姆所讲的，"对话的过程应当是让各种不同的意义在全体参与者之间自由的流动"②，在情境中学生与知识之间也应该遵从此种对话性的关系。其次此种情境一定是灵活性的，它能够根据学生的实际学习情况及需要进行必要的调整，或拓展或聚焦，以满足不同学生开展体验性知识学习的需要。再次，此种情境不必一定是学习者经历过的，但一定要能够被学习者加以经历与体验的。即是说情境的设计不能完全超越

---

① 罗祖兵.论教学的情境性 [J].教育理论与实践，2006(5)：40-44.

② ［英］戴维·伯姆.论对话 [M].王松涛，译.北京：教育科学出版社，2004：11.

学习者的接受限度，否则便是无效的，但也不能过于简单，能够让任何学生不经过努力就可以轻易地完成体验，如此便会使学生丧失体验性知识学习的动力。可见，情境的选择对于学习者能够顺利开展体验性知识学习是十分重要的。

（四）体验性知识学习与理性化知识学习的关系

虽然我们已经对体验性知识学习的内涵进行了探讨，笔者认为在此处还有必要就体验性知识学习与理性化知识学习的关系进行更进一步的说明。正如在导言中所提到的，本文之所以探讨体验性知识学习是将其视作传统理性化知识学习的对立面而提出的。然而如果我们按照知识学习活动的性质来讲，通常可以将知识学习划分为理性化知识学习与感性化知识学习两大类（此种划分是按照一般行文逻辑做出的，并不是说知识学习只有这两种类型，如果立足于其他的角度还可以将知识学习划分为其他的类型）。正常而言，理性是要与感性相对应的，它不能与体验相对应。换言之，作为理性化知识学习的对立面通常应当是感性化的知识学习而不是体验性知识学习，然而在本文中笔者却将体验性知识学习视作理性化知识学习的对立面。这里有必要厘清三者之间的内在关系。为了更为清晰地展现体验性知识学习与理性化知识学习、感性化知识学习之间的内在关联，笔者尝试以图形的方式加以呈现，三者的关系如图2-1所示。

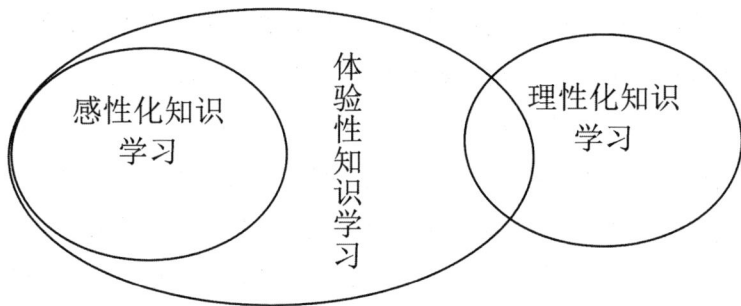

图2-1　体验性知识学习、感性化知识学习与理性化知识学习之间的关系

　　从图中不难看出，体验性知识学习可以理解为是涵盖全部感性化知识学习和一部分理性化知识学习的一种综合性知识学习类型，体验性知识学习不排斥理性化的知识学习，但它不止于理性。换言之，只有感性化知识学习才与理性化知识学习相互对立，而体验性知识学习与理性化知识学习之间不存在互斥性，而恰恰是一种包容性的关系。从某种程度上讲，体验性知识学习一定包含着理性的成分，缺乏理性认知的参与，体验性知识学习便是一种"无知"的体验状态。而感性化的知识学习由于需要个体感官方面的参与，其必然可以归入体验性知识学习的范畴。如果我们概括来讲便是：体验性知识学习是一种综合性的知识学习过程，它既包含感性的方面，也包括理性和认知的方面，但要比它们综合包容的多。理性化知识学习并不与体验性知识学习直接对立，而是蕴含于体验性知识学习之中的感性化知识学习与其呈现对立关系。但这并不意味着我们探讨体验性知识学习与理性化知识学习之间的关系是无意义的，相反准确地把脉二者之间的关系对于我们更好地理解知识学习过程具有十分重要的意义。

　　相比之下体验性知识学习是一种比理性化知识学习更高层次的知识学习方式，它更符合当代学生开展知识学习活动的实际需要。而理性化知识学习虽然有些固化与死板，但它在帮助学生在短时间内掌握科学性、逻辑性的知识，奠定知识学习基础等方面确实发挥着重要的作用，因此也不应该被完全抛弃。从本质上讲，理性化知识学习与体验性知识学习的关系有些类似于皮亚杰所讲的人类认知发展阶段理论中各阶段之间所表现出来的关系。在皮亚杰看来，所有儿童都会依次经历感知运动（0–2 岁）、前运算（2–7 岁）、具体运算（7–11 岁）和形式运算（11岁–成年）四个发展阶段，而每一阶段都会出现某种新的心智能力标志着此阶段的到来，而这些新的心智能力则使人们能够以更为复杂的方式来理解这个世界。举一个简单的例子，如果我们给学校一年级的学生讲"1+2=3"这个等式，他们往往是很难理解的，因为此时的学生处于前运算阶段，还不具备具体运算的能力。面对此种情况，在教学中要想使处于此认知阶段的学生掌握"1+2=3"，老师可能需要通过在课上左手拿一根木棒，右手拿两根，然后将它们合在一起让学生自己去数一共有几根木棒的方式来实现，如此学生便能理解 1+2 是等于 3 的。但对于三四年级的学生来说，就没有必要让他们亲自去数木棒的数量了，这是因为他们已经处于具体运算阶段，已经掌握了使用代数公式进行计算的能力，因此他们是能够直接理解"1+2=3"这个等式的。

有一点需要注意的是，新认知阶段的到来虽然会为儿童提供一种全新的心智能力，但这并不意味着原有的旧心智能力的完全丧失，相反它是实现了个体认知能力上的拓展，即儿童可以采用多种方式来开展认知活动。立足于上面的例子来讲，三四年级的学生既掌握了某种新的计算方法，对于旧的那种实际去数的方法也是会用的，但在解决"1+2=3"这一问题中之所以不使用实际去数的方法是因为，此种方法过于烦琐，会浪费大量的时间，而运用公式运算的方式则可以便捷地找到答案。可见，一种新认知方法的掌握并不会完全覆盖掉原有的认知方法，而仅仅是实现了认识方法数量上的扩充，为学习者日后开展认知活动提供了更多的选择。从某种程度上讲，这跟体验性知识学习与理性化知识学习之间的关系是一样的。理性化知识学习和体验性知识学习都可以视作为学生开展知识学习活动都应该经历的阶段，相比之下体验性知识学习的层次要高于理性化知识学习，但这并不意味着二者是相互冲突的。正如皮亚杰的发展阶段论中蕴含的思想一样，发展到后一阶段并不意味着对前一阶段的放弃。掌握了体验性的知识学习也并不意味着对理性化知识学习的完全放弃，而只是为学生的知识学习提供了一条额外的路径。但在今后的知识学习中，对于某些知识内容的学习学生仍旧可以采用理性化的方式来进行。

除此之外还有一点需要说明的是，体验性知识学习虽然是一种较为高级的知识学习方式，但它并不是完美无缺的，并不能够适用于对任何知识的学习的。相反在很多情况下，体验性知识学习的效果是很不理想的，比如某些自身缺乏体验的低年级学生，如果不为他们提供一定的知识作为开展体验的基础，体验性知识学习是很难真正开展起来的。简言之，体验性知识学习具有一定的限度，想要更好地发挥体验性知识学习的作用，为学生的知识学习提供更好的支持与帮助，我们必须对体验性知识学习的限度有所把握。具体而言体验性知识学习的限度主要表现在以下方面。首先，虽然体验性知识学习认为知识学习活动能够以体验的方式加以完成，但并不是每个知识点都是能够被体验的。比如那些难度过高的知识内容，它们远超出了学生的当前理解范围，这些知识就很难被学生所体验，即便是强迫性的体验后也会使学生产生无法进行持续体验的挫败感，进而削弱学生知识学习的积极性。除此之外，还有类似于灾难、危机等让学生的生命安全遇到危险的知识，也是不应该让学生直接体验的，否则知识学习的过程便是泯灭人性的。其次，在知识学习中并不是每个知识都需要学生去体验。比如那些学生早已掌握的知识或那些能够通过简单分析便能够轻松掌握的知识都是没有必要去进行体验的，否则便会浪费大量的学习时间，使知识学习的效率大打折扣。再次，对于不同性质、不同学科、不同类型的知识，体验的方式和程度等都存在着差异性。比如对于数学学科知识的体验与语文学科知识的体验方式肯定是不同的，对于数学知识可能更多需要的是一种逻辑性的体验，而对于语文知识则更多强调的是一种人文性的体验。

可见，体验性知识学习虽然理想，但实施起来难度很大。从内容的角度出发，体验性知识学习的内容不宜过多、过杂、过易、过难。最理想的状态是，所要学习的知识简洁清晰、难度略高于学生的已有学习水平，类似于维果斯基所讲的处于"最近发展区"中的知识。而对于每位学习者来说，适合于他"最近发展区"的知识都是差异性的。因此对于体验性知识学习而言，对知识学习内容的组织与选择将是一件极为困难的事情。既不能简单地搞一刀切，也不能盲目地寻求某种中庸性的内容以满足所有学生的需要。从形式上讲，体验性知识学习的开展除了对学习者自身素质的要求外，往往还需要一些协助者的帮衬。比如对于体验性知识学习内容的选择、情境的设计等，这些都是单由学习者自身很难能够独立完成的，需要额外主体（通常是教师）的配合。而这些人要想为学习者设计出满足实际需要的学习形式，就必须要对学习者的知识储备、能力水平甚至是性格价值观等方面有足够程度的了解，这都极大地增添了体验性知识学习实施的难度。

总之，完整的知识学习一定是由多种知识学习方式综合作用而产生的结果，它既需要理性化的知识学习方式，也需要体验性的知识学习方式。二者从本质上讲并不是相互对立的，他们都是服务于知识学习的重要方式，只不过体验性知识学习的方式在传统教育中往往被人们所忽视。真正理想的知识学习过程应讲求学习者的知情互动、强调教学做三者的合一，而体验性知识学习方式恰恰能够弥补传统理想化知识的不足。

三、体验性知识学习的教学价值

对于某种知识学习问题的探讨最终还是要回归到课堂教学的视野中，否则此种探讨便仅仅是纸上谈兵，并无可行性可言。通过前文对体验性知识学习的解析与阐述，不难发现体验性知识学习相较于以往的知识学习显然具有某些独特的教学价值。具体而言在课堂教学中，体验性知识学习的价值主要表现在对课程方面的设置、对教师教导行为的选择以及对学生学习行为的影响三个方面。对体验性知识学习价值意蕴的探讨有助于我们更好地把脉体验性知识学习过程在课堂教学活动中所具有的独特价值，进而为体验性知识学习在教学活动中的实现提供理论上的支撑。

（一）有助于课程设计的开放性

课程究竟是什么？对于这一问题的回答直接影响着我们对课程相关问题的思考。长久以来，我们的教育都是从狭义的角度来理解课程的，它认为学校为了能够达到相应的教育目标、实现一定的教学目标，就必须向学习者提供某些预先设计好的教育内容，借此来发展他们的品格、开发他们的潜能。而这些被系统组织好的教育内容便是所谓的"课程"。因此，此时的"课程"指的是根据教育目标，为指导学习者的学习活动，有计划编排教育内容的整体计划，是"旨在塑造新生代未来人格而设计的蓝图"①。此种理解便是将"课程"局限在对某些教学内容的呈现方式的立场上，其实"课程"的概念远没有我们想象的狭隘。"课程"这一术语最早源于拉丁语中古罗马战车竞赛时的"跑道"(currere)一词，它本身含有"人生之阅历"的意味②，有学者也更进一步将课程理解为一种"履历书"(curriculum vitae)。美国课程论专家奥恩斯坦 (Allan C. Ornstein) 等人认为应从五个方面来理解课程的概念：课程可以被理解为一种为实现目标而制定的计划；课程可以理解为是学习者的经验；课程可以理解为一种与人打交道的系统；课程可以被定义为是拥有自身基础、知识结构、理论原则的研究领域；课程可以被理解为是按照某一主题或内容来进行组织的内容③。可见，在奥恩斯坦等人看来，课程包含着十分丰富的内涵，对课程概念的不同解读直接影响着实际课堂教学中课程的范围和广度。在体验性知识学习观的视角下，更加赞同将课程界定为是教师所组织、学生所体验的学习经验，课程内容看似是由各种知识内容拼凑而成，实际上这些都是由教师所挑选出来并加以组织好的学习经验。这十分类似于杜威"经验教育"的思想，是对课程概念的一种新的解读。杜威将教育理解为"经验的重组"，而课程则可以看作是对这些有意义的教育经验的组织。因此从某种角度上讲，课程可以理解为"学习经验"，它是每位学生在课堂中体验到的有个性的经验。但将"课程"的概念仅仅归纳为学生的经验是片面的，不可否认学生的学习经验是构成课程的重要部分，除此之外还包括各类制度上的组织，如有计划地课

---

① 单丁.课程流派研究 [M].济南：山东教育出版社，1998：总序.

② ［日］佐藤学.课程与教师 [M].钟启泉，译.北京：教育科学出版社，2003：3.

③ Allan C.Ornstein,Francis P.Hunkins.Curriculum:Foundations,Principles,and Issues[M]. Beijing: China Renmin University Press,2010:10−11.

程大纲、学校层次的课程计划以及课程管理等方面的问题。因此，在体验性知识学习看来，课程源于对学习经验的总结，同时又高于学习经验的层次，还包含着某些制度性的经验，是某种学习经验与制度性经验的综合体。

梳理完课程的概念后，我们接着要把握课程设计的内涵。一般而言，课程设计指的是课程的组织结构或形式，它是对课程各元素（如课程目标、课程内容、课程实施等）做出的预先安排与规划，是教学活动开展的基础。从纵向上看，课程设计主要是基于社会、学科和学生三大基点来完成的，课程的设计不仅要满足社会发展的实际水平，还要适应不同学科教学的需要，更要符合学生的认知发展规律。而从横向上讲，课程设计包含对课程目标、课程内容、课程组织方式以及课程评价等方面的设计。因此，课程设计可谓是多种多样的，它能够随着课程观、教学观的不同而发生改变。现阶段我国的课程设计通常被视作为国家层面的工作，它是由国家组织的专业编者来完成的，通常要经过众多专家学者共同协商和讨论来进行。为了确保课程设计的科学性与实效性，每过几年国家便会对课程内容进行重新审核与调整。此种方式虽然较为科学、有效，但也容易使得课程设计在内容和形式方面呈现出某种同一化的特征[①]。事实上，国家并非是课程设计的唯一主体，正如基础教育课程改革提出的三级课程体系所强调的，国家、地方和学校都应成为基础教育阶段课程设计的重要参与者。从这个角度上讲，每所学校、乃至于每位从事基础教育教学工作的老师不仅是课程的实施者或执行者，他们亦富有设计与开发课程的重要责任。这也在某种程度上为基于体验性知识学习而进行的课程设计提供了可能性。

体验性知识学习对课程设计所具有的价值主要表现在，它呼唤课程设计的开放性。立足于体验性知识学习的角度来讲，不同学生在进行知识学习时往往会对知识内容形成不同的体验，即使是学习某个相同的知

---

① 丛立新.课程论问题[M].北京：教育科学出版社，2000：260.

识，也会导向完全不同的体验结果。面对此种情况，为了能够尽可能地满足学生体验的需要，就需要为他们提供尽可能多元的知识内容作为体验的载体，而这表现在课程设计方面，便是要求教师设计开放性的课程。倡导体验性知识学习的价值实际上便是要让学生的知识学习过程"丰富"起来，让学生在更为丰富的体验中实现对于知识内容的学习，这反映在课程设计中便是要使课程"丰富"起来。从表面上讲，课程的"丰富"意味着对课程"量"的扩充。虽然单纯地增加课程的知识容量，也能够在一定程度上满足学生开展体验性知识学习的需要，但这终非是长久之计，并不能从根本上解决学生对知识内容体验不足的问题。学生作为无限个性化的主体，无论课程"量"多么丰富，也无法满足所有学生的各种需要。因此，真正意义上课程的"丰富"绝不是将课程内容搞得很丰满、将课程中的知识容量搞得很充足、将教材弄得很厚，而是要保持它的开放性。所谓的开放性课程设计是指，课程设计并非是详尽一切内容的，而是能够允许课程随时随地添加某些新的内容，能够随时实现对于课程的开放性的拓展。为了满足学生体验性知识学习的需要，课程的设计绝不是尽量为学生分发尽可能多、全的知识内容，而是能够根据不同学生的实际学习体验需要，随时增添某些新的知识内容。具体而言，此种开放性的课程设计主要表现在课程内容所具有的生成性以及课程组织上所具有的灵活性。生成性的课程内容是实现开放性课程设计的前提条件，而灵活性的课程组织则是落实开放性课程设计的重要保障，二者缺一不可，共同助力开放性课程设计的实现。

1. 课程内容的生成性

课程内容是课程设计的核心，课程内容的质量直接影响着课程设计的水平。体验性知识学习对于生成性课程设计的呼唤首先表现在课程内容的生成性。在前文中，笔者曾就生成性是什么的问题进行了相关的讨论。简而言之，我们可以将生成性理解为是事物所具有的一种不断变化与发展的属性。而这里我们所讲的课程内容的生成性指的是，在对课程内容进行设计时应使其具备不断进行变动与调整的特性，使其能够根据实际情况不断生成具体的课程内容以满足特定学生的实际体验需要。简言之，一切课程内容都是在实施过程中不断生成的，都处于永恒的变化之中。

在传统的课堂教学中，教师通常会在课前对所要教授的课程内容进行严密而系统的安排，如哪些课程内容是能够被我班级中的学生所接受的？我应该挑选哪些课程内容才能够真正调动学生的学习兴趣，使课堂教学取得更为理想的效果？这些都是每位教师都要进行思考的问题。此时的课程内容往往是预成性的，它要求教师在课前对课程内容进行严密与系统的设计，在教学过程中严格遵循课程内容的设计逻辑，强调课程内容所具有的权威性。此时的课程内容只需要按部就班地呈现给学生即可，不需要随时对课程内容进行调整。在体验性知识学习看来，此种预成性的课程内容虽然遵循着学生的认知发展规律，努力将课程内容以最容易理解的方式传授给学生，虽然能够在较短的时间内让学生学到系统的知识，但却无法真正满足学生知识学习的需要，甚至会限制学生自由体验与学习创造力的发挥。这是因为，学生的知识学习依赖于对知识内容的体验，而预成性的课程内容只能够为学生提供部分知识，从这个角度讲，它只能够激发部分学生的部分体验。而除此之外的学生，在此之外的体验需要，都无法得到满足，这便制约着体验性知识学习的有效开展。

因此要想真正实现体验性知识学习，富有生成性的课程内容是必不可少的，如此才能够真正满足不同学生不同发展阶段的体验需要。这便要求教师要能够生成性地安排教学内容，要能够根据学生的实际需要对课程内容进行生成性调整，要能够根据不同学生的不同需要创生出某些新的课程内容。这就好比语文教学中的作文评价过程，每道作文题目可能都会给出相应的范文，但我们在评价学生的作文时绝不能以其与标准范文的相似度或一致度来评价作文的好坏。事实上，给作文题目提供一篇范文的做法本身便是有待商榷的，满分的范文是设计不出来的，不同学生结合自身体验完成的作文绝不会与所提供的标准范文相一致。因此，每道作文题目所给出的范文都只能作为评价的参考，绝不能成为评价的指标。那教师究竟应该如何对学生的作文进行评价呢？有效地做法便是，凭借作文评价的某些基本原则，如条理清晰、语句通顺、思想深邃、构思巧妙等，对学生作文进行生成性的评价，这有些类似于美国教育家艾斯纳 (Elliot W. Eisner) 所倡导的教育鉴赏行为。课程内容设计亦是如此，教师无法为学生提供一个预先设计好的、能够满足所有学生所有体验需要的课程内容，但却能够根据实际情况不断生成具体的课程内容以满足特定学生的实际体验需要。可见从这个角度上讲，体验性知识学习十分呼唤具有生成性的课程内容。

2. 课程组织的灵活性

除了有助于实现课程内容的生成性外，体验性知识学习更呼唤着课程组织的灵活性。所谓的课程组织是指，"在一定的教育价值观的指导下，将所选出的各种课程要素妥善地组织成课程结构，使各种课程要素在动态运行的课程结构系统中产生合力，以有效地实现课程目标"[①]。简而言之，我们可以将课程组织理解为是将各种课程要素进行妥善安排并形成一定结构的方式，它包括对课程目标、课程内容、课程开放、课程评价等诸多方面的安排与整合，是一项极为复杂而关键的工作，它往往直接关系到课程在实际实施中的效果。如果说课程内容构成了课程设计的前提和基础，那么课程组织则是保障与检验课程设计的重要标尺。

传统的课程组织往往过于精细与刚化，一方面课程的每个环节都被事先组织好、规定好，课程组织中的复杂性、情境性等不确定的因素都尽可能地被排除在外，课程组织逐渐演变为规范性的课程计划。另一方面，我们往往是基于知识的内在逻辑来组织课程的，并努力使课程形成一个稳态的结构，除此之外的课程组织都是不被提倡的。这种过于精细与刚性的课程组织虽然能确保课程顺利而平稳地实施，但却无法满足学生即时性体验以及个性化体验的需要。事实上，再精密的课程组织也无

① 张华. 课程与教学论 [M]. 上海：上海教育出版社，2000：230.

法完全预料到课堂中发生的每件事，课程组织并不能从根本上消除课程活动所具有的"不稳定性"。再者，正如体验性知识学习所讲的，学生的学习活动绝不能以固定化的形式来开展，不同学生由于自身体验存在的差异，使得其在知识学习过程中的需要、过程、方法、结果等方面都存在着诸多不同，这表现在课程中便是一种不稳定状态。为了能够有效弥补学生知识学习所具有的"不确定性"，在课程中就必须倡导一种灵活性的课程组织方式。

有学者[①]曾就"垂直"和"水平"两个基本维度出发，探讨了课程组织的基本标准，其中"垂直"方向的标准主要是指将课程要素按纵向发展的顺序组织起来，主要表现为课程组织的顺序性和连续性；"水平"方向的标准则主要是将课程要素按横向关系加以组织，主要表现为课程组织的整合性。笔者认为，这两种对于课程组织的理解都是有价值的，然而基于体验性知识学习的视角来讲，课程组织还应具备某种灵活性的特征。所谓的灵活性课程组织是指，在课程组织过程中，教师要为学生主动性和创造性的发挥、为课堂的动态生成及生成性资源的利用预留充足的时间与空间。相比于传统刚性化的课程组织方式，灵活性的课程组织具有以下特点：首先，它只对课程实施的大概路径和主要方向进行设计，并不详尽一切地规定课程实施的具体策略；其次，它为应对课程中的不确定性预留了时间与空间，使课堂教学更加贴近学生的实际体验；再次，它虽未规定课程实施的具体步骤，但却为课程的实施设计了多种可能的路径及不同的推进策略。

之所以强调课程组织应具有此种灵活性是因为，在体验性知识学习看来，不同学生由于自身经验基础、理解水平存在的差异，使其有不同的体验需要，课程的组织不能仅仅围绕着知识的内在逻辑来进行，还必须考虑学生学习的基础、需要与可能。为此，在组织课程内容时，一定要为教师根据学生的体验需要进行再组织留下可能。这种"再组织"包

---

① 张华.课程与教学论[M].上海：上海教育出版社，2000：232-233.

括调整原有的课程结构，丰富或简化原有课程结构等。总之，教师应灵活地、创造性地把握课程的组织，要根据学生的实际情况，即时地调整课程安排，以满足不同学生实际体验之需要。

（二）有利于教师教导的优质化

虽然学生能够通过自主学习的方式来实现对于知识内容的学习，但在基础教育阶段的课堂教学中，学生的大部分的知识学习都是在教师指导之下完成的。因此要探讨体验性知识学习的价值意蕴，其对教师的教导行为所具有的价值可谓是不可忽视的重要部分。从整体上讲，体验性知识学习对于教师教导行为的价值主要表现在，它有助于实现教师的优质化教导行为。课堂教学中，每位教师都能够开展相应的教导行为，但并不是所有教师的教导行为是优质的，当前教育中很多教师的教导活动都称不上是优质化的，比如那些"一言堂"式的教导或专门"讲知识点"的教导行为，它们往往都是有效的，但我们却不能将其称作为是优质化的教导。这里我们有必要就何为优质化的教导进行进一步探讨。

笔者认为相较于一般化的教导行为，优质化的教导至少具有以下方面的特征：首先，此种教导是富有情感性的。这种情感性主要表现在，教师会将自己内心的情感融入教学活动之中，并以此影响学生学习和发展的过程。这种情感主要包括对学生、学科以及教学活动本身的情感。教师的学生情感是指教师在课堂上表现出来的对学生的关怀。如果教师发自内心的喜欢学生，那他在教学过程中就处处表现着"儿童立场"，即从儿童的视角看待学生的行为与表现，看待学生的学习，看待学生的问题与回答等，时时处处充满着对儿童的关爱、鼓励与期待。教师的教学工作情感是指教师对教学工作本身的热爱。如果教师真心热爱教学工作，那他备课时就会非常认真细致，在课堂上就会非常有耐心，认真细致地处理每一个细节等。教师的学科情感是指教师对学科知识及其所表征世界的关注与关心。如果教师非常热爱学科知识及其所表征的世界，那他就会对知识充满惊奇与好奇，就会关注知识及其对应世界的每一点变化。优质化的教学一定是富有情感的教学。没有情感的这种平铺直叙的、纯粹去讲知识点的教学它绝不能称之为是优质的。教师富有情感性的教导行为绝不仅是技术层面的，而是源于教师自身的情感认同与体验，是源于教师对所教内容的真情实感。如果一位教师上课时能够将情感投入到所教的知识中去，能够站在自身情感的立场与所讲知识融为一体，那他的"教"一定是优质的。这样的教导，自然能够吸引学生、感染学生。正如帕尔默 (Parker J. Palmer) 所言，真正好的教学来自教师对所教学科的内在认同[①]，此种认同主要便表现为一种情感的认同。这就好比让数学教师代上语文课，按照课程标准、教学大纲、教材进行讲授往往也是能够胜任的，但学生的感受会差很多。这是因为代课老师难以在短时间内形成对语文课程的热爱，缺乏对语文学科的真实情感投入，而只能是照本宣科。此种教学虽能顺利完成教学任务，但只能称作是合格的教学，却无法称为是优质的。

其次，优质的教导行为往往是极具投入性的。美国教育家达克沃斯 (Eleanor Duckworth) 曾指出，真正好的教学不是直接向学生阐释事物的活动而应是投入式的，即要置身于所教授的内容之中，达到物我一体的境界[②]。他将投入现象称作为是"教师教导的第一个方面"，此时的投入并不是用来表示教师对教学内容的了解程度，或教师为所教的学科投入了多少时间和精力，而是表达了教师教导过程所呈现出的一种发自内心的赞同与热爱状态。这就好比有些医生会说"我今天做了一场'漂亮'的手术"，手术本身并不适合用"漂亮"来形容，而医生会如此表述便是源于内心对手术这项工作的高度热爱，他是真正"投入"了手术过程之中并将自己与这场手术融为一体了，才会为手术的成功发出如此的感叹。事实上，正是具有此种投入状态的人适合成为医生，也才能够真正

---

① ［美］帕克·帕尔默.教学勇气 [M].吴国珍，译.上海：华东师范大学出版社，2014：110.

② ［美］爱莉诺·达克沃斯.精彩观念的诞生——达克沃斯教学论文集 [M].张华，译.北京：高等教育出版社，2005：173-175.

当好医生。同理，教师只有真正能够在教学过程中能够投入所教授的内容之中，此种教导才可能是优质的。真正好的教师应该能够与学科知识、与所教学科融为一体。正如人们常说的，"你教什么，你就是什么"①，一位数学老师绝不是碰巧去教数学的，真正的数学老师身上应该处处体现着数学，他生活在数学之中，与数学融为一体，从某种意义上讲，他投入于数学之中，他本身就是数学！

　　此外，优质的教导往往还表现出某种即时性的特征。所谓的即时性是指，教师在教学中往往是想到哪讲到哪，绝不受限于准备好的内容和设计好的教案。教师开展的任何教导行为都是"新"的，是根据实际的教学情况临时选择的。即使讲授某些相同的内容，教师优质化的教导也可能导向完全不同的表现。我们在大学课堂中经常会发现，老师每年都要为每届学生讲授某些公共课程，这些公共课程的内容往往是通用性的，同时也是稳定的、不发生变化的，但有些教师每次讲到相同的内容都会有全新的理解、会使用某些新的例子甚至会采用全新的方式进行教学，而此种教师的教导便可以称为是优质的。可见，优质化的教导绝不是一成不变的，相反它应能够随着实际教学的需要不断进行调整与变化，因此是一种即时性的教学。

　　通过上述对优质化教导所具有特征的表述不难发现，客观地说，优质的教导都是非常个人化的；流程化、标准化只会使教师的"教"缺乏活力与魅力，难以引起学生的学习兴趣与情感共鸣。立足于体验性知识学习的角度来讲，要想使学生对所学习的知识内容有所体验，教师提供的教导行为也应当是体验性的。这意味着教师的教导绝不是客观地讲解书本知识，而是阐释自己对知识的体验与理解。当然，这就要求教师对要教的知识有自己的体验，并在此基础上开展教学活动。只有立足于教师的体验与理解的"教"，才能打动学生、感染学生，才能引发学生类

①　[加] 马克斯·范梅南.教育的情调 [M].李树英，译.北京：教育科学出版社，
　　2019：99.

似的体验，才可能是优质的。具体而言，此种基于教师自身个性化体验而开展的教导行为是充满特色化与魅力化的。从浅层次上讲，由于每位教师自身体验的不同，教师基于体验而进行的教导是富有个人特色的；从深层次上讲，教师基于体验而开展的教学活动往往具有一种独特的魅力，能够更好地吸引学生的关注。

1. 基于教师体验的"教"是富有特色的

什么是教学特色？这是一个很有趣的问题，在日常的教学活动中，经常会有这样的现象发生：当教师想要向学生讲授某一知识点时，即使还没有进行传授，学生便会大体猜到教师将会采用何种方式来进行讲解。学生之所以能够具有这样的能力，原因便在于他们掌握了这位教师的教学特色。由此可见，某位教师所具有的教学特色可以看作为是他的教导行为所具备的一种特殊的可辨识性，正是由于这种可辨识性的存在，使得每位教师的教学活动都是独一无二的。因此，我们可以将教师的教学特色理解为，教师在教学过程中逐渐形成的独特教学风格，它是教师的教育思想、个性特征、教学技巧等方面在教导过程中的综合性体现[①]。教学特色类似于教学风格，但它比教学风格更为广博，教学风格可以看作是构成教师教学特征的重要组成部分。

立足于体验性知识学习的角度来讲，教师的"教"之所以具有特色是因为教师将个人体验与独特理解融入了教导过程之中，并以自己喜欢的方式来开展教学。换言之，有特色的教学中教师教授的往往不只是知识内容本身，而是自己对于知识内容的理解和体验；而基于自身体验而开展的教导行为更有可能是特色化的。事实证明，在讲授某一知识内容时，单纯去讲授知识点本身与结合自身对知识本身的体验来讲授效果是完全不同的。比如在为学生讲授唐代诗人王之涣的《登鹳雀楼》时，如果单纯为学生讲解每一句诗词的意思并引导学生准确地记忆下来也能够完成教学任务，但如果教师能够结合自己的登楼体验出发，引导学生回

---

① 李如密. 教学风格的内涵及载体 [J]. 上海教育科研，2002(4)：41-44.

忆自己是否有过登高望远的经历，使学生基于自身已有的体验再来品味
这首古诗，那取得的教学效果要远远优于单纯的讲授，而此种基于体验
而开展的教导行为久而久之便会演变为教师所具有的某种教学特色。可
见，富有特色的教学通常是基于教师自身体验而进行的，缺少了教师对
所讲授内容自身的体验，教导便会导向标准化、通用化的泥潭。

因此在现实中，自身经验、体验丰富的教师的"教"往往更容易具
有特色，这是因为越是经验丰富的教师，他的教学、生活阅历就越丰
富，随之而来对各种事物的体验亦更为丰富与独特。这样的教师当然也
更容易将自己的体验融入对知识的解读、对例子的分析、对知识呈现方
式的选择与建构等当中去，进而实现富有特色化的教导行为。教师对各
种事物的体验并非都会导入自身的教学活动之中，往往只会联系某些与
所讲授知识密切相关的体验。而即使只有这些很少量的体验也会使得教
师的"教"发生质的变化，进而使教师的教学富有特色。换句话讲，教
师的"教"要想具有特色，就必须使教导源于自身的体验。而且，只有
基于教师个人体验的"教"才有可能成为优质的教学；标准化的"教"
最多只能成为不错的教学。

2. 基于教师体验的"教"是具有独特魅力的

所谓的魅力指的是一种很能吸引人的力量，在日常生活中我们经常
说某人或某物是很有魅力的，当魅力用来形容人时，此时的魅力主要是
指个体所具有的强烈的诱惑力与吸引力，通常可以看作为是一个人综合
素质的体现，比如我们经常说某人是具有人格魅力的，即是说这个人的
人格很出众，能够对其他人产生吸引力，被大家所欣赏。当魅力用来形
容某件事物时，主要是说某件事物有足以引起人们注意与关注的力量，
它通常是与众不同、独一无二的。教学魅力显然归于后者的范畴，它是
指教学活动对学生所表现出的一种内在的吸引力、感染力。教学魅力是
看不见摸不着的，我们很难准确说清楚它究竟是什么样子的。在实际的
课堂教学中，教学魅力通常表现为一种富有魅力的教学活动。在实际课
堂教学中，很多教师的教学是很有特色的，但此种教学并不能很好地被

学生所接受，并不能引起学生们的关注，此时的教学就远未达到魅力化的程度。相反，如果某位教师的教学过程具有某种独特的魅力，能够吸引学生投入其中，久而久之必然会形成相应的教学特色。由此可见，特色化是魅力化的基础，魅力化的教学则可以看作是特色化教学的更高层次。

有学者曾就"什么样的教学才能够称为是有魅力的教学"这一问题进行了探讨，得出的结论是有魅力的教学应是一种情知交融、心灵相悦、动态生成、真实有效的教学[①]。笔者认为，对于这些方面的归纳是极为有道理的，但仍旧不够全面。真正有魅力的教学除了应具备上述方面的特征外，还应该是充满体验性的。如果教师在上课时能够全身心地投入到教学活动之中，将自己的体验与所讲的内容融为一体，将讲授的内容转化为基于自身体验与理解的内容传达给学生。这样的教导，自然能够吸引学生、感染学生，使学生获得类似于教师所拥有的体验，而此种教导过程也必然是富有魅力的。由此可见，体验的参与能够使教师的教导行为附带上个人的独特魅力，使教师的教导活动转变为一种富有个人魅力的教学活动，这对于教师的专业发展具有重要的启发意义。

富有魅力化的教导不仅源于教师的个人体验，更高于个人体验，是对教导内容个性化的创造。一方面，教师的"教"要想打动学生，教师必须首先被其所教的内容所打动。这就好比道德品质败坏的教师很难教出道德品质优良的学生，学生的道德品质需要教师的高尚品德去感染。而教师被所教内容打动的前提便是，教师要对所教的内容具有深刻的体验。如果教师对所教授的内容缺乏相应的体验，那么他们讲授的只能是纯粹的知识本身，书本上知识是什么样的，教师讲授的知识就是什么样的，如此进行的教导连特色都算不上，更不要说是富有魅力的。另一方面，教师的"教"是将这份体验融入教学过程之中，并以特定的方式呈

① 如言.优秀教师魅力修炼的 66 个细节 [M].成都：电子科技大学出版社，2010：43-44.

现出来。此种呈现并非是固定不变的，而是能够根据学生的实际状况以及教学进度等因素进行灵活调整的。教师基于自身对知识的体验而开展的教导行为未必适应每位学生的需要，也未必能够被所有学生所接受。体验为教师教导带来的更多是一种选择性与可能性，它能够为教师提供某些新的教导思路，进而真正使自身的教导过程吸引学生的眼球，实现所谓的充满魅力的教导。

概言之，判断一种教学是否具有魅力的标准就在于教师的所教是否真正打动学生，而这又需要教师对所教的内容具有深刻的体验。由此可见，体验对于教师的教导行为发挥着重要的作用，要想实现真正优质化的教学，教师自身的体验不可或缺。

（三）有益于学生学习的个性化

体验性知识学习作为一种学生知识学习的新方式，其最为直接的价值便是对学生学习活动所具有某种启发意义。相较于已有的其他知识学习方式而言，体验性知识学习更加强调学习者基于自己的立场和需要来理解和体验知识，正如范梅南所讲的："学生对知识产生的个性化体验，只要不过度，都是可贵的。"① 通过对知识内容的体验，学习者可能会联想起自身的已有生活体验，并将其与知识内容有机结合在一起，进而获得某些基于自身体验的、只属于自己的知识。此时的知识学习已然不再是学习者理解并记忆知识的过程，而是学习者基于自身经验、立场、需要和可能性进行个体化理解的过程。

立足于体验性知识学习的立场来讲，学生的知识学习过程必然是充满个性化的，即使面对某一相同的知识不同学生对其的体验和理解往往也是不同的。这是因为，知识学习是学习者基于自己的立场和需要进行理解和体验的过程，学习者在开展知识学习活动前并非是如洛克 (John

---

① ［加］马克斯·范梅南. 生活体验研究——人文科学视野中的教育学 [M]. 宋广文，等译. 北京：教育科学出版社，2003：44-46.

Locke) 所讲的如同一张等待被随意加工的白纸，而是一个已经被遗传、环境以及个体的主观性影响过的人，已经具有了某种选择力、判断力和倾向性。如果用哲学解释学的观点来讲，便是一种拥有"前见"的人。"前见"可以理解为是一个人所拥有的已有先天因素与条件的总称，"前见"在学生的知识学习过程中通常是无法避免的，个体总是基于自身的"前见"来理解新知识的，因此每位学生借由自身的"前见"而学习到的知识也必然是充满个人色彩的，由此开启的知识学习活动也必然是个性化的。

体验性知识学习启示我们，世界上不存在某种永恒性的真理知识，也不存在永恒不变的知识学习活动。每个人都是知识学习的主人，都可以结合自身体验对知识形成自己的理解，而此种个性化的理解往往能够为个体的知识学习带来意想不到的效果。体验性知识学习究竟会对个体的知识学习活动产生何种启发意义？生态女性主义者卡伦·沃伦 (Kaven Warren) 曾经分享了她的两次登山经历，从中我们似乎可以得到一些启发：

第一天登山时，我想到的是如何去征服这座山峦。然而不管我多么努力，最终还是失败而归。我发现自己伤痕累累，在绳索上反复摇晃，却总找不到立足之地。许多次如果不是系着安全带，我早已坠入万丈深渊了。

第二天，我卸下了安全带，再次尝试从山的另一侧开始登山。此时我已不将登山作为一项任务，而开始体会登山的感觉。我闭上眼睛，开始用手去感觉岩石——这些裂缝、青苔以及小碎石，他们可以成为我登山时手脚小憩的地方。我开始与山低语，像小孩子之间的对话，俨然就好像是我的朋友，我深深感谢它为我所提供的一切。我开始关心这些悬崖峭壁，它是如此的坚忍不拔，独立而冷静地对待我的到来。此时，我只想与山在一起，我不再想去征服它，把我的意愿强加给它，而是想尊

重它，与它进行合作，不久后我便如愿以偿地登上了山顶。^①

卡伦·沃伦通过此次登山的经历学会了以一种新的方式认识自我、认识正在追求的对象。这种方式同样对我们审视学生的知识学习过程有着深远的启发性。当学生不再将知识学习的内容当作是与自身毫无关联的身外之物，不再将知识学习活动当作一件任务去完成，而是开始尝试基于自身已有的生活体验去感受知识，并决定在自身的体验中与所学知识建立起相关联系时，这时的知识学习效果将会是十分理想的。简言之，当学生将所要学习的知识看作是与自身体验密切相关的事物而不是外在于自身的"物"时，此时学生与知识学习对象便达到了马丁·布伯所倡导的"我与你"的关系，此时学习者愿意与知识内容成为朋友，愿意去倾听知识的故事同时也愿意为知识讲授自己的生活体验。此时的知识学习效果不仅更为理想，同时也十分有助于学生自主选择知识学习的方式。

总而言之，体验性知识学习对于学生知识学习的价值主要表现为：它斩断了传统教学束缚学生个性化学习的缰绳，在一定程度上拓宽了学生学习的维度与广度、为学生的发展提供广阔的空间，使学生的个性化学习成为可能。这是其他知识学习方式所无法比拟的优越性。具体而言，学生基于体验而开展的个性化学习主要体现为学生学习的自由性与创造性。自由学习是创造性学习的前提，而创造性学习则是自由学习的结果。二者互为表里，共同助力学生个性化知识学习的实现。

1. 有利于实现学生的自由学习

自由是日常生活中被我们所熟知的概念，每个人都在呼唤自由、追求自由，但自由的本质究竟为何却很少有人深究。通常意义上讲，人们普遍将自由理解为是一种"想做什么就做什么"的状态，这可以看作是对自由概念一种较为浅层次的理解。真正的自由远不止于此，它是指人

---

① ［美］杰恩·弗利纳.课程动态学——再造心灵 [M].吕联芳，等译.北京：教育科学出版社，2013：81-82.

类可以实现对事物的自我支配，能够凭借自身的意志而采取某些行动，并为自身的行为负责的状态。正如美国著名心理学家卡尔·罗杰斯(Carl Rogers)所指出的，自由从本质上讲是人的一种内在的东西，一个人的所有东西都可以被拿走，但有一样东西却永远不会被剥夺，那便是人的自由①。从这个角度上讲，即使是那些被终身囚禁的罪犯，他们依旧有进行思考、并选择自己生活态度的自由。因为自由并不只是身体行为上的自由，还包括内在性思想方面的自由。

所谓的自由学习是指，学生的学习活动应是每位学习者自己的事，它应是由学习者自己主动完成的，每位学习者都可以对自身的学习过程进行安排与选择，进而导向属于自己的学习结果。从某种角度上讲，自由学习是实现创新与创造性学习的前提，没有自由作为前提，创造是无从谈起的。但并不是任何的自由学习都能够导向创造，自由也会制造某些差异，这些差异有时甚至会使得个体产生无所适从之感。过度的自由甚至会导向不受控制的放任，这些都会导致某些不利的结果。因此对于自由学习的理解关键在于如何把握"自由"的度，我们需要的是适度的、相对的自由学习而绝非是不受控制的、绝对的自由学习。

在体验性知识学习看来，我们每个人都可以成为知识的主人，都可以结合自身的已有体验对所学的知识做出做自己的解读。相应地，每个人都应该结合自身的体验和兴趣自主地开展学习活动。真正的学习都应该源于学生的经验、兴趣和需要，而不是教师或社会的规定和要求。正如约翰·怀特(John White)在《再论教育的目的》中所强调的，"刻意塑造孩子们的个性是危险的，它会把孩子们束缚在某种特定文化的生活方式之下"②，如果我们让学生去遵循某种统一的目标来学习知识，必然会使得学生们成为相互雷同的"复制品"，如此进行的知识学习是没有意

---

① ［美］卡尔·罗杰斯，［美］杰罗姆·弗赖伯格.自由学习[M].王烨晖，译.北京：人民邮电出版社，2015：304.

② ［英］约翰·怀特.再论教育的目的[M].李永宏，等译.北京：教育科学出版社，1997：145.

义的。因此理想的知识学习过程应是能够允许学生去尝试任何学科的学习，并在尝试后自由地做出选择，作为今后自身的发展领域。对于那些不感兴趣的、不太擅长的学科内容就不必过分深造。尽管此种理性化的知识学习状态是很难实现的，因为在当前的教育发展水平下，我们很难做到让所有处于基础教育阶段的学生都能够基于自身需要来选择学习的内容，但我们一定要为学生的自由学习留下空间，允许学生结合自身已有的体验来完成对于知识内容的自由学生，如此方能在一定程度上实现学生的个性化学习。

2. 有利于实现学生的创造性学习

学生开展知识学习的目的绝不仅于对知识内容的记忆与掌握，还在于鼓励学生去发现某些新的知识，实现对于新知识的创造。正如罗杰斯在《自由学习》一书中所谈到的，"我们真正追求的学习是使青少年在永无止境的好奇心的驱使下，不断去吸收他们看到的、听到的和读到的一切有意义的东西，并创造性地将它们变成自身的一部分"[1]，可见真正的学习应是一种创造性的学习，它应该导向一种充满未知和可能性的结果。因此创造性学习与自由学习一样都可以视作为是学生个性化学习的重要表征，但创造性学习的层次要远高于自由学习，它更加关注于个性化学习所导向的结果。

体验性知识学习之所以有助于学生创造性学习的发生其原因在于，学习本身可以理解为是主体依据自身所具有的知识储备、兴趣、价值观、生活环境等因素选择、创造、发明知识的过程[2]。它不是一个简单被动接受的过程，而是一种再发现、再创造的过程。借用建构主义的观点来讲，知识先于学习者而存在，它是不能够被直接、原封不动转化为学习者掌握的知识的。因此学生的学习乃是以自己已有的经验、认知结构

①　[美]卡尔·罗杰斯，[美]杰罗姆·弗赖伯格. 自由学习 [M]. 王烨晖，译. 北京：人民邮电出版社，2015：41.

②　靳玉乐，于泽元. 后现代主义课程理论 [M]. 北京：人民教育出版社，2005：66.

和认知方式为基础，对知识进行选择、加工、改造，从而建构起全新意义的过程。简而言之，学习是学生以教材为基础、范例来自主建构对客观世界的理解的过程，是一个创造的过程。基于体验性知识学习的视角来讲，不同个体学习同一个知识时往往会产生不同的体验，这种体验是学习者通过已有的体验对相应学习内容进行修改、再造和创新的结果。倡导体验性知识学习实际上就是肯定学习过程中学生创造性地开展学习活动的科学性和合理性。因此，体验性知识学习最终希望导向一种创造性的知识学习，而不是对知识内容的复制与记忆。

创造性学习虽然理想，但并非所有学生的知识学习都能够导向某些新知识的创造。实际的情况是，很多学生通过结合自身对知识内容的体验来开展的知识学习，其结果仅是更快地理解了知识内容本身，并使其在头脑中保存了更长时间，而并没有创造某些新的知识内容和想法。这里需要指出的是，创造性的学习与实现对于学习内容的创造是两个不同的概念，所谓的创造性学习指的是，学习者会以一种不同于传统的学习方式来开展学习过程，它强调的是知识学习的过程与方法，而对于学习内容的创造则是说创造出了某些新内容，它指向的是知识学习的结果。每位学习者都可以开展创造性的学习，但并非所有的创造性学习都会导向对学习内容的创新和创造。这就好比每位学习者在结合自身体验学习知识的过程中会萌发一些突发奇想，会联系到自身实际经历过的生活经验，会获取到某些别人完全不知道的感受，这本身便可以视作为一种创造性学习的过程。而这些个人感受到的内容却未必都是科学的，其中的很多内容可能会随着知识学习活动的进行而被推翻，因此我们不能将这些内容称之为是对于学习内容的创造。事实上，真正能够实现对于学习内容创造的仍旧是少数人，而且要想真正创造出新知识往往要经历长时间的探索以及灵感的迸发。体验性知识学习并不强调学习者一定要创造出某些新知识，它鼓励的是学习者应学会一种创造性知识学习方式，通过对知识内容的创造性学习，获取到某些新的理解和感悟，如此便是实现了体验性知识学习的本意。

第三章
体验性知识学习的历史流变

　　从某种意义上讲，今日的教学思想都可以看作是对昨日教学思想的延伸，任何教学思想都有其源头，都能够在历史上找到它曾经出现过的、或与之相关的印痕，体验性知识学习也是一般。尽管体验及体验学习的概念直到 19 世纪才被正式提出，但以体验的方式来学习知识的做法古已有之、由来已久。回溯历史上的有关知识学习问题的探讨后不难发现，体验犹如一颗夜空之中的星星，忽明忽暗、若隐若现地出现在很多学者的思想之中。这些论述虽然无法称作为是系统性的体验性知识学习，但其中却蕴含着体验性知识学习的影子，也是构成体验性知识学习的重要思想渊源。因此要想从根本上把脉体验性知识学习，梳理体验性知识学习的历史渊源，追溯其变化及发展的脉络也是十分必要的。因此笔者尝试从整体上对历史上有关体验性知识学习的思想进行脉络梳理，大致将体验性知识学习的历史渊源划分为初探、异化、遮蔽、回归、寻求五个阶段。本章将尝试整理各阶段有关体验性知识学习的思想，梳理其发展及变化的脉络，这些无疑都是可以进行吸收和借鉴的丰富思想资源，是我们今日寻求体验性知识学习的深厚历史根基与源头活水。

一、体验：人类学习知识最原初的方式

正如亚里士多德在其《形而上学》开篇所讲的，"求知是人类所具有的本性"，人从呱呱坠地的那一刻起便开始尝试去获取各种未知的知识，他们会好奇地打量这个世界，并对那些从未见过的事情充满好奇心，进而会想方设法地去了解它，这些都是人类的本性，是实现人发展的基本动力之一。人类获取知识的方式是多种多样的，即可以通过亲身经历，也可以通过阅读书本，还可以通过与他人的交流和交谈来实现。其中通过亲身体验的方式来获取知识可谓是一种最为原初的方式，尤其是当记载知识的书本、传递知识的教师以及专门以传递知识为目的的学校机构还没有正式出现时，体验可以算是人类学习知识最为基本的方式。通过对客观世界的体验，人们不仅能够获取相应的知识，还能够借由体验的方式实现对于年轻一辈人知识的传递。

（一）通过体验的方式来获取知识

体验之所以被称作是人类学习知识最原初的方式，其首要原因在于最初的知识产生于人类对客观世界的体验，体验是古代人类获取知识的主要途径。比如在生产劳作中，日月升落和所处空间景物发生的变迁会引发原始人群对天象和时空变化的思考，由此便产生了我国原始社会中的"天圆地方、四面八方"时空观。再比如古代人通过对天体和天象的长时间观察后，能够确定方位和时间的变化，《尧典》中所记载的"华表"便是我国原始人类用立杆测影以定农时、以定四季的图腾柱[①]。甚至还有我们所熟知的神农尝百草的故事，通过亲自品尝各种植物来选择出哪种

---

① 袁名泽. 中国思想史纲要 [M]. 成都：西南交通大学出版社，2017：2.

能够作为食物以供人类生存使用。这些都是古代人类通过体验的方式获得的知识。虽然其中的很多知识都缺乏科学依据，有的甚至是不符合实际情况的，但它们却能够满足当时社会生产发展的实际需要，因此这些知识都是有价值的。

与现代人不同，古代人往往是按照他们自身对万事万物的观察和体验来获取知识的，这一点在古代西方人们关于世界本源问题的思考中表现得淋漓尽致。西方哲学的始祖泰勒斯将水称为万物的本源①，他之所以做出这一论断是因为，他在实际生活中体会到万物都需要靠水分来滋养，离开了水任何事物都无法正常生长。阿那克西美尼认为世界的本源是气，这种气既具有某种"无定"的不定形和无限的特征，同时也具有像水一样具有某些特定性质的特征②。通过冷、热、浓、稀等多种状态，气可以呈现出不同的特征，进而构成世界中各种事物的具体形态。赫拉克利特则认为火才是世界万物的本源，正如他说讲的，"世界秩序不是任何神或人所创造的，他过去、现在、将来永远是一团永恒的活火，在一定分寸上燃烧，在一定分寸上熄灭"③。可见在赫拉克利特看来世界的原初状态是火，火转化为万物，而万物又转化为火。这些对于世界本源的思考具有一个共性特征，那便是它们都带有浓厚的朴素性和直观性，都是源于提出者对自然的观察与体验，都尝试从丰富多彩、变化万千的自然界中概括出某种统一性的本源。这一方面体现了自然哲学家们以自然说明自然的哲学原则，也表明了此时的知识获取是体验性的，对于知识的获取都来源于研究者真实体验到的东西，正是因为这些东西能够被体验，它们才具有说服力，才能够成为解释万物本源问题的对象。

随着社会分工的出现，社会中的一部分脑力劳动者开始思考一些超越实际生活与生产，带有一定普遍性和抽象性的认识问题，这些人的任

---

① 赵敦华.西方哲学简史 [M].北京：北京大学出版社，2012：10.

② 苗力田.古希腊哲学 [M].北京：中国人民大学出版社，1989：31.

③ 北京大学西方哲学史教研室.西方哲学原著选读（上卷）[M].北京：商务印书馆，1981：21.

务便在于总结并获取在体验客观世界过程中所形成的知识，并将其理论化、体系化，这便是人类通过体验的方式来获取知识的行为，同时也是人类思想的起源。

（二）通过体验的方式来传递知识

除了通过体验的方式来获取自然界中的知识外，古代人还尝试用体验的方式来实现人与人之间知识的传递。由于古代社会中尚不具备传递知识的客观条件，如书籍、纸笔等，因此对于知识的传递通常只能通过体验的方式来完成。比如古代人想要向下一代传授打猎的知识和技巧，往往是通过带领年轻人一同进行狩猎的方式来实现的，在实际的狩猎过程中年轻人会逐渐形成对打猎活动的体验，进而摸索出一套打猎的技巧，而年长者则是要在一旁指导和帮助，使得年轻人能够更加顺利地体验打猎的过程进而获得相应的知识技巧，如此便实现了对于打猎知识的传递。再比如父亲手把手教授儿子如何去播种作物、如何浇水、如何收割等一系列农耕行为，儿子通过几年的体验最终掌握了种植作物的知识和技巧，这些例子虽然远不能称为系统的体验性知识学习行为，但它们确实能够通过体验实现对于知识的传递。

不难发现，通过体验的方式进行知识的传递具有某些显著的特征。首先，通过体验来进行知识传递的规模是很小众的，通常只发生在几个人之间，多出现在父子之间、师徒之间，很少有一个人带领多个人进行体验进而传递知识的行为。其次，通过体验的方式传递知识所需要的时间往往较长，有时甚至可能需要一年甚至几年的体验时间才能实现，因而通过体验来传递知识往往是很低效的，很难实现大规模知识内容的传递。再次，通过体验的方式传递的知识往往能够在接受者的头脑中保存相当长的时间，甚至可能伴随其一生进而传递给下一代，这种知识往往会像某种信仰一样深深印刻在学习者的心中，至死都不会遗忘。可见虽然通过体验获得知识的过程是比较漫长而艰辛的，但一旦实现对于知识的掌握后便会终身受益，这相对于我们当前通过学校中学生通过教师教导而掌握知识的效果存在着显著的差异。

总之，体验可谓是人类学习和获取知识最早的一种方式。当作为专门开展知识学习活动的场所——学校还未出现时，此时的知识学习往往源于人们的生活体验，即只有通过具身参与了某件事情才有可能获得相应的体验，也才可能掌握相应的知识。换言之，要想掌握某种知识就必须将它放在实践中去体验、去感悟。此种知识学习的方式虽然较为笨拙，其能够取得的效果也是不稳定的（有些人领悟能力强、体验的深，学习的便很快；而有些人领悟能力比较差、反应慢、体验的浅，学习的便很慢），但这毫无疑问是学习者有效获取知识的途径之一。同时通过体验而获得的知识不仅能够保存更长的时间，学习者对该种知识的理解也是更为深入的，这些都是值得我们当前教育进行思考与借鉴的地方。这也从某个方面证明，最原始的东西往往不表示它是低级的，相反说明这种原始的东西是极具有生命力的，即使是在几千年后的今天仍旧是具有价值的，仍旧能够为我们的知识学习方式变革提供思考与启发。

二、从体验到经验：知识学习的逐渐异化

随着社会生产力的进一步发展，社会中的一部分人被选择出来单独从事向年青一代人传递知识的任务，他们不再需要去参与实际劳动也可以分享劳动的果实，但代价是他们要负责向青年一代人传递必要的知识与生活技能，这部分人便是最早意义上的教师，而他们进行知识传授的场所便是最早意义上的学校组织。学校的出现打破了体验作为获取知识的唯一途径，使得人类能够通过除亲身体验外的其他方式来学习并获取知识，这在人类认知史上具有里程碑式的意义。随着学校的出现，体验在人类知识学习中的作用不断弱化，学习知识逐渐由依靠亲身体验转变为依靠他人所传授的间接经验来实现，从体验到经验的转变标志着知识学习方式逐渐异化的趋势。在专门以传授知识为目的的学校机构中，学

生学习知识便不再是通过亲身参与和体验来完成的，而是借助教师所提供的各种经验材料来实现。而学生进行知识学习的目标也不是要直接接触某些事物进而感知它，而是要获得某种理性方面的发展，这种由感性体验向理性经验的变迁在中西方思想史上都有所体现。

（一）古希腊、古罗马时期的体验与经验

20 世纪著名的德国哲学家雅思贝尔斯将古希腊、古罗马时期称作人类精神的"轴心时代"，他曾指出，"西方人应当把古希腊、古罗马世界作为自己的家，谁要是不知古希腊、古罗马，谁就仍停留在蒙昧、野蛮中"①。在他看来古希腊、古罗马时期包含着大量丰富的思想资源，对后世具有极其深远的意义。随着社会生产力的不断发展，专门以传授知识为目的的学校机构开始出现，学习知识的方式逐渐由体验让位于理性化的经验。在这一时期中有不少学者对认知中体验和经验的问题进行了探讨，下面将就某些富有代表性的学者观点进行梳理与探讨。

智者派是古希腊时期最具有代表性的学派，所谓的"智者"便是指那些专门以传授知识和智慧为职业的人，他们到处开办学园，为贵族子弟讲解知识、传授智慧。柏拉图曾将这些智者斥责为是"专门批发与零售精神食粮的商人"。智者派中的代表人物普罗塔哥拉曾就认知中体验与经验的关系做出了论断，他指出，"人是万物的尺度"，要准确地理解这一论题的含义，就必须弄清人的哪一方面是万物的尺度，是理性经验还是感觉体验，还是二者兼而有之。而在普罗塔哥拉看来，衡量事物的尺度应是个人头脑中的理性经验。正如他所讲的，"对我来说，事物就是我头脑中所呈现的样子，对你来说，事物又是你头脑中所呈现的样子，而你和我都是人。因而可以说，对于每个感知者来说，事物都是他头脑中所呈现的那个样子"②。由此可见，普罗塔哥拉将事物的存在及性

① ［德］雅思贝尔斯.什么是教育[M].邹进，译.北京：生活·读书·新知三联书店，1991：56.

② 苗力田.古希腊哲学[M].北京：中国人民大学出版社，1989：181.

质视作为个人主观经验的产物，否定了其所具有的客观性，这在本质上是赞同理性经验而排斥体验的。此种观点可以说是西方哲学史上强调主观能动性的典型命题，对于探究人自身经验在学习知识中所具有的独特价值具有重要的启发意义。

西方古代教育中真正对知识学习问题的讨论始于古希腊时期的教育家苏格拉底，我们可以将他的思想大致划分为三个方面的内容。首先，美德即知识。苏格拉底所讲的美德指的是一种能够在生活中行善的艺术，是一切技艺中最高尚的，同时也是所有人都能够学会并加以掌握的。在此意义上他将美德等同于知识，他认为如果一个人知道某件事是善的但又并不去做，这就说明这个人并不具备此方面的德性，也就并未掌握关于此件事情的知识。可见在苏格拉底看来，知识从本质上讲可以看作是一个人所具有的德性。其次，认识你自己。这与"美德即知识"的观点是相互呼应的，在苏格拉底看来，既然知识本身便是个体所具有的美德，而要想真正学习知识最理想的方式便是通过"认识你自己"来实现。他认为真理性的知识本身就存在于人的内心深处，不必再去外部世界获取。而要想实现对于真理性知识的学习，就必须从自己的内心出发去认识和探求。再次，便是"产婆术"。所谓的产婆术主要描述的是开展知识学习的基本方法，苏格拉底与以往的学者观点的不同之处在于，他认为知识从本质上讲是人的美德，它是不能进行传递和移植的。因此他并不讲求直接对知识的内容进行传授，而是通过一种对话的方式，在交流中让学习者自己发现问题进而推翻自己的已有观点，在不断地验证与推翻中实现对于知识的掌握。下面呈现一段苏格拉底在与美诺讨论什么是美德时的对话，其中便运用了"产婆术"：

苏：你认为什么是美德？

美：你要一个对于一切美德的定义吗？

苏：这正是我所寻求的。

美：如果你要一个对于一切美德的定义，我不知道说什么，不过美德是支配人类的力量。

　　苏：这一对于美德的定义包括了一切美德吗？美德在一个小孩和一个奴隶是一样的吗，美诺？小孩能支配他的父亲，奴隶能支配主人吗？那支配人的还会再是奴隶吗？

　　美：我想不会，苏格拉底。

　　苏：确实不会；这是没有什么理由的。可是再进一步，好朋友，照你说，美德是"支配的力量"，而你不加上"正义的和并非不正义的"吗？

　　美：是的，苏格拉底，我同意这点，因为正义是美德。①

　　在苏格拉底看来，学生对于知识的学习过程可以看作是让学生自己去经历和探求事物本质的过程，进而获得有关知识的真理性经验，而此种经验又有助于学生正确地认识自己。可见，苏格拉底所倡导的知识学习从本质上讲是一种基于内在理性经验的知识学习，他在通过体验而获得的知识之外又提出了"理念性知识"的概念。他认为知识学习的过程便是通过"助产"的方式去理解与寻求那种存在于内心中的理性经验（德性），进而获得所谓的"理念性知识"，而这一过程完全不需要通过体验外部世界来实现。这标志着对知识的学习在苏格拉底那里开始由外求万物转向内求诸己，由通过外部体验转向内在经验。

　　柏拉图曾对通过体验而获得的经验与通过理性思考而获得经验进行了区分，他认为通过体验而获得的经验是经由身体感官与事物的反复接触，进而将感知到的结果储存在记忆之中的过程，它是在与事物的直接接触中形成的；而通过理性思考而获得的经验则是与实际事物和实践活动毫无关系的，它是通过心灵思考而获得的一种普遍性的原理，它本身便是一种理想性的经验。相比之下，通过体验而获得的经验是经常发生变化的，而通过理性所获得经验却是永恒的；通过体验而获得的经验可

---

① 华东师范大学教育系，等．西方古代教育论著选 [M]．北京：人民教育出版社，2001：8.

能是不稳定的、多变的、甚至是混乱的，但通过理性思考而获得的经验则更接近于一种普遍性的真理。在柏拉图看来，每个人都应该崇尚理性经验而贬低体验性经验，如此才能够达到《理想国》中说提到的最高层次"哲学王"。因此他以"四线段"的方式将认知对象划分为幻想、信念、数学和理性知识四个阶段。其中幻想指的是个人对事物的想象和印象，信念是关于可感事物的共同知觉，数学指的是低层次的知识，而理性知识则是那种纯粹的知识，哲学便归属于此类知识。我们真正所要追求的便是此种理性的知识，它被称作为是真正的"是者"。在柏拉图看来，知识并不是通过后天获得的，而是在人的灵魂之中固有的。在《曼诺篇》中，苏格拉底曾经做过一个实验，他通过适当的提问和引导，便使得一位从未学过数学的儿童奴隶知道了如何计算正方形的面积[①]。柏拉图认为这个例子说明：知识本就存在于人的灵魂之中，只不过处于潜在的状态，宛如梦境一般，而学习的作用便在于触动、提示或唤醒灵魂中的知识。在此意义上讲，学习知识的过程实际上就是在恢复灵魂中固有知识的过程。而只有尽可能地净化和远离肉体的污染，才能尽可能地接近知识本身。可见，柏拉图十分强调学习者通过内在理性的方式进行知识学习，认为知识学习的过程不是外授的而是内发的。此种知识学习虽然具有一定的神秘主义色彩，但它十分重视理性经验对个体知识学习过程中所具有的价值，对于后世具有极其重要的启发意义。

相较于强调通过内在理性经验来进行知识学习的柏拉图，亚里士多德则更加重视让学生在实际的实践活动中去学习知识。比如各种行为、技能、手工艺术甚至对于美德的培养都不是以某种原理为基础的，而是在不断地尝试中，在与事物的直接接触过程中，在经历真实的美德情境中来进行的。正如他在《政治学》中所强调的，"在教育上，实践必先于理

---

① 赵敦华.西方哲学简史 [M].北京：北京大学出版社，2012：62-63.

论，而身体的训练须在智力训练之先"①，可见，亚里士多德十分肯定此种实际体验所具有的价值。通过此种实际的体验虽然无法像经由理性那样获得普遍和永恒的真理，但却能通过感官世界获得关于实际事物的知识和操作能力。亚里士多德虽然十分肯定体验在知识学习过程中所具有的独特价值，但他所倡导的认知过程依旧追求人的理性认识。正如亚里士多德所提出的人的灵魂发展三阶段论所讲的，人的最高发展阶段是理性阶段，实现最高层次的理智灵魂必须要经历植物灵魂和动物灵魂两个基本阶段，而此种基于实践活动的体验则能够为上述阶段的发展提供必要的材料和基础，虽然某些体验所获得的认识有可能遭遇道德上的危险，但其中大部分内容对于人的理性发展还是大有助益的。可见，亚里士多德更多是将对于知识的真实体验视作为是助力理性发展的重要方式。

此后的古代西方教育便进入了漫长而又黑暗的中世纪，此时的教育基本上沦为基督教实施统治的工具。中世纪期间的教育不再讲求对于学习内容的感知与体验，而是训练学生对于宗教知识的记忆与复述，此时的知识学习完全不讲求体验的参与，无论是对外部世界的真实体验还是对内部世界的理性体验都是不需要的，只要能够准确掌握知识本身便实现了对于知识的学习。

通观古希腊、古罗马时期思想发展的历程不难发现，其总体基调还是崇尚经验、贬低体验的。整个教育的核心目标基本定位于对理性知识的追求，更多强调是通过内在体验的方式来探究理性的知识。现实体验虽然没有完全否认，但也仅仅被异化为是服务于理性学习或经验学习的一种工具。

（二）中国古代思想中的体验与经验

相较于西方，中国古代文明有着自己独到的历史特点，其中最显著

---

① 华东师范大学教育系，等.西方古代教育论著选[M].北京：人民教育出版社，2001：109.

的特征便是中国古代社会讲求的氏族血缘纽带，比如中国古代传统的宗法制度与宗法思想的"礼"。正是由于此种氏族血缘纽带的存在，使得我国古代文明更加关注比自然现象更为复杂的社会矛盾运动。正如有学者曾指出的，"与古代西方不同，中国古代首先发展起来的不是探索自然的思辨与体验，而是对社会矛盾及人际关系的反思与探究"①。因此，我国的古代教育很少对纯粹的知识概念、逻辑、形式等方面进行知性的探究，而更多是基于一种主体观的视野来审视知识学习的过程。这可能与中国文化中的传统思维方式有很大的关系，我们经常说中国社会是一个极具人情味的社会，相较于西方我们更讲求人与人之间的交流，强调人情世故。因此当我们以此种思维方式来审视知识学习活动时，通常会将知识学习与人的内在经验联系起来，不强调通过体验的方式去寻求知识所具有的客观属性，也不去探究如何将知识以最科学的方式呈现出来，而更多去思考个体对于知识是如何思考的。正是由于这个原因，很多知识在我国很早便已经有学者进行过系统地观察与探讨，但并没有进一步将其归纳为系统的知识，反倒是由西方科学家率先提出，这正是著名的"李约瑟难题"。可见，中国古代思想中更加强调的同样是经验而不是体验，这种对经验的强调使得我国古代对知识学习的看法更多指向一种经验性的知识学习。

中国古代的思想集中体现在儒家思想之中，其中最具有影响力的学者当属孔子。孔子将知识学习的过程理解为是"思、习、行"三者的统一体，所谓的"思"指的是学习者对学习内容的思考、理解与消化，正如他所讲的"学而不思则罔，思而不学则殆"（《论语·为政》），单纯的思和学都是片面的，只有将二者结合起来知识学习的过程才是完整的。所谓的"习"是指通过温习已经学过的知识进而获得新知的过程，正所谓"温故而知新，可以为师矣"（《论语·述而》），只有通过"习"的过程才能够真正将学到的知识内化为自身的修养。最后的"行"是指要能

---

① 李维武. 中国哲学史纲 [M]. 成都：巴蜀书社，1988：6.

够将所学到的内容学以致用，付诸实践，即能够"笃行之"（《礼记·中庸》）。由此可见，孔子所讲的知识学习过程更多是一种"内省"的知识学习，它依靠的是学习者自身的内在自觉与反省，其中既有认知方面的参与，也有情感方面的参与。此种内省的过程本身便可以理解为是一种依靠对内在经验进行反省而进行的知识学习活动，因此孔子更多将知识学习的过程视作为是一种基于学习者内在经验的人伦道德活动。

在中国古代史上，墨家曾与儒家并称为"显学"。但两派的主张和观点针锋相对，曾在战国时期展开过激烈的争锋。与儒家的孔子观点不同，处于同一时代的墨家学派代表人墨子主张以一种唯物主义经验论的方式来获取知识。他认为人的知识来源于"耳目之实"，即是说知识来源于人们感觉器官所能感知到的客观实际。因此对于知识学习的过程来讲，如果学习者能够"闻之见之，则必以为有"；反之如果"莫见莫闻，则必以为无"（《墨子·明鬼下》）。既然知识的学习要立足于真实的经验，墨子随即提出了学习知识应采用一种"察类明故，言必立仪"的方法，所谓的"类"指的是同类知识之间的类比与类推，"故"则是指知识产生的原因或提出的目的，因此"察类明故"（《墨子·非攻下》）就是要求学习者在学习知识时要进行合理的分类，区分同异，探寻根据。"言必立仪"（《墨子·非命上》）则是说知识学习要有一个共同的标准，对此墨子提出了"三表法"用以检验人们知识学习的正确与否。第一是"上本之于古者圣王之事"，即以历史记载中前人的经验为依据来检验知识；第二是"下原察百姓耳目之实"，即以广大群众的直接感觉经验为依据；第三是"废以为刑政，观其中国家百姓人民之利"，即以实际的社会效果为依据，考查某种知识在实际过程中是否符合实际情况。可见，墨子所讲求的此种知识学习方式虽然能够获取到真实的知识，但它将知识学习仅仅停留在感觉经验的层面上，这就使得学习者难以对知识进行深入全面的认识，甚至会将感受到的一些幻觉与假象也都当作是知识加以学习。

孟子继承了儒家的传统思维方式，将认知过程理解为是通过人的内在体验而完成的。他认为人的本性是向善的，之所以如此是因为人生来便具有"善端"，它是人意识中存在的一种先验的善的萌芽，用孟子的话讲便是"不虑而知，不学而能的一种良知良能"（《尽心上》），孟子这种"善端"归纳为"恻隐之心""羞恶之心""恭敬之心""是非之心"四个基本方面，其中最为基本的便是"恻隐之心"，它是善端中最基本的，比如当看到小孩即将坠入井中时，人会立刻上前救援。此种行为便不是通过体验外在世界后形成的，而是内在于人的内心之中的，是人的一种本能行为。因此从这个角度出发，孟子认为学习知识的过程应当是"尽其心者，知其性也；知其性，则知天矣"（《尽心上》）。即是说，人们如果能够充分认识自己的本心，就能够认识自身所具有的固有本性，也就认识天道了。可见，在孟子看来，学习知识的过程应是认识人的内在经验的过程，知识本就存在于人的本性中，我们要做的仅仅是理性的认识它。这与墨家强调通过感性认识获得知识的做法是截然不同的，孟子认为如果没有内在的理性思维参与，仅仅去感知事物往往会被外物所蒙蔽进而丧失原有的"善端"。因此，人们只有"尽心"才能"知性"，也才能够真正实现对于知识的学习。这显然是一种以"自我"为中心的、以"内在经验"为对象、以"内省"为途径的认知方式。

朱熹是中国古代教育史上具有里程碑意义的人物，它继承了二程的"义理之学"，构建了一整套理学体系并将其发扬光大，成为理学的集大成者。朱熹的思想对于中国封建社会后期的发展具有极其深远的影响，尤其是他继承了《大学》中"格物致知"的命题并对它重新进行了解释。在朱熹看来，认知活动应该遵循一种"格物"而"穷理"的方式。首先要想获取某种知识，必须要通过"格物"的方式，将知识置于具体的物之中。格物应尽量广泛，尽可能多元化，只有对知识的接触、了解到一定程度时，才会产生"豁然开朗"的状态，正如朱熹所讲的"众物之表里精粗无不到，而吾心之全体大用无不明"（《大学章节》），只有真正达到这个层次时才能够实现"致知"。而"致知"则是对最高精神本体"理"的把握，正如朱熹所讲的，"致知乃是吾心无所不知"（《朱子语类》卷十五）。通过"致知"人们可以达到对万物诸理的整体性、本质性认识。"格物"和"致知"乃是人认识的不同境界，相较之下，"致知"乃是更好层次的体验，也是实现对于知识学习的根本方式。因此，知识学习的过程在朱熹看来应该是一种"知先行后"的行为，其本质依旧是"致知"而不是"格物"。

不难发现，朱熹所讲求的"格物致知"依旧是一种建立在理性基础之上的唯心主义先验论，它虽然讲求通过"格物"的方式来体验外界事物进而获得感知，但这种体验的目的依旧是体验万物之中所蕴含的"理"，是通过"在物之理"来发现和印证这些先验的"在己之理"，进而把握最高精神本体"理"，而不是鼓励学习者去接触和了解客观事物本身。因此这种体验从本质上讲依旧是信奉"理学"化的儒家思想，仍是一种内在的理性化体验。

王守仁是明朝中叶著名的教育家，他将朱熹的"格物致知"理学体系进一步发展为一种"心外无物""心外无理"的"致良知"认识论。正如他自己所讲的，"吾平平讲学，只是'致良知'三字"（《寄正宪男手墨二卷》）。首先，王守仁认为通过"格物"的方式是无法掌握真正的知识的，也是无法获得"理"的，要想实现对于知识的学习关键还在于"从自己心上去体认"。其次，心之外不存在任何的"理"，因此知识学习的过程不是"求理于事事物物"，而是"致吾心之良知于事事物物"（《答顾东桥》）。再次，主体的知识学习只不过是将存在于自身中的"良知"推演到各种事物之中，是各种事物各具其理的过程，因此知识学习也可以理解为"合心与理而唯一"的过程。可见，王守仁所讲的"致良知"实际上是一种主观的、先验的、富有伦理性的知识学习方式，其实质便是将从主体自身外化的"理"重新置于人的心中，使知识学习完全变为一种自我反省与修养的过程。

在"致良知"认识论的基础上，王守仁又进一步提出了"知行合一"的知识学习观。在他看来，要实现对于知识的学习知与行是分不开的，"知是行的主意，行是知的功夫；知是行之始，行是知之成"（《传习录上》)。即是说，在知识学习的过程中，如果知的"主意"出的好，那么行起来便会"明察精察"；同样如果行的"功夫"做得深，那么知的内容也就更为"真切笃实"。此处的知与行都是主观上的东西，只有在人的"心"中才能得到真正的统一。由此可见，王阳明倡导的"知行合一"虽然与朱熹的"知先行后"相互对立，但它从本质上讲依旧是一种唯心主义的知行观，依旧追求的是"致良知"，是一种内在的体验观。

通过对上述儒家学者思想的梳理不难发现，儒家思想在认识观上所强调的更多是一种内在的经验而不是外在的体验。它不像西方古代教育是通过体验自然界或某些现实中存在的事物来获取知识，而是通过对人伦道德等方面的体验来学习知识，此时所讲的"体验"更多指的是富有道德情感的经验。因此儒家思想从本质上讲依旧是崇尚内在经验而贬斥外在体验的。

在中国古代思想史中除了儒家思想外，道家思想也曾就体验与经验的关系做出了相应的论述。道家思想与儒家思想不同，它不关注伦理本体和人的社会性一面，相反它以自然作为研究对象，探求人在自然界中如何实现自身的无为性发展。正如老子所讲的"道可道，非常道"，其中的"道"便是道家最基本的范畴，而这种"道"更多指的是一种自然之道。老子认为人们的认知活动可以划分为"为学"与"为道"两个部分，其中"为学"指的是追求具体事物的知识，而"为道"则是认识了作为世界万物的本源和准则的"道"。"为学"和"为道"本质上是相互对立的，正所谓"为学日益，为道而损"（《老子》四十八章），在老子看来掌握关于具体事物的知识越多，就越难以真正把握和认识"道"。因此，要想更好地追求"道"，就要摒弃人们获得一般知识的认知能力和思维机制。那到底该如何认识"道"呢？老子认为应采用一种"静观"的方式来体"道"，此种"静观"指的是以自我体验为核心的一种内视与反观，即要将自我摆进自然界之中，在自我体验中实现所谓的"静观"。值得注意的是，道家所讲的体验知识过程与西方古代教育中体验知识的过程存在某些共同点，比如二者都强调以自然界为体验的对象，但二者也存在着明显的差异。道家的体验虽然是以自然界为对象，但它不是一种直观性的体验，更多的是一种内在的直觉性的体验。正如庄子所说的，经过体验要达到一种"天人合一"的境界，它不需要个体进行系统化的概念分析，也不需要学习者对体验到的知识进行逻辑性的推断，只需要在自己的内心中直接体验人的自然之性，获得一种精神上的自由即可①。老庄之后的道家思想也都秉承了此种内在自我体验的风范，无论是魏晋时期的王弼所提倡的"体自然"还是之后郭象所倡导的"与物冥合"或是嵇康所讲的"任自然"，都是从自然出发在内心中讲求对自身进行自我体验的典型表达。由此可见，道家思想中虽然蕴含着体验的色彩，但其本质上依旧是强调经验的，只不过它强调的是一种人所具有的直觉性经验，它不像儒家思想那样讲求人们对情感道德的关注，而是将目光聚焦于学习者内心世界对知识对象是如何看待的。因此中国古代思想与西方古希腊、古罗马时期的思想存在异曲同工之妙，即认为学习知识主要是通过一种内在的经验来完成，而不一定要经过实际的体验活动。此时的知识学习不讲求学生者对知识的亲身体验，转而将目光更多聚焦于学习者内心世界的理性经验，这不仅标志着知识学习方式由体验向经验的异化，也为近代所倡导的唯经验主义知识学习奠定了基础。

三、唯经验主义：近代知识学习中体验的遮蔽

进入近代以来，随着的社会生产力迅猛发展，为了满足社会发展对高水平劳动力的实际需要，专门以开展知识教学为目的的学校机构大量出现。此时通过体验的方式来学习知识已无法满足学生的学习需要，急需寻求一种更加有效率的知识学习方式来满足社会的实际需要，唯经验主义的知识学习方式便在此时逐渐越入人们的视野。所谓的唯经验主义

---

① 蒙培元. 中国哲学主体思想 [M]. 北京：东方出版社，1993：105-106.

是指，经验完全摆脱了与体验之间的关联，具备了一种理性的内涵，这时的经验不再强调行动与实践，而是源于对事物的理性感知。换言之，只要开展知识学习活动的经验及其过程足够理性化，任何学生都可以实现对于知识的学习。这便使得学生的知识学习活动变得容易控制、易于操作，正如夸美纽斯在《大教学论》中所讲到的"教学艺术所需要的不是别的，只不过是要把时间、科目和方法巧妙地加以安排而已。一旦我们发现了正确的方法以后，那时无论要教导多少学童都不会比用印刷机在一天之内印一千份整洁的文章更为困难"①。可见，在近代教育的视域中，知识学习应以一种科学、稳定的方式加以进行，学生学习知识的效率越高，其结果越理想。而通过体验的方式来开展的知识学习活动则被视为是低效的。这种唯经验主义的倾向使得知识学习中的体验完全被遮蔽，此时的知识学习过程完全不具备体验的色彩，原有那种强调实际参与的体验过程逐渐被更为体系化、理性化的经验所取代。具体而言，此种唯经验主义的知识学习观主要体现在西方近代的经验论以及先验知性论之中。

（一）经验论视域下的知识学习

经验论产生于 16—17 世纪的英国，是一种随着新兴自然科学的蓬勃发展而产生的新哲学。经验论吸收了英国传统经院哲学重视经验因素的传统，同时又摆脱了传统经验哲学思考问题的思维方式，它既可以看作是对中世纪思想的延续，又适合于近代新兴自然科学的实际需要，可谓是孕育而生。

培根被认为是西方近代经验论的开道者，他认为科学知识来源于对自然事物的感觉经验，感觉表象是认识的起点。正如他所讲的"感觉的表象愈丰富和愈精确，一切事情就能够愈容易、愈顺利地进行"②。同时

---

① ［捷］夸美纽斯.大教学论[M].傅任敢，译.北京：人民教育出版社，1957：75.

② ［英］培根.新工具[M].许宝骙，译.北京：商务印书馆，1984：93.

培根也察觉到经验所具有的局限性，他指出感觉到的经验往往具有主观性，有些甚至是虚妄的、不实际的，远不能表明事物的本质。为了弥补这种直接经验所带来的局限性，可采用两种补救措施。一是给感官提供一种科学化的工具，培根将其称为科学实验；二是要发挥理智的作用，对通过实验得到的材料进行进一步的分析与加工。可见培根倡导将经验与理性二者进行有效结合，在他看来感性经验与理性的结合只能通过实验的方式加以实现。对此培根曾做了一个形象的比喻：

> 只相信经验的人像蚂蚁，他们只会搜集材料，不知道如何加工、如何处理这些材料；只知道思辨的人像蜘蛛，他们只凭借自己的材料来编制体系；真正的实验科学家像蜜蜂，他们既采集材料，又通过自身消化处理这些材料。①

可见在培根看来，实验的方法离不开感觉的观察，感觉的观察能够为其提供众多的材料和信息，以保证实验的顺利进行；但实验又不完全依赖感觉，而是强调对感觉进行改进，感觉中的很多东西是不可靠的和极易发生错误的，要想使用必须基于理性的指导。因此培根在改造亚里士多德所主张的演绎法的基础上提出了一种全新的认识方式——归纳法。与演绎法不同，归纳法不是单纯的推理过程，而是时上时下、循序渐进的过程，归纳法不完全依靠最初的前提，也不指向终极的阶段，而是主要围绕着"中间原理"而展开，这里的中间原则指的便是对事物形式和规律的认识，它通常要经过多次反复检验、运用多种方式分析综合讨论来揭示。以归纳的方式学习知识的一般流程如下：首先是尽可能充分地收集知识材料，其次是对材料进行整理并按性质将其归入不同类别的例证（有正面的例证、反面的例证、独特的例证等），最后根据这些

① 北京大学哲学系外国哲学史教研室.西方哲学原著选读（上卷）[M].北京：商务印书馆，1981：345-346.

例证推导出一般性的结论。从整体上看，这种归纳的知识学习方法还是比较粗糙的，归纳的真实性与可靠性也有待于进一步地考察。但它创设并传播了经验论的基本立场和方法，对于日后经验论的发展奠定了坚实的基础。

洛克是西方近代哲学中第一位完整论述经验论的哲学家，虽然在此之前的培根被称作为经验论的创始人，但他只是提出了一些基本原则。真正使经验论体系化、理论化的学者正是洛克。洛克经验论的基本观点是：知识源于经验①。他指出，我们的全部知识绝不是起源于某种天赋观念，而是建立在经验之上的，知识归根到底是导源于经验的。作为知识来源的经验有两个方面：一是感觉，也可以称其为"外感觉"。它是指我们的感官在受到外部事物刺激时，将关于外部事物的形状、颜色、声音、味道、运动等一切可感受的知觉传达到心理中的过程。二是反省，也被称为"内感觉"。它是指我们在运用理性考察通过外感觉获得的感知时，心灵发生反思性的各类心理活动，如怀疑、信念、推论、意欲等。这些观念是不可能通过对外部事物的感知而获得的。因此在洛克看来，感觉的对象是外界事物，而反思的对象则是内在的心理，它们是相互独立的两种制式的源泉，正是二者的合力作用才使得在空白的心灵上写了各种观念的文字。不难看出，洛克虽然强调感觉等直接经验的作用，但其经验论的核心却导向了以内感觉为核心的观念论。在洛克看来观念是哲学的最基本范畴，一切观念都来源于经验，观念是人类思维的直接对象，也是构成知识的基本材料，是一切知识的源泉。所谓的知识就是理智对于观念的契合或矛盾的一种知觉，我们的知识只与我们的观念有关，观念才是知识的对象，真正的知识存在于观念之间的关系之中，是个体心灵使用这些观念材料建构出来的结果，对于观念与知识的关系洛克解释道：

---

① ［英］洛克.人类理解论 [M].谭善明，等译.西安：陕西人民出版社，2007：65-66.

　　知识不外是对于我们的任何两个观念之间的联系与符合，或不符合与冲突的直觉，知识只是在于这种知觉，有这种知觉的地方就有知识，没有这种知觉的地方，我们虽然可以幻想、猜测或相信，但却永久得不到知识。①

　　不难看出，洛克眼中的知识范围要比观念的范围更小，是特定观念之间关系的产物，这种对于知识概念的理解过于限定化，通常将知识的概念限定在一种建立在观念基础之上的词语知识，这使得很多方面的知识都被排除在洛克所提出的知识概念的范畴之外，比如那些关于观念与外物之间关系的知识或通过体验而获得的实在知识，都是不被洛克所接纳的，这便使得洛克所提倡的知识学习导向一种片面化的知识学习。

　　休谟是继洛克之后经验论派的又一代表性人物，他继承了洛克有关经验论的基本立场，但在认知问题上又与洛克有所区别。洛克将经验的对象称作为观念，而休谟则将其称作为直觉，它将直觉按性质划分为两种类型：印象和观念，其中印象又可以划分为两种：感觉印象和反省印象，所谓的感觉印象是个体获得的对事物的最原初性的印象，感觉印象的获得在休谟看来是不可知的，它的来源以及产生的原因都是不确定的；而反省印象则是从感觉印象中发展出来的，它既可以是从感觉印象中直接继承过来的一些印象，比如从痛苦的印象中生成悲伤、厌恶、绝望等印象；也可以是通过观念对感觉的判断而间接得到的印象，比如爱慕、嫉妒、羡慕等印象。观念则是对印象的"忠实反馈"，一个人有什么样的印象便会产生什么样的观念。不难看出，休谟改变了以往洛克的双重经验论传统，将观念的来源归结为印象，把反省印象的来源归结为感觉印象。说到底便是，一切认识都来源于个体的感觉印象。在此基础

---

① 　北京大学哲学系外国哲学史教研室 . 西方哲学原著选读（上卷）[M]. 北京：商务印书馆，1981：463.

上，休谟将知识划分为两大类，一类是关于观念之间关系的知识，另一类是关于外在事实的知识。所谓的关于观念之间关系的知识是指通过比较观念本身就可以获得的知识，它通常是指那些抽象科学和能够被直接证明的知识，主要是指数字和逻辑；而关于外在事实的知识则是需要寻求另外的知觉（印象和观念）进行比较才能获得的知识，它往往需要额外的知觉对已有的知觉情况进行检验。在休谟的观念中，关于观念之间关系的知识是具有确定性和必然性的，如果我们采用分析的方式对其进行学习往往能够获得某些必然性的真理；而关于外在事实的知识则是或然性的，我们只能采用综合判断的方式去学习它，同时经过对其的学习未必一定能够获得真理。然而关于外在事实的知识也并非是一无是处的，它能够有效拓展我们的经验范围，对于我们的日常生活是极有用处的。简言之，在休谟看来，任何一种被称作为知识的内容，不是依靠分析对观念之间的关系做出的必然推理，就是依赖于经验对事实所做的或然推理，除此之外是不存在任何知识的。正如他所讲的：

> 当我们巡视图书馆时，我们可以拿起一本书，例如神学或经院哲学的书，我们就可以问：其中包含着量或数方面的任何抽象论证么？其中包含着有关事实与存在的任何经验论证么？如果没有，那我们就可以将它投到烈火中去烧毁，因为它所包含的，没有其他的东西，只有诡辩和幻想而已。①

可见，休谟和洛克一样都将知识学习看作是一种由简单到复杂的过程，知识往往是由某种符合观念表达的结果，往往被呈现于对观念与观念间关系的推理和判断之中，因此知识学习的性质往往取决于观念之间所呈现出来的关系，这种关系通常与体验不存在丝毫关系，仅仅是个体

---

① 北京大学哲学系外国哲学史教研室.十六—十八世纪西欧各国哲学 [M].北京：商务印书馆，1975：670.

印象之间的扩大、缩小、联系、置换而已。

从整体上讲，经验论与完全强调头脑中理性思考的唯理论不同，它在某种程度上还是强调个体通过对经验的感官观察获得对事物的真实印象。然而我们需要明确的是，此种通过感官而获得的对事物的真实印象依旧是源于对事物的理性感知，它往往不强调行动与实践的参与，经验的获得完全依附于感觉印象。因此与其说是对事物进行的体验，倒不如说是对事物做出的一种主观感觉。从这个角度讲，经验论视域下的知识学习往往呈现出感觉主义的倾向。

（二）先验论视域下的知识学习

康德通常被人们称作是西方哲学领域中具有里程碑意义的学者，他的《纯粹理性批判》被视作为是哲学领域的"哥白尼革命"。之所以具有如此大的影响力原因便在于，康德率先调和了西方近代唯理论和经验论两大哲学派别的观念，并在总结两派观点的基础上，最终没有选择任何一派的观点，而是在唯理论与经验论之间另辟蹊径，提出了"先天综合判断"的概念，开辟了先验哲学的新路径。

康德关于先天综合判断的学说缘起于对唯理论和经验论两派知识论观点的综合。一方面康德不赞成经验论将综合判断归结为偶然真理的立场，他认为如此做法相当于否定了经验知识所具有的普遍必然性，其结果必然是动摇经验科学的基础，像休谟那样滑入怀疑论的泥潭。因此他赞同唯理论者的观点，认为关于经验事实的判断应是一种先天的、理性的必然真理。另一方面康德也对唯理论所强调的天赋观念概念提出了质疑，他认为关于经验事实的判断虽然是一种先天的必然真理，但它说到底还不能够被称为是一种天赋观念。康德认为天赋观念至少存在以下两方面的缺陷：一是天赋观念缺乏某种统一性的标准，因此在实际中表现出随意性的特征，每位唯理论者都可以确立自己心目中的天赋观念是什么样子的；二是唯理论者往往缺乏对天赋观念基础性问题的考察，没有解释为什么有些观念可以被称为是天赋的，而有些则不能。这两大缺陷使得唯理论所讲求的天赋观念往往会导向独断论的深渊，从而不具有说服力和科学性。鉴于对于唯理论和经验论两派观点的反思，康德认为经验知识中一切具有普遍必然性的判断都可以理解为是先天综合判断，这里的"先天"不是说时间上先于经验而获得，而是指逻辑上的"先天"，是那些为经验提供的必要前提和知识要素。因此在康德看来，经验是具有普遍必然性的知识，他从数学、自然科学和形而上学三个方面探讨了此种先天综合判断存在的合理性，并基于此将先验哲学划分为先验感性论、先验知性论和先验理性论三个部分。

在康德看来，人类的认识活动应经由感性到知性，再由知性到理性的过程，其中感性主要为认知提供对象，知性则主要满足对认知进行判断的需要，而理性则对认知加以最高的综合。他认为知识的来源主要有两个方面：一是通过感觉所获得的材料，二是通过理性所提供的形式，可以将其分别称作为"感觉原则"和"理性原则"。康德将感性理解为是"通过被对象作用的方式而接受表象的能力"，简言之感性可以理解为一种接受能力，这种接受能力包含两方面的内容：一种是完全接受来自物自体的表象，康德将其称为感性直观；另一种则是提供一种认识形式，将通过物自体的刺激而产生的感觉材料有条理地整合为经验，康德称其为直观形式。由于面对事物时人们对事物的颜色、气味、触感等体验都是因人而异的、是不固定的，因此通过感觉而获得的材料往往是不确定的、凌乱的、充满偶然性的。除了通过感觉原则来获取知识材料外，知识还可以通过理性的原则进行获取。所谓的通过理性所提供的形式来获取知识是指，将逻辑判断引入认知过程进而实现对于知识的深层概念思考。康德将通过理性原则来获取知识的最基本形式称为范畴，他认为范畴是纯粹的、先天的，它不能通过感知经验获得，也不能用归纳法来进行总结，否则便只会得到某些不完整的、无意义的范畴。范畴概念本身只与逻辑判断有关，存在多少种理性的逻辑判断，便会存在多少种范畴。据此康德将通过理性所提供的获取知识的过程划分为对先验范畴的形而上学演绎以及对范畴的先验性演绎，其中前者是从逻辑判断的形式推导出范畴，而后者则是从逻辑判断的内容推导出范畴。相较于通过感觉而获得知识材料的做法，基于"理性原则"而获得的知识更具有严谨的逻辑性，它得到的知识是可以用逻辑的方法推导出来的，因此具有某种超验性的特征。在康德看来，感觉材料必须经由理性形式的构建才能构成某种具有必然性和超验性的经验知识，这里所讲的经验知识不是说知识本身是通过体验或经验而获得的，而是指知识是经过理性经验加工和建构的产物，其本质上还是一种理性化的知识，经验只是为此种理性化知识的获取提供了原材料。

康德所倡导的先验知性论是对感性和理性二者的融合，正如康德自己说讲的，"如果没有感性，则对象不会被给予；如果没有理性，则对象不能被思考"①。正所谓没有内容的思想是空洞的；没有概念的直观是盲目的，认知过程缺少了二者中的任何一环都是无法完成的，这在某种程度上调和了近代西方哲学中唯理论与经验论两派长期对峙的局面。在康德看来，感性经验是可以形成知识的，但它往往只能够提供形成知识的材料，感性经验本身还并不能等同于知识，还需要依靠某些具有先验的理性原则。从表面上看，康德将感性经验与理性放在了平分秋色的地位上，但他更加偏重对于认识活动中理性参与的强调，即使是在论述感性方面时也不忘强调理性逻辑的参与。因此从本质上讲，康德将先验的理性摆在了最终裁决者的位置上，最终还是导向了理性化的唯经验主义。他所讲的先验知性论依旧是具有经验主义色彩的，他将个体的知识学习过程理解为一种理性的教化过程，正如他在《论教育学》中所提到的，"理性知识不是从外面灌输进去的，而是从里面获得的"②，可见知识学习强调的仍是内在理性所发挥的作用，依旧忽视体验在知识学习活动中所具有的价值。

---

① 赵敦华. 西方哲学简史 [M]. 北京：北京大学出版社，2012：308.

② ［德］伊曼努尔·康德. 论教育学 [M]. 赵鹏，等译. 上海：上海人民出版社，2005：33.

四、非理性化的经验：现代知识学习中体验的回归

19 世纪中叶以来，随着社会经济的不断发展，资本主义制度已经普遍确立，此时的资产阶级失去了反封建的革命性，不再过分强调用以反对经院哲学和传统神学的理性主义。然而，随着科学技术的不断发展，并没有给人类带来幸福的生活。相反随着资本主义制度自身所具有的固有矛盾不断显现，原本被认为是完美无缺的理性王国呈现出千疮百孔的状态，这促使许多学者对作为社会思想支柱的理性主义体系产生了怀疑。除此之外，随着自然科学新成果的不断涌现，动摇了人们心目中传统的机械论自然观、理性化的世界观以及各种形而上学的认识论，这些因素促使着现代西方思想体系发生转型。

总的来讲，西方现代思想体系尝试突破以理性为核心的传统思维模式，由以往理性派和经验派所强调的对外部自然界的研究转向对人自身内心结构的研究，由倡导感觉经验或类型思维的可靠性转向肯定人的非理性直觉和内在的心理体验，由主客二元对立、思维与存在二元对立的关系研究转向对主体自身一元结构的研究。这些转变使得现代西方思维充满着非理性主义和人本主义的色彩，也使得对知识学习问题的思考由过去的唯理性主义逐渐向非理性主义过渡，很多非理性化的知识学习方式再次得到了认可，尤其是我们所讨论的体验性知识学习方式又逐渐回归到人们的视野之中。

（一）经验即实验：实用主义视域下的知识学习

实用主义思想流派诞生于 19 世纪末的美国，是对现代美国社会发展、人们日常生活及思想文化最具影响力的流派之一，其主要代表人物有皮尔士、詹姆士和杜威等。从理论特征上讲，实用主义与西方近代的

科学主义思潮一脉相承，十分强调思维方式的科学性，重视科学实验的作用和价值。但同时实用主义也具有自己独到的特征，即它强调要立足于现实生活，以某种确定的信念作为出发点，将采取行动作为主要的手段，把获得效果当作最高目标①。实用主义所谓的现实生活是指主体所经历、对待、改造的现实生活，带有很大的主观性；所谓信念是指个人的主观愿望，它往往不是严格遵循从客观实际出发所制定的计划；所谓的行动指的是主体所采取的任何活动，主要是指那些纯粹性的主观意识活动；所谓效果则是指主体所追求的利益和功效，无论其是否满足客观实际的要求。可见，实用主义观念往往具有强烈利己主义色彩，这使得不少学者将其称作为是一种市侩哲学。除此之外，实践和行动在实用主义中具有极其重要的地位，不少实用主义者甚至将自己的哲学称为"实践哲学""生活哲学""行动哲学"。

杜威是美国实用主义哲学的主要代表人物和集大成者，如果说康德尝试去调和近代以来长期存在的唯理论与经验论两大流派之间的对峙局面，但最终仍旧没有取得实质性的进展，那么美国实用主义哲学的代表人物杜威则可以说是从根本上消解了认知中理性主义与经验主义的二元论倾向，使体验重新回归知识学习活动的视野之中。

杜威认为知识学习从本质上讲应该是一种经验学习，"经验"是杜威思想的核心概念，他通过对古代和近代中经验的概念做出了富有时代气息的整合与创造，重新解读后的"经验"概念可以说达到了那个时代所能达到的最高水平，此种对于"经验"的理解直至今日仍对我们的知识学习具有极大的启发。在《经验与自然》一书中杜威曾对经验的概念进行了如下描述：

---

① 刘放桐.现代西方哲学 [M].北京：人民出版社，2000：274.

"经验"是一个詹姆士①所谓具有两套意义的字眼。它不仅包括人们做些什么和遭遇些什么，他们追求些什么，爱些什么，相信和坚持些什么，而且也包括人们是怎样活动和怎样受到反响的，他们怎样操作和遭遇，他们怎样渴望和享受，以及他们观看、信仰和想象的方式——简言之，能经验的过程。②

可见在杜威看来，经验是人与环境、主体与客体之间相互作用的过程与产物，它至少包含两个方面的内容即经验的事物以及经验的过程。其中经验的过程是主动的，它可以理解为一种尝试，指的是主体对经验对象有所作为；而经验的事物则是被动的，它可以理解为一种承受，指的是经验对象接纳主体对自身产生的影响。任何经验都是主动与被动方面的联结，缺失了任何一个方面都断然无法称其为经验。杜威曾举了一个很直观的例子来说明这个问题：

一个孩子仅仅把手伸进火焰中，这还不是经验；当这个行动和他遭受的疼痛联系起来的时候，才是经验。相反，如果一个人被火焰灼伤却并没有察觉到，这也不能称作为是经验，它仅仅是某种物质发生的变化，就像一根木头燃烧一样。③

由此可见，在杜威眼中经验一定是双面性的，它既包括主体与客体发生交互的过程，同时也包括主体与客体发生行为的后果，是二者的有

① 此处的詹姆士指的是威廉·詹姆士(William James)，他同样是美国实用主义流派的重要代表人物，它将皮尔士所讲阐述的抽象实用主义方法论原则发展成为比较系统的实用主义理论体系，并用其来分析各种具体问题，他的思想对杜威产生了极大的启发作用。
② [美]约翰·杜威.经验与自然[M].傅统先，译.北京：商务印书馆，2001：153.
③ [美]约翰·杜威.民主主义与教育[M].王承绪，译.北京：人民教育出版社，2001：153.

170

机融合。在对"经验"概念进行阐述的基础上，杜威接着对经验的特征进行了总结，具体而言可以将"经验"的特征归纳为实践性、整体性和思维性三个方面。

首先，经验是实践性的，而非纯粹认知性的。从本质上讲经验不仅仅是一种认识，或者说首先不是一种认识，只有在实际操作环境、作用于环境、控制环境的过程中才能够获得经验，这也正是杜威倡导"做中学"的重要原因。只有实际去"做"、去实践才有可能获得相应的知识，而单纯地靠大脑去理性思辨只能获得对某种事物的相对性认识，远不能达到经验的水平。经验所具有的实践性通常表现为一种主动性的实践，它类似于杜威所讲的"主动作业"，是由主体主动完成的实践过程，没有任何其他人的干涉与强迫，完全是出自主体个人的意愿。

其次，经验是整体性的，而不是某些孤立感觉印象的拼接。这与近代经验论中将经验视作为是人对某件事物的孤立感觉的内涵是不同的，它表征着人与环境交互作用中所发生的一切，包括人对环境的欣赏、赞美、体验、崇拜、伤感等各个方面的整合，其中的很多方面都超越了理性认知的范畴，包含着某些非理性的因素。经验的整体性意味着要对这些方面都有所涵盖，否则便不能够称之为经验。由此可见杜威眼中的"经验"还是十分广泛的，它不仅包括认知的结果，人在认知过程中所表现出来的一系列活动都可以归属于经验的范畴，其中也包括本文所要讨论的体验部分。

再次，经验还具有某种思维性的特征，这种思维性并不与经验所具有的实践性相互对立，而是说经验虽然是立足实践活动而产生的但仍然具有某些理智性的色彩。经验所具有的思维性在杜威看来主要表现为一种反省思维，即对于某个问题进行反复的、严肃的、持续不断的深思[①]，杜威将其称作为是最为理性的思维方式。借由此种反省思维个体可以对

---

① ［美］约翰·杜威.我们怎样思维·经验与教育 [M].姜文闵，译.北京：人民教育出版社，2005：11.

事物进行科学性的探究，由于实验是建立在"反省思维"基础之上的、有所指导并能够加以控制的活动，因此在杜威看来最为理想的方式是鼓励学习者通过实验的方式来获取知识。对此杜威提出了"经验即实验"的著名命题，以肯定基于科学思维的实验方式来获取经验的价值。

通过对经验所具有的特征进行总结概括后不难发现，杜威眼中的经验不是某种静止不变的知识或事物，而是有机体与环境之间的相互作用，它不仅融合了主体与客体、经验与理性，更可以看作是理性因素与非理性因素的合金。那么对于这样的"经验"我们应该如何进行学习呢？杜威在《民主主义与教育》一书中将知识学习活动划分为三个阶段。首先是以"做中学"的方式直接获取经验；其次是通过沟通、想象等方式对经验进行改造，实现对于知识意义的扩充；最后则是以实验的方式达到知识学习的科学阶段。杜威所倡导的知识学习三个环节之间是一脉相承、相互联系的，他十分讲求经验学习的连续性和交互性，认为只有那些能够持续对学生产生交互作用的经验才是有助于学生学习知识的。然而我们也要注意这种连续性经验的形式和方向，正如杜威所讲的，如果一个人开始从事盗窃行为，按照这个方向生长，经过长时间的实践也许会成为一名老练的强盗，而这种对持续经验的学习显然是不具有教育价值的。因此只有按照某种特定的方向，使连续性的经验有助于学生正常生长时，这种经验才具有教育价值，也才能够真正实现对于学生知识学习的需要。为满足学生从经验中学习的需要，杜威还提出了著名的"五步教学法"：首先要为学习者创设一种"经验存在的真实情景"，为学生提供一些感兴趣的活动；其次是要在这些"情景"中促使学生去思考某些"真实的问题"；再次学生需要具备相当水平的知识，开展必要的观察活动，并用来应对情景中的具体问题；此外学生还应具备解决此种问题的种种设想，并将这些设想有序地整合起来；最后学生要将这些设想付诸实践，检验这些设想的可靠性。可见，杜威所讲的"从经验中学习"，实际上十分类似于我们所讲的"体验性知识学习"，至少它蕴含着体验的意味。它十分强调学习者的个人直观性体验，提倡学生对知识内容进行个人摸索，重视实用性的知识，并将"做中学"称作是知识学习最为理想的方法。

从体验性知识学习思想发展的历程上讲，杜威可谓是分水岭式的人物，他所提出的"从经验中学习"观点重新将体验拉回到人们的视野之中，让后来的学者有机会重新审视体验在学生知识学习中所发挥的作用。然而我们也需要看到，杜威所倡导的经验学习仍旧存在某些显著性的不足：首先，杜威对经验的范围和内涵受到了限制，他将经验的获得只建立在实验科学的模式之上的做法是欠妥的，人并非只有作用于某些环境的时候才会获得经验，有的人通过自己头脑中深层次的思辨也能够获得经验，正所谓那些超验性的经验也是存在的，这些就不在杜威所讲的经验的范畴之内。其次，杜威对经验的理解表现出浓厚的"唯科学主义"色彩，认为科学是实现人类解放的灵丹妙药，通过实验的方式能够实现所有学生对于知识内容的学习和掌握，这些都是过分夸大科学的表现。

（二）回到事物本身：现象学视域下的知识学习

1895年，世界上同时诞生了两位杰出的思想家：杜威与胡塞尔，杜威可谓是美国实用主义思想的代表人物，而胡塞尔则可以被称为是现象学派的奠基人和集大成者。二人虽然身处不同的国度，但提出的思想都极为深邃并对后世产生了深远的影响。更为有趣的是，他们两人的思想在很多方面都形成了鲜明的对应。如果说杜威是从"经验"之维复兴了知识学习中的体验，那么胡塞尔的现象学则可以说是从"理性"之维重新阐释了知识学习中的体验。但无论是从何种角度上讲，两位学者都反对主客二者分离甚至相互对立的形成上学传统，强调体验在学生知识学习活动中的回归。

现象学的核心观点在于"回到事物本身"，这里的"事物"并不是我们日常生活所理解的客观存在的、物理性的事物，而是指纯粹理性化、精神世界的"事物"，是精神层面的"事物"。正如胡塞尔所讲的，通过"物理世界"或实证科学所讲求的"经验世界"是永远无法认识事物本质的，它只不过是在用某些抽象的概念对事物进行总结概括，并不能获得某种真理性的认知。要想真正洞悉事物的本质、获取真知，就必须回归个体的"内在的理性世界"。因此在现象学看要实现对于知识的学习便应该从学生自身的"理智直觉"出发，强调学生内在体验的进行。对此，现象学提出了认知的两种基本方法：中止判断和本质还原。所谓的"中止判断"是指在知识学习过程中应对于被给予的内容是否存在暂不做判断，努力将间接的知识放在一边，首先集中讨论那些直接性的知识。胡塞尔常用"加括号"的概念来表示中止判断[①]，即将其中的一部分内容放在括号内，暂不去理会它，先去解算其他部分，待其他部分都解完后再去解决括号内的部分，这种做法在解决数学题目中经常被使用。"中止判断"的价值在于能够对知识学习的内容进行筛选，排除其中的间接知识内容，剩下来的便是可以本质还原的直接内容。所谓的"本质还原"又可以称为"本质直觉"，它是指以获得非经验的、无预先假定的本质和本质规律为目标的一种认知方法，正如胡塞尔在《观念》中所讲的，"每一种原初给予的直观是认识的正当源泉，一切在直觉中原初地提供给我们的东西，都应该干脆地接受为自身呈现的东西"[②]。可见"本质还原"所要还原的不是事物的物理本质，而是那种直接被给予的"纯粹"精神本质。

通过对上述现象学观点的总结不难发现，在现象学的视域中，要学习某种知识既不能简单地接受外在事物的印象，也不能简单地接受他人的观点和意见，每个人都需要经过自己的体验、理解、建构、创造来形成自己的"内在世界"，只有在此种"内在的精神世界"中，人才有可能实现对于知识的学习。因此学习知识是需要通过"体验"来完成的，但这里的"体验"绝不是杜威所理解的那种"实验"状态，而是一种"心

① 刘放桐. 现代西方哲学 [M]. 北京：人民出版社，1981：548.
② 刘放桐. 现代西方哲学 [M]. 北京：人民出版社，1981：316.

理体验",是一种人类所具有的"理智的直觉"。它不强调个体对事物的直接接触,而是在内心中自主完成的精神活动,是一种心灵上的体验。现象学所讲的"体验"具有直接性的特征,即是说此种体验活动的完成不需要外在具身感知的参与,通过内在理性直接就可以完成。为了确保"体验"的顺利开展,胡塞尔还创设了"悬置"的概念用以保障将自然世界及其相对应的经验世界完全从个体的心灵中排除出去,进而实现知识学习的纯粹性。可见现象学尝试从内在性出发,完全借助于理性的力量来解决认识论的基本问题。其中虽然也倡导通过体验的方式来实现对于知识的学习,但这种体验主要是一种"先验性体验",是纯粹在精神世界中去"体验"去"直觉",进而获得某些必然性的知识。此种观念虽然强调了个体内在理性在知识学习中所发挥的重要作用,但现象学却将其发挥到了极致,完全无视了实践在个体获取知识中所具有的重要意义,因而极易导向一种唯心主义的认知观。

现象学从本质上可以看作是真正意义上的"人文科学",它是完全以考察"人性"作为基础的,要求"悬置"一切与客观世界的联系,终止与自然世界的交往关系,在绝对的精神世界中思考认知的问题。如果用一句话来表示现象学的基本观点便是:人不是一个实践者、操作者,而是一个纯粹的静观者、体验者。在现象学基本精神的启示下,随后又诞生了很多人本主义哲学流派,他们所具有的共同特征便是:反对科技理性对人性的压抑与控制,寻找人生存的真正意义和价值,重建人类的精神家园。这也对科学危机日益显现的后现代重新思考如何开展知识学习的问题提供了思想上的启示。

(三)存在先于本质:存在主义视域下的知识学习

存在主义是对胡塞尔创设的现象学派和现代西方非理性主义思潮融合的产物,其旨在从人的本真存在出发来揭示万物的存在结构。存在主义形成于一战后的德国,盛行于二战后的法国,其代表人物有德国的海德格尔、雅思贝尔斯,法国的萨特等。

　　存在主义的代表人物海德格尔将胡塞尔的"体验"概念进一步发展为"存在"，他认为所谓的"存在"指的是存在物的显现与在场的状态。为了更为清晰的理解"存在"的内涵，海德格尔具体区分了"存在"和"存在者"之间的差异性。所谓的"存在物"指的是现实中已经存在的事物，它既包括已经显示在现实中存在的事物，也包括那些还停留在个体观念中的事物和现象。在海德格尔看来，"存在"是确定"存在者"作为"存在者"的那种东西，是使一切"存在者"得以可能的基础和先决条件。正如海德格尔在《存在与时间》中所谈到的，"存在总是某种存在者之存在"①，一切存在者首先必须存在，才能成为现实的、确定的存在者，从这个角度上讲，没有存在就不可能有存在者。这就启示我们，只有率先搞清楚"存在者"中"存在"的意义，才有可能真正了解"存在者"的意义。同理在知识学习过程中，个体不能单纯地依靠对某些"存在者"的体验而习得知识，只有真正对"存在"本身进行体验，才有可能实现对于知识的学习。

　　既然"存在"作为一种最根本、最原初的体验应是个体开展知识学习活动需要关注的重点对象，那我们在实际的知识学习活动中应该如何获取这种"存在"呢？对此海德格尔认为，"存在"体验不是通过对知识的不断积累来获得的，而是需要个体不断进行"回忆""启发"和"思"等一系列内在理性活动来实现。纷繁复杂的物质世界、令人眼花缭乱的经验科学成果以及各种形而上学的理论体系都会使得"存在"逐渐被人们所遗忘，然而这种遗忘只是暂时性的，"存在"依旧是存在的，它总会重新显现出来，会"在场"，会"澄明"。因此学习者要做的便是，摆脱一切知识内容和抽象概念的束缚，真正体验于世界之中，与其同在并融为一体，海德格尔将此种理想的"存在"体验状态称作"心境"，只有立足于心境而开展的知识学习活动才是最有效的。不难发现，海德格尔通过体验"存在"来进行知识学习的观点依旧是指向内在精神世

---

① ［德］海德格尔. 存在与时间 [M]. 陈嘉映，等译. 北京：商务印书馆，2018：13.

界的,正如他在《哲学论稿》中所讲到的,"在某种意义上讲,体验包含于自我之确信中,是对关于存在状态和真理确定性解释做出的预先勾画"①,这种"体验"仍旧不强调实际中的实践操作而是一种在个体头脑中进行的行为。

存在主义后期的另一位代表人物雅思贝尔斯也曾就知识学习中的"经验"问题进行了相关论述。他认为,一切知识学习活动都应是经验与思考二者的结合,一方面经验决定着知识学习的广度。"经验本身并不是一切,但它却是认识绝对真理的先决条件",可见在雅思贝尔斯看来,原初经验在知识学习过程中具有极其重要的价值,它能够使人们体会到世界的广阔无垠,了解到还有很多未解之谜的存在,而这一体验的过程正是个体通向超越的跳板。如果缺失了原初经验或者原初经验没有能够与知识学习产生相应的联系,那么此种知识学习往往是无效的。另一方面,反思思考的程度决定着知识学习的深度。正如雅思贝尔斯所讲的,真正的教育应是个体的自我教育,它是由学生自己去完成的。因此从某种角度上讲,知识学习的过程可以看作为是学生的自我认识、自我体验、自我陶冶的过程,它不存在某种规定好的现成答案,而是要让学生获得属于自己的体验。正如他在《什么是教育》中所提到的,"知识必须自我认识,自我认识只能被唤醒,而不像货物一样被转让。一个人一旦有了自我认识,就会重新记忆起仿佛很久以前曾经知道的东西"②,这从某种程度上讲便是体验在个体知识学习过程中所发挥的重要价值——勾连过去、串联未来,而此种体验的获得则是通过内在性的反思来实现的。因此知识学习活动所具有的最大价值便在于一种能够质疑与怀疑一切的反思精神,真正的知识学习应该是一种不断克服困难追求真理的过程,它不仅要去了解事物本身,还应该在行动和内心双重维度

---

① [德]海德格尔.哲学论稿[M].孙周兴,译.北京:商务印书馆,2019:156.
② [德]雅思贝尔斯.什么是教育[M].邹进,译.北京:生活·读书·新知三联书店,1991:10.

上去践行对于知识的学习。

那我们究竟应该以何种方式去进行知识学习呢？雅思贝尔斯提出通过一种"陶冶"的方式。所谓的陶冶在雅思贝尔斯看来是一种基本的认知方式，"它是以作为思维能力的培养为其支柱并将规则的知识作为培养这种能力的场所"①。单纯的习得或占有知识并不等于陶冶，虽然这类做法也能够帮助个体掌握并积累一定的知识，但从本质上讲这些知识仍旧是个体达到某种目标的工具，对于个体来讲是一种外在的财富。而陶冶则能够从内在改变一个人，帮助人真正成为他自己。因此陶冶行为从本质上讲可以理解为一种内在的思考行动，其根本目的在于唤醒个体的内在精神，进而实现个体的发展，而不是单纯地占有知识。此种"陶冶"式的知识学习启示我们，知识学习真正的价值不在于知识本身，而在于对这些知识结论的推导、内化过程。任何人如果只知道知识的结果，而不了解知识的推导过程，那么它所获得的仅仅是一堆死知识。

可见，无论是前期的海德格尔还是后期的雅思贝尔斯，存在主义眼中的知识学习依旧继承着现象学强调的内在理性之维，强调通过对内在精神世界的体验来实现对于知识的学习，但存在主义已经开始不仅限于纯粹的精神世界了。例如作为学生的海德格尔并没有像老师胡塞尔那样完全终止与现实世界和客观世界的联系，依旧十分强调现实世界中"此在"对于个体知识学习所具有的重要作用。雅思贝尔斯也基于交往的视角强调要与真实存在的物质世界保持相应的联系。因此如果说现象学中的体验指向纯粹的精神世界，那么存在主义则使体验重新回到了现实世界。存在主义眼中的"体验"一方面要求个体在纯粹的理性世界中进行学习、建构世界，另一方面也强调要在与客观世界共同体验的"存在"境界中生存与发展。从某种程度上将，存在主义吸收并融合了胡塞尔现象学中对于"体验"的观点，并将其进一步还原、升华。

---

① ［德］雅思贝尔斯.什么是教育[M].邹进，译.北京：生活·读书·新知三联书店，1991：103.

五、回归体验：后现代对体验性知识学习的寻求

后现代主义是 20 世纪 60 年代以来西方社会出现的具有反现代体系哲学倾向思潮的总称。后现代之"后"不仅是指时间、时代之后，即后现代发生于现代之后，其更代表着对现代主义思想的批判与反思。后现代主义在社会学、建筑学、政治学、心理学以及教育学等诸多领域都有所涉及，其核心观点在于强调对现代性的反思与批判，并以此作为认识世界的新方式。从思维方式上讲，后现代主义反对那种单一的、确定性的以及线性化的思维方式，而强调要以多元化、多维度、多视角的思维方式来思考问题。从内容上讲，后现代主义反对科学主义与理性主义的统治地位，而将非理性主义提到了显著的位置。从方法上讲，后现代主义认为除了自然科学方法外还存在着人文社会性的研究方法，它认为自然的科学方法虽然有效但并不适用于人文社会领域，因此后现代主义倡导通过对话、交流的方式实现对于人际关系的重构。后现代主义教育便是后现代主义思潮在教育领域影响的产物，它主要涉及后现代知识观、后现代课程观、后现代师生观以及后现代评价观等，其中后现代知识观主要阐述了后现代主义对知识问题的思考，即知识是什么？我们应该如何去学习知识？后现代课程观主要讨论的是后现代主义视域下课程的设计及实施的相关问题。后现代师生观则主要着眼于后现代时代下课堂中的师生关系如何处理的问题。而后现代评价观则立足于评价的视角讨论有关课堂教学评价的相关问题。因此要想准确地把脉后现代对于体验性知识学习的理解，必须首先对后现代有关知识的看法进行梳理，即要首先明确后现代中的知识观问题。

（一）后现代知识观的重构

后现代知识观的重构是建立在对现代知识观批判的基础之上，这种批判不仅仅是对现代知识观性质及特征的简单否定，而是尝试立足于全新的视角对知识的性质及特征等重新进行阐释。相较于现代教育而言，后现代知识观主要具有以下方面的特征。

首先，知识不是客观的，而是主观的。后现代知识观反对将知识视作为是客观存在的、不以人的意志为转移的，现代知识观之所以将知识看作是客观的原因在于，它认为每种知识都存在某种独立于主体的客观事物或"实在"之中，正是由于此种客观事物或实体的存在，才使得知识具有客观性。然而在后现代知识观看来，这是人类的一种"错觉"，从来就不存在能够永远保持客观性的知识，没有一种科学知识的陈述能够完全准确无误地对事件发生的结果做出精准的预测，同时也没有哪种科学知识能够完全排除或拒绝"反常"情况的出现。那些看似客观性的知识都是在"悬置"一定反常现象的前提下才得出的，比如数学中的勾股定理适用于平面中的任何直角三角形，而如果将其用来讨论三维立体空间中的直角三角形时便是不成立的。可见，如果我们不"悬置"这些反常的现象，就无法取得所谓的"客观知识"。因此在后现代知识观看来，知识应该是主观的，它从本质上讲应是个体基于自身认识以及其他许多与认识行为有关的条件而选择的对象，知识是由个体主动从广袤、遥远、安静的知识世界中"挑选"出来的对象，它不可避免地与个体的价值观念、生活方式、文化传统乃至信念信仰等产生影响，因此从本质上讲任何知识都应该是主观而非客观的。

其次，知识不是公共的，而是个人的。现代知识观之所以将知识看作是公共性的是因为，它认为知识具有某种普遍的可接纳性，即只要认识知识的方法正确，任何个体都可以实现对于知识的掌握，此时的知识也是可以适用于所有人、任何情境的。然而后现代知识观则认为此种观点过于理想化了，任何通用性、普适性、公共性的知识都是不存在的。这就好比，一个人处于不同的时间段、不同的社会位置时，往往会谈论某些截然不同的事情、表达截然不同的观点，甚至会对某件相同的事物、事件或概念形成截然不同的理解。在后现代知识观看来，任何知识都存在于一定的时间空间、理论范式、价值体系、语言符号等因素之中，而知识的意义也是由其所处的实际境遇所决定的，离开了此种特定的境遇，知识的意义便会发生改变，因此知识不再是某种具有公共意义的内容，而是个人基于自身理解与体验而建构起来的对象，是个人的产物。

再次，知识不一定全是理性的，也可能是情感性的、价值性的。现代知识观认为知识一定是某种"事实性的知识"，它具备"数字化""可观察""可归纳""价值中立"等理性特征，是某种纯粹理性化的知识。然而在后现代知识观看来，知识未必一定是理性的，同时也可能是情感的、价值性的。理性化的知识只适用于极为有限的领域，而情感性和价值性的知识则是知识更广泛意义上的存在。知识之所以可能是情感性的、价值性的原因在于，每种知识都可以富有个体的情感并受某种价值的引导，而且知识本身可以体现一定的价值要求，这一点在某些人文知识或社会知识上体现的十分明显。因为在社会和人文知识领域中，根本就不存在某种纯粹的事实，只有在遵循一定价值立场下建构起来的事实；人们对于知识的每次观察都不是漫无目的的，而是在一定的历史文化观念或价值立场的引导下进行的。因此孔德和韦伯等现代知识观代表人物所倡导的"悬置情感""价值中立"是很难做到的。可见，在后现代知识观视域中，那些看上去理性化的知识实际上都蕴含着某些情感和价值的元素。

最后，知识从本质上讲不是"西方知识"，而是"本土知识"。后现代知识观还就知识存在的"西方中心主义"问题提出了质疑。在现代知识观视域下，只有那些西方学者提出的科学知识才是真正的知识，而非西方的知识都不能称为真正的知识。基于此，不少学者也将西方社会视作"文明社会"的代表，而将非西方社会看作是"不文明""未开化"

甚至是"野蛮的社会",此种无疑可以视作为一种"西方文化"对"本土文化"的入侵过程。如此一来,在许多非西方人的眼中便形成了一座"知识金字塔",其中处于顶端的无可非议的是"西方知识",它们既是知识世界的"统治者",同时也是知识王国的"立法者"与"执法者",是所有人都应当去膜拜的对象。而那些"本土知识"或那些"传统知识"则处于知识金字塔的最底端,它们既得不到人们的重视,也得不到相应的倡导,因此它们绝大多数情况都处于自生自灭的状态。后现代知识观认为,此种以"西方知识"为核心的知识体系严重威胁到了人类文化的多样性,威胁到了人类的自由生存。因此,后现代知识观十分强调"本土知识"的价值,并强调人们应对"西方知识"加以反抗,同时指出最理想的知识应实现"本土知识"与"西方知识"的互补,实现知识的多元化交流。

基于以上方面的讨论,我们不难发现后现代对于知识观的重构还是较为彻底的,它打破了现代知识观中将知识视作为"理性权威"的做法,允许个体立足于自身的立场解读并运用知识。这使得很多被现代知识观所压迫和剥夺的知识内容重新得到承认,并获得了合法性的地位,这对于实现知识的多元发展具有极其重要的意义和价值。然而需要指出的是,虽然后现代知识观对现代知识观进行了激烈的批判,但在批判过后仍旧没有提出一种理想化的知识观,即没有正面回答"应赞同什么样的知识观""应该建构什么样的知识观"的问题,这便使得很多学者认为后现代知识观只是在盲目的批判,并没有形成某种真正的知识框架。正如图尔明在《回归宇宙论》中所讲的,"后现代世界尚未发现如何以是什么来界定自身,目前仅仅能以不再是什么来界定"[①]。实际上,后现代知识观所做的一切可以理解为:将束缚个体双手的绳子解开,让每个人放手去做自己想做的事情,实现每个人的自由行动。因此,后现代知识观虽

---

① [美]小威廉.E.多尔.后现代课程观[M].王红宇,译.北京:教育科学出版社,2015:5.

然看似没有立场，实际上它遵循的一种自由的立场，倡导每个人都能够以自己的方式来获取知识，这便是后现代知识观对于我们最大的启示。

（二）后现代对体验性知识学习的自觉追求

通过对后现代知识观的梳理和重构不难发现，后现代对于知识的理解与现代相比已经发生了重大的转型，那么在此种情况下该如何实现对于知识内容的学习呢？在后现代学者们的视域中知识学习应更多采用一种人文性的方式来进行，它更讲求依靠个体的经历来获得知识，是将知识与个体主观体验联系起来的过程。简言之，后现代视域下对知识的学习主要依靠个体的经验来完成，个体的主观经验在知识学习中是不可缺少的，正是个体的主观经验构成了个体提出问题、观察问题和分析问题的"视域"，也正是个体的主观经验将以往人们认为是抽象的、纯粹的真理引向了生活世界之中。因此体验性知识学习的概念孕育而生，成为后现代开展知识学习活动的主要方式。

由于后现代哲学流派众多，有关知识学习的观点也十分庞杂，我们很难以流派为线索对后现代知识学习问题进行系统的梳理，只能列举其中极具代表性学者的观点来实现对于后现代知识学习问题的考察。利奥塔可谓是后现代探讨知识学习问题的第一人，他的代表作《后现代状况——关于知识的报告》被学界公认为是后现代主义理论的奠基之作。利奥塔在该书中以后现代知识状况为切入点，全面考察了后现代时期知识、思维、价值观念等方面的转型，它对于知识问题的讨论主要缘起于对现代知识的"合法性危机"。利奥塔认为现代知识具有两种合法性形式，一是思辨叙事，它是由古典唯心哲学所提供的，认为任何知识的合法性都存在于它的"精神体系"，并取决于它在"精神体系"中所占的位置。二是启蒙叙事，它是由现代启蒙思想所提供的，认为知识的合法性在于人类能够在实践中实现对于知识的自我建构①。两种合法性形式都蕴含着"非合法化"的种子，这使得现代知识最终导向了合法性危机。而相较于现代知识而言，后现代知识应处于一种非合法化的状态。正如利奥塔所指出的，后现代视域下的知识绝不等同于科学知识，科学知识仅是知识的一个组成部分，而并非是知识的全部②。因此对于知识的学习绝不仅于对科学知识的指示性陈述，还包括对"技巧""生活方式""情感""价值观"等方面的掌握。要想真正实现对于知识的学习仅仅从理性思考出发追求知识的真理性是不够的，还必须从实效性出发，崇尚差异、不确定性，反对统一共识，进一步满足学生个性化体验的需要。可见，利奥塔眼中的知识学习应是一种以知识为核心，学习者自主探索与建构的过程，学生在知识学习活动中不仅仅是知识的接受者，更是知识的体验者、发现者和创造者。

如果说利奥塔的知识学习观间接表达了体验性知识学习的思想，那么加拿大学者马克思·范梅南 (Max van Manen) 则立足于教育现象学的视角直接阐述了知识学习的"生活体验"模式。教育现象学是后现代教育中极具代表性的流派，它的思想渊源于现代西方著名的现象学，它秉承了现象学的独特视角赋予教育以特殊的意蕴，倡导将前见和先见都"括"起来，通过直接观察的方式去研究教育。正如范梅南所讲的，"现象学并不可能提供给我们解释和控制世界的有效理论，而是提供给我们可能的洞察力，以使我们与世界的联系更加直接"③。此时知识学习的核心不在于对知识的掌握，而在于通过对于知识的学习引起学生的同感、共鸣，进而产生相应的体验。从某种程度上讲，教育现象学视域中的知

① ［法］让－弗朗索瓦·利奥塔.后现代状况——关于知识的报告 [M].岛子，译.长沙：湖南美术出版社，1996：79-81.

② 于伟.现代性的省思——后现代哲学思潮与我国教育基本理论研究 [M].北京：教育科学出版社，2014：82.

③ ［加］马克思·范梅南.生活体验研究——人文科学视野中的教育学 [M].宋广文，等译.北京：教育科学出版社，2003：11.

识学习可以理解为是一种生活方式，是一种生活的联系，是对人类灵魂的触动和唤醒。范梅南是教育现象学的集大成者，他的专著《生活体验研究——人文学科视野中的教育学》可以看作是一本方法论的指导手册。在范梅南看来，知识学习应该直接指向生活世界，世间存在的各种知识都从不同的角度被人们体验着，与此同时，人类又以自身的体验为基础，不断对各种知识加以理解和改造。因此从教育现象学的立场出发，对于知识的学习总是要求我们回到自己的世界中，回到我们的生活中，回到我们自身，以及回到促使我们写作、阅读和作为教育者探讨的事物上去。如果说范梅南倡导要立足于生活体验来开展知识学习，那么梅洛－庞蒂则强调基于知觉体验的角度来审视知识学习活动。根据他的观点，当个体看某物时，绝不仅仅将它当作一个对象来感知，而同时将其当作一个意义对象来理解。这就好比在日常生活中我们看待一个水杯首先不是将其作为一个塑料的柱状物来感知，而是从它的整体意义出发，将其作为日常生活中喝水的工具来进行理解的。可见在梅洛－庞蒂眼中，意义是"最原初"的部分，是第一位的，在我们对事物的体验中，事物与其意义往往是同一的。这种意义存在于未被分析的体验之中，能够被我们直接加以理解和感知，因此当我们要实现对于某知识的学习时也必须首先实现意义层面上的理解。同时他也肯定了感知的价值，将此种"可感受性"作为知识学习的重要中介。因此总体上讲，梅洛－庞蒂同样是倡导以体验的方式实现对知识的学习，然而他眼中的体验已不光是直接用研究去观察，更强调用心去体会和建构。

　　除了教育现象学派外，后现代阐释学也就体验性知识学习的问题进行了相关探讨。阐释学具有极为悠久的历史，早在亚里士多德的著作中，阐释的概念和提法便已经出现。真正使阐释学走向成熟的集大成者是法国著名的哲学家狄尔泰 (Wilhelm Dilthey)，他曾指出，光有自然科学的研究方法是不够的，在人文科学研究中，应以"理解"来替代自然科学的因果解说方法，使人文世界变得可知。因此人文世界不是一个理解人经验的行为，而是一个解释的行为，是一种释义的行为①。人们可以通过"重新体验"来理解某种行为的内在理性，进而获得相应的知识。伽达默尔进一步发展了狄尔泰的阐释学概念，并融合了老师海德格尔的释义学思想，进而提出了诠释学的概念。他鼓励人们去寻求"超越科学方法论作用范围对真理的经验"②，而这些经验通常是不能用科学方法手段去证实的，因此经验并非是在确定的、理性的知识中获得的，而是在开放的过程中不断完成的，它是一个历史的过程，是人类历史本质的一部分。真正的经验是人自己的历史性经验，而对于此种经验的掌握只能采用体验的方式加以实现。从对阐释学发展历程的梳理不难发现，在阐释学视角中知识的学习应是阐释性的，阐释的目的不在于对知识做出某种科学性的解释，而在于追求每个人对知识的自由理解。因此阐释学从本质上讲应是一种个人的自由阐释，它不在乎个体对知识阐述所得到的差异性结果，而关注的是每个人自由进行知识阐释的过程。简言之，在阐释学的视野中，我看到的是我自己理解的世界，我学习到的也是基于我自身体验的知识。从这个角度上讲，我们对知识内容学习和理解的深度，取决于我们能够在多大程度上"切身体验"到它们。

以上选取了后现代主义视域下倡导体验性知识学习的主要流派观点，其实除了上述流派外，还有很多学者也有类似的观点，比如弗莱雷在《被压迫者教育学》中所倡导的对话式教学、美国批判教育学家温克所倡导的实践教育学以及法国学者莫兰所推崇的复杂性理论等，其中或多或少都蕴含着基于个体的真实体验来开展知识学习活动的意味，这些都是后现代对体验性知识学习的积极探索。这也从侧面证明，后现代所倡导的更多是一种人文性的知识学习，而体验恰好能够满足此种人文性知识学习的实际需要，为知识学习的开展提供可能，保障知识学习的

---

① 刘放桐. 现代西方哲学 [M]. 北京：人民出版社，2000：753.

② [德]伽达默尔. 真理与方法——哲学解释学的基本特征 [M]. 王才勇，译. 沈阳：辽宁人民出版社，1987：59.

顺利进行。因此，后现代教育往往对体验性知识学习的方式表现出一种自觉性的寻求，鼓励立足于学生的个性化体验来实现对于知识内容的学习。

通过对体验性知识学习思想渊源的梳理不难发现，体验性知识学习虽然很晚才被正式提出，且尚未形成成熟的知识学习体系与策略。但体验性知识学习的思想早已出现，并且在知识学习思想史的发展历程上从未中断过。这从某一层面再次证明：某些古已存在的思想虽然很基础、很原初，但并不表示它很低级，相反这恰恰说明这种思想是极具生命力的。体验性知识学习的思想自古代教育伊始源源不断，期间虽经历了异化与遮蔽，但最终仍旧成为现代教育中十分具有价值的思想，这也足以证明对体验性知识学习问题的探讨是极富有必要性的，也是十分具有启发意义的。

第四章
体验性知识学习的内在机制

　　谢夫勒在其专著《The Language of Education》的序言中曾就教育研究的立场问题进行了系统的阐述，他认为思考教育问题至少要立足于认识论、发生学、方法论、价值论以及教育学五个方面的立场来进行。其中发生学的视角便是指，要厘清教育问题发生的基本过程是什么样的并探究教育问题发生的机制问题。借由探求唯理性化知识学习对立面的方式，我们明晰了体验性知识学习的概念及其所具有的基本特征，下面我们将更进一步，立足于发生学的视角来探讨体验性知识学习的内在机制问题。

　　探究某件事情的内在机制顾名思义便是要对其发生的方式、流程、环节等问题进行解析；而所谓的机制论实际上就是解释事物存在状态或行为活动方式内在结构与运行规律的学问，要想科学地讨论机制的问题，必须首先明确机制的内涵。从词源的角度出发，"机制"一词最早出自古希腊文的"machane"，在英文中，机制一词通常被表述为"mechanism"，它与机器(machine)一词密切相关。可见，"机制"一词的提出最初是用来描述机器的基本构造及其运作原理的，正如现代汉语词典中所做出的界定："机制"主要是指机体的构造、功能及相互关系，在某些情况下也可以用来描述某些自然现象的各种规律[①]。此后，机制的概念逐渐被延伸至医学、社会学乃至教育学等诸多领域，在医学中机制主要用来形容机体的构造、其所具有的功能及各构造间的相互关系，比如心脏所具有的供血机制、肝脏所具有的解毒机制等。在社会学中，机制主要是用来描述一个系统稳定的发展体运行所需要依赖的各种体制、制度、习惯、原则、方法等[②]，也可以用来描述某种事物变化发展的过程及其所呈现出来的规律性。还有学者将机制理解为是，一个系统的组织或部分之间相互作用的过程和方式[③]。而在教育领域中，所谓的教育机制通常是用来描述教育现象各部分之间所呈现出的相互关系及其运行方式。如果我们按照教育现象的类型来讲，可以将教育中的机制划分为教育的层次机制、教育的形式机制以及教育的功能机制等方面。讨论教育问题时，机制问题是不可回避的，没有对于教育机制的深入解析，对于教育问题的讨论便仅仅是浮于表层的，并未真正深入教育问题的本质之中。因此，要想深入研究体验性知识学习，必须尝试对其所发生的基本过程及其所表现出的内在机制进行解析。

当我们要谈论某件事是如何发生时，通常会从内在和外在两个方面入手进行把握，所谓的外在方面便是指某件事发生的基本过程，而内在方面则是指这件事之所以能够发生所具备的内在机制是什么。其中，外在方面主要探讨的是影响某个对象开展的诸多外部因素及其之间的关联，而内在部分则是指构成某个对象的内部诸要素及其之间所具有的联系。如果立足于本研究而言，所谓外在方面主要指的是体验性知识学习活动发生的基本过程，它包含有哪些基本的环节和流程？各环节和流程

---

① 中国社会科学院语言研究所词典编译室.现代汉语词典[M].北京：商务印书馆，2000：628.

② 邓纯东.规范化、法制化：新时期政治机制论[M].南宁：广西人民出版社，1998：2.

③ 李占才，蔺正明，运迪.科学发展的体制机制保障[M].北京：人民出版社，2014：10.

之间是一种什么样的关系？而内在方面则主要是指体验性知识学习活动本身究竟是如何运作的，它是如何发生的？它是怎样发生的？对于这些问题的回答直接关涉我们如何才能够让体验性知识学习真正地落地，使之成为一种可操作的、切实可能的知识学习新方式。只有将有关体验性知识学习过程机制问题搞清楚了，我们才可能真正在课堂教学中去实践它。需要说明的是，这里所探讨的机制主要是指影响体验性知识学习活动发生的内在机制，而不是外在机制，比如教师的教学、课程的设置、教学情境的营造等等这些因素都会对学生的体验性知识学习活动产生相应的影响，但这些外部因素却并不在本章内容讨论的范围之列，我们将在后文中专门讨论这些问题。

一、体验性知识学习的基本环节

探讨基本环节的问题对于把握任何事物发生、发展情况都具有十分重要的意义，因为它能够将某一复杂的活动解开，使人们更容易接受和把脉事情的本来面目，从而更加全面地审视事物发展的流程与桂林。同样，要想真正理解体验性知识学习究竟是如何发生的，也要首先对其发生的基本环节进行把握。简言之，探究体验性知识学习的基本环节便是系统地描述体验性知识学习发生的具体流程，这对于我们从整体上把握体验性知识学习活动具有十分重要的意义。

探究体验发生的过程一直以来都是心理学关注的一项重要问题，不少学者都曾探讨过体验或体验学习的基本过程，如杜威、库伯等学者都建构了不同的体验学习流程框架。但由于体验发生的内隐性，使得对于体验发生过程的研究尚未出现令所有学者公认的结论。通过前文对体验发生基本方式的分析不难发现，体验过程可以理解为是个体尝试与某一客体融为一体的过程，这种融入应当是全身心的、忘我的，它需要个体行动、情感和信念三者共同参与才能够真正实现。可见，相较于传统的知识学习过程而言，体验性知识学习呈现出某些特殊之处，其所要经过的环节和步骤也更为复杂，我们有必要对体验性知识学习所涉及的具体环节进行说明，这将有助于我们从整体上把脉体验性知识学习的实施脉络，厘清其内在的逻辑思路。

正如我们前文中所谈到的，知识学习至少包含两层不同的内涵：一种是以知识为对象的学习活动，另一种则是以知识获得为目的的学习。从这一逻辑出发，体验性知识学习也可以划分为两种不同的类型，一种是直接将知识内容作为体验的对象，使学习者在对知识内容本身的体验中开展学习过程，我们可以将其称作为接受式体验性知识学习。另一种则是引导学习者体验某些蕴含着知识内容的情境，使其亲身体验习得知识的过程，我们可以以将其称作为探究式体验性知识学习。显然上述的两种知识学习都可以称作为是体验性知识学习，但二者发生的基本环节却存在着某些差异，下面我们将逐一讨论这两种体验性知识学习方式的基本环节。

有一点需要指出的是，这里所讨论的体验性知识学习的具体环节是一般意义上的，是一种通用性的环节，也可以理解为是最具有普遍性的环节。在现实的知识学习过程中还可能存在着某些特殊的情况，比如有个别学习者可能会存在省略部分步骤或不必经过全部步骤便能够完成体验性知识学习的情况，对此在这里我们不做过分探讨，只去寻求一种最通用的体验性知识学习流程。

（一）接受式体验性知识学习基本环节

接受式体验性知识学习顾名思义便是指，将知识内容本身直接当作体验性知识学习的对象，将接受知识内容当作开展体验性知识学习的根本目标。在此种体验性知识学习过程中，学习者面对的往往是知识内容本身，知识学习的目的便在于通过体验的方式实现对于知识内容的掌握。具体而言，接受式体验性知识学习主要包含以下基本环节。

本研究将接受式体验性知识学习大致划分为知识接触、知情融入、领悟反思、知识习得四个基本环节，各环节之间相互关联，如下图4-1所示。图中清晰地呈现了接受式体验性知识学习活动发生的具体环节，从这个流程图中我们不难发现，接受式体验性知识学习可谓是学习者知、情、思三者统一的过程，它不仅需要个体认知方面的参与，还要求个体对知识对象情感和理性思维的投入。下面我们将就接受式体验性知识学习的各个环节进行具体说明。

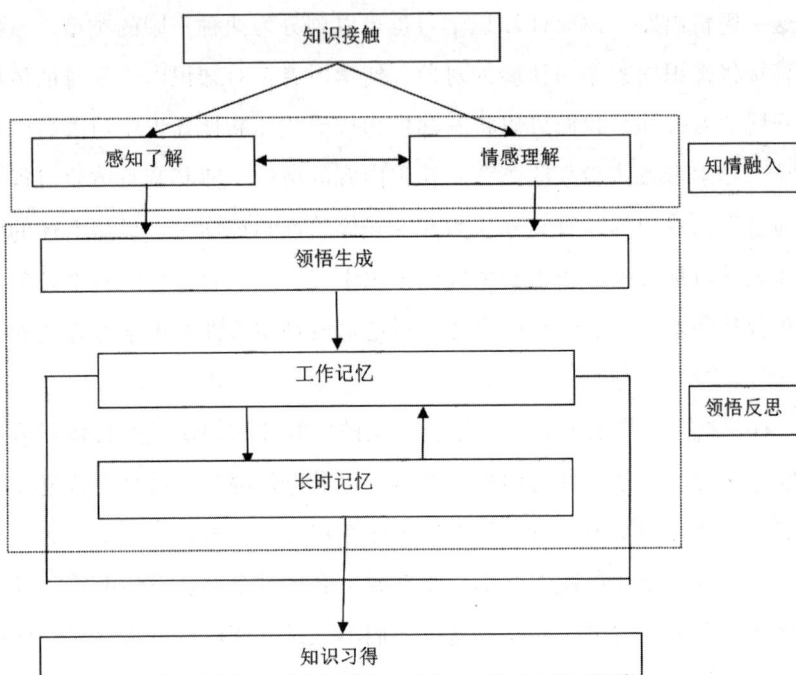

图4-1　接受式体验性知识学习基本环节

1.知识接触

接受式体验性知识学习要想真正发生，首先需要某些蕴含着知识内容的接触对象作为前提，即要首先为学习者提供某种能够唤起个体体验的知识对象，使学生在与知识的接触中生成体验。体验性知识学习从本质上讲可以归属为是一种体验活动，是一种心理现象，它的发生需要一定的刺激对象作为前提。正如行为主义心理学家华生所指出的，刺激——反映（S-R）模式是一切心理学问题的基本公式。因此从这个角度上讲，如果我们控制了学习者所要接触的知识内容，便可以在一定程度上引导个体的知识学习行为，进而把握体验性知识学习活动的走向。我们可以将知识接触的对象归纳为以下几种类型：一是由各种概念、表象所构成的知识内容，比如书本上所呈现的知识；二是本身便包含着知识的事物，其中既包括存在于客观世界之中，未经人类改造的自然界中的事物，也包括经由加工和改造的人类社会中的事物；三是蕴含着丰富知识内容的各类情境，通过体验这些情节便能够唤起学习者对知识内容的体验。

在体验性知识学习中，作为被学习者接触的知识对象可以按照其与个体的相关程度划分为三个不同的层次：个体毫无了解的新知识、个体有所涉猎的知识、个体已经完全掌握的旧知识。相较而言，在接受式体验性知识学习过程中，如果给学生呈现的是某些完全没有了解过的新知识时，这些知识的水平要高于学生现有的认知水平，这时学生是很难对其产生体验的。当呈现的是某些学生已经掌握的旧知识时，学生便会感到无趣进而丧失继续体验知识的兴趣。因此只有那些学生在生活中有所涉猎，但又摄入不深的知识内容最适宜成为引发学生接受式体验性知识学习的接触对象。这类似于维果斯基所提出的"最近发展区"理论中的观点，真正有价值的学习内容不能是学生已经掌握的，也不能是学生经过努力也完全达不到的，而恰恰是那些学生经过自身努力后能够达到的内容。只有选取这一层次的知识内容作为体验的对象，才有可能激发学生体验知识内容的兴趣，体验性知识学习活动也才能够持续进行下去。由此可见，在接受式体验性知识学习中为学生呈现难度适宜的知识接触对象是十分关键的，它是确保体验性知识学习能够顺利开展的重要前提。

2.知情融入

当我们为学习者提供了适宜的知识接触对象后，下面要做的便是让学生与所提供的知识对象融为一体。正如前文中所强调的，此种融入状态应是全面的、忘我的，它不仅需要学习者感知方面的投入，还呼唤着学习者对所接触的知识对象投入相应的情感，最终实现个体对所知识对象的领悟生成。由是，我们可以将接受式体验性知识学习的第二个环节命名为"忘我融入"。从某种程度上讲，只有当学生真正忘我地融入所体验的知识对象之中时，体验性知识学习才能够真正发生。

要使学生实现所谓的忘我融入，就必须使学生在感知和情感双重方面都对所接触的知识内容有所投入。首先，个体对蕴含知识的对象开展感知了解的行为是很好理解的。这是因为，开展一系列活动的最终目的仍是为了实现对于知识内容的学习，因此在个体接触知识内容时必然会对其进行感知投入，否则便无法了解知识内容究竟是什么样子的，更谈不上实现对知识内容的理解和掌握。因此从这个角度上讲，缺乏感知投入的知识学习是不能被够称之为是真正意义上的知识学习。需要指出的是，体验性知识学习相较于其他的知识学习方式而言，在对知识对象的感知投入层面呈现出某些特殊之处。一方面此种感知投入程度不深，并不强调学习者对知识对象的记忆与背诵，而是要对这些知识对象生成基本性感性认识。另一方面此种对知识对象的感知了解还具有一定的开放性，学习者对知识对象的此种感知未必一定是正确的，随着体验过程的不断深入，这种感知还有可能发生相应的变化。

其次，除了对知识对象的感知投入外，忘我投入还呼唤着学习者通过情感理解的方式对所体验的知识对象建构起全新的意义。正如我们上文所提到的，人是情感的动物，情感关系是人与人、人与物之间最原初、最基本的关系。对于人而言，情感具有原初性，人类的任何活动要持续进行下去都需要强烈的情感投入，知识学习活动亦是如此。当个体以体验的方式接触知识对象时，总会伴随着对该对象的情感理解，这种情感理解可以是多样的，有的学习者可能会赞同该对象所呈现的知识内容进而表达出欣赏和喜爱之情，有的学习者则可能会质疑该对象所呈现知识的真实性进而表现出怀疑和厌恶之情。但无论是何种情感都可以看作是学习者针对学习对象所做出的个性化情感理解。个体对知识内容的情感性理解远比感知性理解更有价值，这是因为当个体对某一对象产生相应的情感时便更容易调动内在的学习兴趣，加深对该对象所蕴含知识内容的理解，进而实现个体头脑中知识向素养的转化。

此处我们有必要对情感理解在实现个体知识向素养转化中所具有的重要价值进行进一步说明。素养是存在于人身上内在的、比较概括的、相对稳定的身体和心理特征①，它是比知识和技能更深层次的东西，已经内化为主体的一部分。从某种程度上讲，知识只有内化于个体的素养结构中，成为一种内在的素养时才是有价值的，然而素养的形成仅靠对知识的记忆与掌握是远远不够的，它还需要情感的参与。有学者立足于知识的视角认为素养应包含知识内容、知识形式以及知识旨趣三个部分的内容②，此种观点有一定的道理，但人的素养显然不止于知识层面，它还包括相不相信以及能不能付诸实践的问题。简言之，人的素养应是知、信、行三者的统一体，其浅层次是知识、中间层次是信仰、深层次则是行动。个体要想将知识直接转化为行动是不可行的，还必须要经由信念和信仰的层次，只有当学生真正相信了某种知识时才有可能将其转化为行动，最终将其内化为素养。而信念、信仰层面中便蕴含着情感的因素，需要情感的理解才能够加以完成。

由此可见，在接受式体验性知识学习中，学习者对知识内容的情感理解是实现由知识向素养转化的重要条件。它能够在一定程度上将知识与学生的内在需要、态度观念联系起来，进而形成一种信念使学生真正相信所学的知识，并将其转化为自觉的行动。一个人素养的形成依赖于其所具有的信念，而信念的形成又与情感关系极为密切。信念是"个体行动的准备"，但仅有信念还不能引发行动，它还需要情感的参与，情感不仅影响着信念，也能够将这些思想的表达整合到行动之中③。这就好

---

① 陈佑清.教学论新编[M].北京：人民教育出版社，2011：80.

② 李润洲.学科核心素养的培育：知识结构的视域[J].教育发展研究，2018(15)：43-49.

③ ［美］舒尔茨，等.教育的感情世界[M].赵鑫，等译.上海：华东师范大学出版社，2010：199.

比在观看电影时，我们总是会对电影中所喜爱的主人公的所作所为表示支持，对其喜爱的程度越深，此种支持与赞同的想法就越强烈。这说明个体对知识内容的情感理解越深，拥有的情感体验就越强烈，生成的信念便会越坚定。因此从这个意义上讲，体验性知识学习，不仅能让学生"知道"所学的知识，更能让学生"相信"这些知识，学生只有真正相信所学的知识，知识才可能真正内化于学生的心中，进而实现向素养的转化。

需要指出的是，感知了解和情感理解往往没有先后之分，在接受式体验性知识学习的过程中二者通常是相伴而行的，甚至是相互影响、相互关联的。在对同一知识对象进行认识时，较为理性的人往往先感知它的认知外表，而感性的人则会先考虑自己对知识对象所具有的情感的态度。但无论是何种类型的人，往往都会从认知了解和情感理解这两个方面出发，最终形成对知识学习对象的一种个人领悟。

3. 领悟反思

通过与所接触知识对象的知情融入，个体已经能够对知识内容生成了一定的理解和感受，可以说已经获得了对于知识内容的个性化理解，如果能够做到这一点便说明接受式体验性知识学习的第一阶段已经基本完成，下面将进入领悟反思的环节。所谓的领悟从其字面意思上讲可以理解为个体对某一事物的体会与解悟，当面对的对象是知识时便是指，个体可以将知识内容转化为某种系统化的认知模型，通过系统领悟而获得的知识往往能够对人类社会发展产生更为重要的价值。相较于感知而言，领悟往往是更高层次的。这就好比一个正在看英语书的人，当他将英语书合上时，他对于英语书的感知便结束了，取而代之的将是对其他各种类型事物的感知。然而如果一个人对英语书中的内容有了领悟，那么即使他合上了英语书，在感知其他时候时也会不知不觉地运用先前在英语书中获得的理解来看待新事物、解决新的问题。由此可见，感知在个体获取知识的过程中处于初级的阶段，单纯地感知知识是无法真正实现对于知识内容的体验的，要想真正对所学的知识内容有所体验，必须要对知识内容上升到领悟的层次。

　　同样，接受式体验性知识学习过程中，领悟也发挥着极为重要的作用，它可以看作为是个体对知识对象生成体验的标示性事件。换句话说，只有当个体对所感知的对象内容产生领悟时，对知识内容的体验才会真正发生，否则个体的知识学习便还是停留在对知识的感知和理解水平之上，并未诞生新的观念。正如有学者所指出的，"领悟"可以理解为是对"旧的无效思路"的抛弃和对"新的有效思路"的联系，进而实现"新旧交替"的过程[①]。个体对知识学习过程中领悟性体验的发生，也是建立在对头脑中已有知识内容的"抛弃"和对新知识内容的"接纳"二者的联系之上。

　　在接受式体验性知识学习过程中，当学习者忘我地融入知识对象并对其产生相应的领悟后，便标志着个体已经完成了对于知识内容的体验，接下来要做的便是将通过领悟获得的经验与自身头脑中已有的经验进行对比，经过不断地反思与内化，继而形成对知识内容的新体验，这一过程便是所谓的内化反思。当经过此过程后，个体才是真正意义上实现了对知识内容的体验，否则此种体验便仅仅停留在感官的层面之上，缺乏内在性的意义建构。而此种反思的过程从某种程度上讲可以视作是一种理性的过程，由此可见体验性知识学习的发生显然也需要理性的参与，这也从侧面说明体验性知识学习与理性化知识学习二者在本质上并不是对立的，而恰恰是一种相互包容的关系。

　　为了更为直观地阐释个体将通过领悟获得的经验加以内化反思的过程，这里我们借用信息加工心理学中有关记忆加工的相关理论来进行分析。如果我们将个体通过领悟获得的对知识对象的个人理解为信息加工过程中的对象，那么此种对知识内容的领悟便会相应的进入人的工作记忆中暂存。所谓的工作记忆有时也被称作短时记忆，它是信息加工心理学中一个十分重要的概念。工作记忆可以理解为是大脑的执行区域，在

---

① 罗劲.顿悟的大脑机制 [J].心理学报，2004 (2)：219‒234.

接受式体验性知识学习过程中，工作记忆是加工来自领悟过程而形成的富有情感性的个体经验的重要场所，这种加工通常是在与长时记忆的互动中完成的。一方面，如果工作记忆中的经验与长时记忆中的已有知识相符合，那个体便会从长时记忆中提取部分已有的知识，达到理解当前经验的目的，并最终实现对工作记忆中经验的同化，将其纳入主体的长时记忆之中。另一方面，如果工作记忆中的经验与长时记忆中的已有认知相悖，此时个体便要进行反思，重新审视与其相关的所有记忆与认识，并基于此来判断到底是工作记忆中的新经验是正确的还是已有长时记忆中的认识更为科学，或是两者都是不科学的应该对知识对象的认识进行重新建构。最终得出一种能够被个体所信服的结论，并将其作为对某一知识对象的最终认识。相较于前者，当工作记忆中的经验与长时记忆中的已有认知相冲突时，体验性知识学习往往能够取得更为理想的效果。这是因为，辩证对立冲突的出现往往能够给予观念刺激的动力和期望指导的动机①，即是说，冲突也可以视作为是认知发展的重要动力。从某种程度上讲，内化反思阶段正是体验性知识学习区别于理性化知识学习的关键所在。理性化知识学习追求的是如何科学、高效、准确地将个体的工作记忆转化为长时记忆。因为只有对长时记忆的使用才是熟练的，才能够避免某些不必要的错误。而体验性知识学习注重的则是工作记忆中的内容与长时记忆中内容之间的关系，认为只有那些合理的部分才能够进入长时记忆，它不强调记忆转化的效率而追求对于知识对象认识的合理性。正是由于此种追求的不同，才使得两种知识学习导向了完全不同的结果。

4. 知识习得

经过领悟与反思的环节后，个体将最终实现对于知识内容的习得，此时学习者习得的已经不仅是一种基于简单认知和情感的方式而获取的

---

① ［美］D.A.库伯.体验学习——让体验成为学习和发展的源泉[M].王灿明，等译.上海：上海教育出版社，2008：25.

感知，而是经历领悟与内在性的反思重构而形成的被个体完全信任和接纳的有关知识对象的信念。当此种信念真正形成时，个体已经完成了对知识内容的第二层次的体验，已经实现了对于此种知识内容的习得。

知识习得与知识获得二者之间存在着某些差异性，知识的获得更强调学习者对知识内容整体性的关注，它强调学习者通过知识学习的过程要获得一种有逻辑的、有条理的、有层次的知识，相较之下，理性化知识学习更多追求的便是对知识的获得，它通常鼓励学生对前人所创造出来的知识对象的准确获得。而知识的习得则更加强调学习者对知识内容过程性的把握，它强调学习者要对知识学习所经历的一系列步骤有所体验，进而获得一种更加真实、更加鲜活的知识。显然，以知识为对象的体验性知识学习更多追求的应该是学习者对于知识内容的习得而非获得，它鼓励学习者要对知识内容形成自己的理解，为了确保学生对知识习得的深入，体验性知识学习还鼓励学生回到当初学者创造知识的过程之中，重演学者们所经历的过程，如此习得的知识才是"活生生"的，它更容易导向对于新知识的发现与创造。

我们说，如果知识的获得指向的是学习者对所学知识的准确掌握，知识的习得则更多指向学习者的全面发展。这是因为，知识习得的过程不仅能够为学习者带来知识之外，更能够使其体验知识学习的过程。显然体验性知识学习相较于其他知识学习方式而言环节更为烦琐，学习者花费的时间也是更多的。但理想的知识学习过程往往都是一种迂回的过程，直接指向知识内容本身的知识学习效果往往都不太理想。理想的知识学习应该让学习者走些弯路，不能走捷径，曲折迂回的知识学习往往能够为学习者带来更好的学习效果。接受式体验性知识学习恰好能够为学生创设更多体验知识学习过程本身的契机，进而助力学生身心素养的全面发展。

（二）探究式体验性知识学习基本环节

所谓的探究式体验性知识学习是指，引导学习者去探究体验某些蕴含着知识元素的情境，在不断体验的过程中实现对于知识内容的学习。在探究式体验性知识学习的过程中，学习者不再直接将知识内容本身当作体验性知识学习的对象，而是面对某些具体的情境，在感知情境的过程中实现对于知识内容的学习。因此，探究式体验性知识学习过程离不开具体的情境。具体而言，笔者认为探究式体验性知识学习主要包含以下基本环节。

本研究将探究式体验性知识学习大致划分为情境创设、融于情境、领悟情境、行动应用四个基本环节，各环节之间相互关联，如下图4-2所示。从这个流程图中我们不难发现，探究式体验性知识学习亦是学习者知、情、行三者统一过程，它不仅需要个体认知方面的参与，还要求个体对蕴含知识内容的具体情境投入相应的情感和行为活动。下面我们将就探究式体验性知识学习的各个环节进行具体说明。

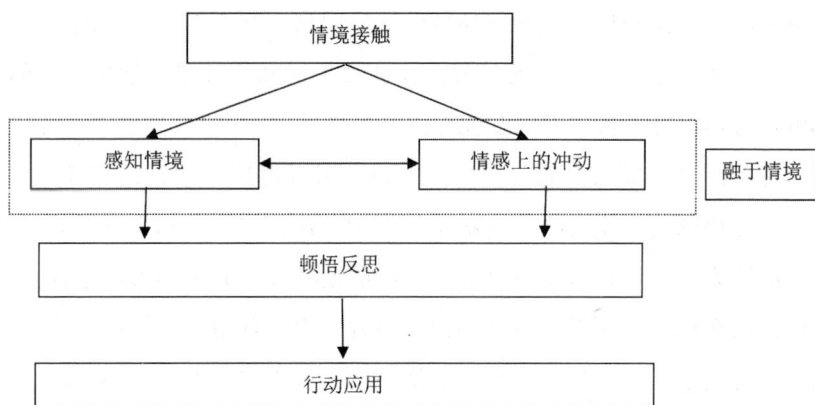

图4-2　探究式体验性知识学习基本环节

1.情境接触

不同于接受式体验性知识学习活动，探究式体验性知识学习要想真正发生，必须依靠某些具体的活动与情境才能实现。正如杜威所说的，"所谓的有效学习，就是知识的获得是从事有目的的活动的结果"[①]。换言

---

① ［美］约翰·杜威.民主主义与教育[M].王承绪，译.北京：人民教育出版社，2001：212.

之，探究式体验性知识学习活动不能凭空进行，必须立足于对某些活动或情境的接触。因此要实现探究式体验性知识学习，首先要做的便是创设一种合适的情境，为学习者体验性知识学习活动的开展提供一个理想的场域。

具体而言，此种情境的接触应遵循以下基本原则：首先，情境的接触应存在一定的目的性。正如杜威所讲的，"我们可以通过一种有目的的活动来实现个体对于知识内容的学习，这种目的应该是内化于活动之中的，它应该是活动的目的，是活动本身过程的一部分"[①]。在探究式体验性知识学习中接触情境的目的应在于有效助力学习者对所学知识内容的体验，简单来说便是，帮助学习者更好地体验知识，这不仅是开展体验性知识学习所要达成的最终目的，同时也是确保情境有效性的重要保障。其次，所接触的情境应具备适宜的复杂性。接触的情境不能过于简单，如果让学习者在情境中很容易便能够发现并习得知识，那便失去了开展体验性知识学习的必要性。反过来讲，接触的情境也不能过于复杂，如果让学习者进入情境犹如身处迷宫之中一般，便很难引导学生去准确体验知识对象，更难以实现对于知识内容的掌握。由此可见，创设难度适宜的情境是开展以知识习得为目的的体验性知识学习必须要思考的一个关键问题。再次，情境接触的方式应是个性化。不同学习者在接触情境时所采用的方式必然也是多元的，我们不能简单地评价哪种方式最理想，更不能简单地对比不同接触方式所取得效果，只有真正适合学习者的接触方式才是值得推崇的。

2. 融于情境

当我们已经创设好理想的学习情境后，下面要做的便是引导学习者融于该情境之中。与接受式体验性知识学习活动类似，探究式体验性知识学习也讲求学习者要从感知和情感双重方面实现对于学习情境的

---

① ［美］约翰·杜威.民主主义与教育 [M].王承绪，译.北京：人民教育出版社，2001:222.

融入。

我们首先来看学习者对情境的感知融入方面，它是指学习者要对情境中遇到的人和事形成一种感性认识，这种感知所获得的结果可能是片面的，也可能是完全偏离事物本身实际情况，但却一定是学习者对它所具有的第一感受。很多时候，学习者对情境的感知受制于其已有的认识水平和能力。当学习者在生活中经历过类似的情境或对呈现知识内容的情境有一定了解与体验时，此种感知的效果便会较为理想；相反，如果学习者接触的是一个之前完全没有触及过的情境，他也是能够对其进行感知的，但感知的效果一般会很差。立足于探究式体验性知识学习的视角来讲，学生对情境的感知只是获得体验最为基础的一步，仅有认知层面的感知是无法获得对情境的完整体验的。

除此之外，探究式体验性知识学习还讲求学习者对情境所表现出的一种情绪上的冲动。当学习者面对情境时，必然会对情境中发生的事情产生情感上的波动。比如有的学习者可能会极为赞同情境所发生的事情，欣赏情境中人物的所作所为，表现在情绪上便是"我太欣赏它了！举双手赞同"。而有的学习者则可能对情境中所发生的事情感到惋惜，对情境中人物的所作所为感到气愤，表现在情绪上便是"我太愤恨了！怎么能这样呢？"无论是哪种情绪上的冲动的发生都标志着学习者已然融入相应的情境之中，并对其形成了相应的情感理解。这种情感理解能够深化学习者对情境的已有感知，更容易促进个体对情境产生相应的顿悟。

与接受性体验性知识学习过程类似，在探究式体验性知识学习过程中，学习者对情境的感知与情感理解同样是相互影响、相互关联的。比如通过触摸烫手的杯子时，一方面通过亲身体验获得了对杯子烫手的认知，另一方面烫手的感觉也同时使体验者产生了痛苦的情感。此时获得的体验便是双重性的，既是一种认知的产物也是一种情感的产物。可见，在探究式体验性知识学习中，很多时候认知参与和情感参与都是交融在一起的，是同一过程的两个不同的方面。面对某个相同的情境时，有的人会先对其产生感性认识，而有的人则会首先移情于情境。但无论是何种方式，最终都会使学习者融入情境之中，进而对情境产生相应的领悟。

3. 顿悟反思

与接受式体验性知识学习过程相同，探究式体验性知识学习过程仍旧需要经历领悟反思的过程，但它面对的则是对情境中发生情况的领悟与反思。相较于接受式体验性知识学习，探究式体验性知识学习中的领悟更多呈现出一种"顿悟"的色彩。

所谓的顿悟从其字面意思上讲可以理解为一种顿然领悟的状态，"顿悟"很早便出现在佛教用语之中，正所谓"迷闻经累劫，悟则刹那间"。可见佛教中的"顿悟"主要是指对"真理"的突然觉悟，它与"渐悟"的概念相互对立，通常用来形容修佛之人对佛道、佛法领悟的飞跃状态。在日常生活中我们所说的顿悟通常是用来形容这样一种状态：长时间思考某一个问题而一直无法找到答案，而在受到某种刺激或启发下突然想通了，进而得到一个全新的、令自己信服的答案，它与艺术家所追求的"灵感"有异曲同工之妙。事实上人类所有的创造性思维都带有顿悟的色彩，这就好比阿基米德发现浮力定律的故事：传说有位国王命令阿基米德检验自己的皇冠中是否掺杂着除黄金外的其他元素，阿基米德百思不得其解，终于在一天洗澡时他找到了答案——可以将皇冠放入水中并计算排出水的体积，如此便能得知皇冠的密度，再将得到的密度值与金块的密度值进行对比，便能够检测皇冠是否是纯金的。找到答案的阿基米德忘乎所以地从浴盆中跳了起来，赤裸地跑到街上并大喊着"我找到了，我找到了"。阿基米德发现问题答案的过程便是一种典型的顿悟过程，有心理学家将其称作为"啊哈体验"[1]，用以形容其所具有的顿悟特征。

---

① Shen, W. B., Yuan, Y., Liu, C., & Luo, J. In search of the 'Aha!' experience: Elucidating the emotionality of insight problem-solving[J]. British Journal of Psychology,2016(2), 281-298.

其实，顿悟一直是心理学关注的重要课题，起初的顿悟被认为是人类所具有的一种独特的能力，20世纪初所倡导的"天才灵感论"便是最显著的体现，它认为顿悟的发生不是所有人天生的本能或本性，而是天才人物所具有的独特特征。直到现代心理学家用著名的黑猩猩搬木箱登高摘香蕉的实验，才证明了顿悟不仅能够发生在某些天才人物的身上，连某些高等级的动物也具有顿悟的本能。此后人们开始去探究顿悟发生的内在机制问题，很快便出现了心理学著名的"格式塔理论"，它将顿悟解释为是个体思维中旧的格式塔（旧的逻辑）倒塌，而新的格式塔（新的逻辑）被创建的过程。同时格式塔理论还用实验证明，人的顿悟能力是先天存在的，是所有个体都普遍存在的，也可以说是无师自通的。

探究式体验性知识学习过程之所以更有可能发生所谓的"顿悟"原因便在于，相较于面对单纯的知识对象，学习者通过接触相应的情境所产生的感受更为直观与立体，更容易产生更为激烈的感性认识和情感理解，相应的基于此而诞生的领悟过程便也是更为强烈的，表现出来便是一种"顿悟"的状态。有学者曾就顿悟发生的情况进行了相关研究：

有学者选取了1114名18-85岁的澳大利亚居民作为对象调查了他们产生顿悟的情况，统计结果显示，其中有接近80%（891人）的被试都曾发生过顿悟的现象。进一步分析发现，个体的顿悟体验经历与个体的性别和受教育水平有显著关联，但与年龄并无明显关联。相较于男性而言，女性似乎更加容易产生顿悟现象；随个体受教育水平的增加，拥有顿悟体验者的比例却在减少，且以拥有顿悟体验的博士学历群体中比例最小。

除此之外研究还发现，个体所从事的职业也会影响他们的顿悟体验经历。90%以上从事管理、物理和社会科学艺术和娱乐业以及服务相关行业的人群有过顿悟体验，只有不到70%的从事建筑、法律和生产行业者报告自己有过顿悟体验。大多数顿悟体验发生在夜晚（79%）、工作过程中（32%）和沐浴时（30%），而在安静休息（16%）、搭乘交通工具（13%）、体育锻炼(11%)和在大自然中放松时(6%)较少感受到顿悟体验。[①]

由此可见，顿悟往往更有可能发生于活动之中而非放松的时候，这也从一个侧面解释了探究式体验性知识学习更有可能发生"顿悟"的原因。在探究式体验性知识学习过程中，顿悟的发生同样具有重要的价值，它标志着学习者真正对所接触情境生成了自己的理解，这种顿悟未必一定是正确的，但对于学习者深入探究与反思情境中所蕴含的知识却具有极其重要的价值。

在探究式知识学习过程中，当学习者真正融于所接触的情境之中并生成相应的顿悟后，便标志着学习者已经对情境中的知识内容完成了属于自己的体验过程，接下来要做的便与接受式体验性知识学习活动相同，对所顿悟的内容开展内化反思。这里需要指出的是，由于探究式体验性知识学习获得的顿悟更多是对情境的顿悟，这种顿悟往往是整体性，因此在对此种顿悟进行反思时，也需要学习者立足于全局性的视角，从整体上反思整个体验情境的过程。相较之下，接受式体验性知识学习通过反思获得主要是对知识本身的理解与看法，而探究式体验性知识学习中的反思则更有可能使学习者获得一种素质、一种素养、一种默会的知识（我未必能准确表达出来，但我知识它是什么），而这些对于学习者的日后发展往往具有更高的价值。可见，探究式体验性知识学习中的反思显然是更为深入的，更有可能将习得的知识转化为自身所具有的内在素质和素养。因为它面对的整体性的情境体验，而非对于知识内容本身的体验。

4. 行动应用

如果说接受式体验性知识学习最终导向的是对于知识内容的习得，

---

① Ovington, L. A., Saliba, A. J., Moran, C. C., Goldring, J., &MacDonald, J. B. Do people really have insights in the shower? The when, where and who of the Aha! Moment[J].The Journal of Creative Behavior,2015 (11).

那么探究式体验性知识学习过程则要更进一步，指向学习者的行动应用。经过顿悟反思的环节后，个体将最终形成对情境中知识内容的体验，此种体验已经不仅是一种基于简单认知和情感的方式而获取的感知，而是经历顿悟与内在性的反思重构而形成的被个体完全信任和接纳的信念。当此种体验真正形成时，个体已经完成了对知识内容的第二层次的体验，此后个体便会依照此种体验来开展自身的行动。由此可见，在内化反思环节之中无论是存在于个体工作记忆中的经验还是长时记忆中的经验都会对个体日后的知识学习行为产生相应的影响。正如学习与记忆信息加工模型所讲的，长时记忆中的信息能够经过两条途径进入反映生成器。一条途径是，长时记忆中的信息先回到工作记忆中，再由工作记忆进入反映生成器，引起反映；另一条途径是长时记忆中的信息直接进入反映生成器，引起反应，后一种情况多发生于人的某些熟练技能的使用之中[①]。同理，在探究式体验性知识学习过程中，无论是经过同化后存储于长时记忆中的经验还是仍处于工作记忆中正在被加工的经验都会对个体在实际中的知识学习行为产生影响。此种对个人行动应用产生影响的过程可以看作是，将对知识的内在性理解逐渐扩大外延进而指导行为活动的过程，它是将对知识对象的个体性认识逐渐拓展应用到实践中的过程。如果学习者能够将对于知识对象的内在理解应用于实际的知识学习活动中，我们便可以说，他实现了对于知识内容的体验，也就达到了探究式体验性知识学习的水平。

因此，如果个体能够将自己内在的体验运用于日后的行动之中，我们便可以说体验性知识学习真正达到了行动应用的水平。具体而言，此种行动应用的达成具体表现在以下方面：一是个体会尝试改变对待某些行为方式的态度。正如前文中所提到的，体验的价值不仅表现在影响个体的行为选择，其更重要的方面在于它能够改变个体头脑中对行为的已有态度和认识，使个体日后再次面临相同的行为活动时能够做出相应的

---

① 邵瑞珍. 教育心理学 [M]. 上海：上海教育出版社，1997：41.

调整，这才是我们倡导学生以体验的方式进行知识学习的主要原因。因此当个体立足于自身对知识内容的已有体验来开展行动时，他往往是以一定的态度基调来开展行为的，相较而言如此开展的行动更具有倾向性和目的性，更可能达到预期的目的。二是个体的体验会对行动的对象做出一定的选择，由于对知识内容的已有体验，个体在做某些事情时往往会对自身的行为有意识地做出选择，比如当个体有过吃某种食物出现过敏的体验，在日后的饮食中便会有意识的避开蕴含着过敏原的食物。三是个体会根据自身对知识内容的体验来选择开展行动的方式和方法。当一个人对某些知识有着深切的体验后，便会在日后的行为中尝试去改变以往的行为方式，他会坚信以往的行为方式是存在问题的，而基于自身体验而做出的行为方式选择则可以达到更为理想的效果。

（三）两种体验性知识学习方式的共同特征

通过对接受式和探究式两种体验性知识学习过程环节的解析，我们不难发现它们之间存在着某些共同特征。为了能够更好地把脉体验性知识学习发生的内在机制，我们有必要对两种体验性知识学习环节中的共同之处进行归纳。对于这些共同特征的提炼，有助于我们更好地把脉体验性知识学习发生的具体过程。具体而言，这种共同特征主要表现在以下方面：

1. 重视情感的参与

无论是接受式体验性知识学习还是探究式体验性知识学习都十分讲求学习者在学习过程中的情感参与。正如我们前文中所谈到的，人是情感的动物，情感是人类与生俱来的，情感关系则是人与人、人与物之间最原初、最基本的一种关系，在体验性知识学习的过程中也不例外。当学习者开展体验活动时，无论他面对的是知识内容本身还是某些蕴含着知识的情境，都会对所体验的对象投入相应的情感，进而产生一种即时性的情绪体验。情绪体验通常借由表情符号来加以呈现，它通常伴随于个体情绪的发生与发展并以特定的情绪情感方式加以表达和呈现。通过认知而获得的经验可能被其他人所获得，但是融入体验者自身情绪体验的经验便是独一无二的。从某种程度上讲，这正是体验性知识学习过程极其富有个性化的重要原因，因为它是每位学习者个人情感的产物。由于情感的参与，会使得学习者通过认知参与而获得的经验内容进一步聚焦，使此种经验完全变成了一种个人化的经验。

情感的参与对于学习者体验性知识学习活动的开展具有两方面的重要意义。首先从横向上讲，情感能够在某种程度上唤醒学习者对知识内容的持续性体验。情感的参与往往能够使得体验者长时间对某一体验的对象保持关注。经常能够看到这样的例子，学者在经历了生活中的某些事情后产生了情绪上的冲动，便会萌生写文章来表达自己观点和立场的做法。正是对于某些问题的情感投入，才使得他们能够持续地对这一问题保持兴趣和关注。其实在我们的学习生活中也是如此，笔者自己也经常会产生这种现象：当我真的对某一内容感兴趣时，无论正在阅读的是哪本书，都能够从中发现与这一内容相关的语句和观点。其实，之所以会产生这一现象，便是受个体情感驱动的影响，如果换做其他一个对此知识不感兴趣的人，便不会对其投入情感，进而更不会产生这样的现象。由此可见，情感的投入能够助力学习者对所关注的知识内容保持较长时间的敏感性，而这种敏感性对于学生的体验性知识学习而言恰恰是极为重要的，它能够有效拓展体验性知识学习的广度。

其次从纵向上讲，情感的参与还能够助力学习者对知识内容的深层次学习。所谓的深度学习是指让学生深入参与学习过程并深刻把握学习内容的学习方式，"深度学习并不追求学习内容的深度和难度，并不是强调学习内容的难度越高、深度越深越理想，而是强调学习不仅仅应停留在符号层面上，更要丰富学习的层次，实现学习的深层次价值"[1]。立足于知识学习过程而言，所谓的深度性学习其实就是说知识学习不仅能

---

[1] 郭元祥.知识的性质、结构与深度教学 [J].课程·教材·教法，2009(11)：17-23.

够丰富学生的知识信息储备，还能够在某种程度上实现学习者素质、素养的发展。相较之下，如果知识学习能够真正实现后者，那它显然便可以称为是一种富有深度的知识学习过程。而情感的参与则往往能够使个体学习到很多超越于知识内容本身的东西，在一定程度上为深度性知识学习的达成创造了条件。正是由于学习者情感的投入，才使得体验性知识学习达到了应有的深度和价值意义。从某种程度上讲，如果在体验性知识学习没有产生情感投入便是一种表层的体验。

2. 追求忘我的融入

从图 4-1 和图 4-2 中不难看出，除了重视情感的参与外，无论是接受式体验性知识学习还是探究式体验性知识学习都强调学习者实现一种融入的状态，这种融入一定是"忘我"。这里的"忘我"其实是用来形容学习者在体验知识内容时自己并未意识到的一种状态。举个例子来讲，一群正在公园里玩耍的小孩子，他们可能自己并没有意识到自己正在玩游戏，但等游戏结束后回味，很多孩子会说刚才的游戏真有趣，此时关于游戏的体验以及通过游戏所获得的发展已经获得了。从某种程度上讲，孩子们进行游戏的过程便是"忘我"的，他们不是出于任何目的去玩游戏的，也不会去思考通过玩游戏要获得什么、达到什么样的目的，有的孩子甚至都没有考虑到自己是在玩游戏。如果在此过程中孩子能够明确地意识到自己是在玩游戏，那么他通过游戏而取得的发展效果便会大打折扣。从某种角度上讲，体验性知识学习中学习者也是如此，如果学习者时刻想着自己要对情境中的事物进行感知，刻意地去做某些事情，那他能够体验到的内容便是极为有限的，这种体验便远达不到忘我融入的程度。

由此可见，体验性知识学习的发生通常都伴随着学习者自身一种忘我的融入状态。这一过程就好比日常生活中染布的过程：将布料浸入染料池中，当我们将布料捞起时，染料的颜色已然浸入布料之中了。同样，我们说体验的发生也应是如此，主体首先是与某客体融为一体，而在这一过程中主体或许自己并未意识到自己正在进行体验，等到事后回味，便发现自己已然完成了对客体的体验。由此可见，体验活动的发生虽然可能是主体有意为之的，但体验的过程中却多是无意识的，当主体意识到自己正在进行体验时实际上早已完成了体验的过程。如果我们将体验发生的过程推演中体验性知识学习活动之中，便可以对体验性知识学习的过程做出如下解读：所谓的体验性知识学习可以看作是引导学习者融入所要学习的知识内容之中的过程，当学习者醒悟或领悟后便会获得相应的知识，如此体验性知识学习才算是真正发生了。由此可见，在体验性知识学习中的很多时候，学习者都是在无意识、甚至是毫不知情的情况下完成对于知识内容的学习的，此种忘我融入的状态正是体验性知识学习相较于其他知识学习方式所具有的独特之处。

3.强调情境的创设

除了重视情感参与和追求忘我的融入状态之外，两种体验性知识学习过程都强调发挥情境在知识学习中的关键作用。从某种角度上讲，体验性知识学习十分强调"场"的概念，无论是接受式体验性知识学习中知识处于的"场"，还是探究式体验性知识学习发生的情境"场"，都是体验性知识学习能够发生的重要条件。探究体验性知识学习问题必然离不开对人与情境关系的探讨，离开了情境探讨体验性知识学习便犹如无源之水、无本之木。

不难看出，在体验性知识学习过程中强调情境的创设是不可忽视的重要一环，缺乏了对于情境的体验，体验性知识学习便极易沦落为一种假体验。对于体验性知识学习中情境的创设应遵循以下基本原则：首先是情境的真实性，简单来讲便是所创设的一定是某种"真情境"，这种情境可以是实际生活中真实发生的，也可以是存在于知识所表征的那个世界之中的，但无论如何这种情境一定是真实可行的。正如美国著名的STEAM教育中所倡导的"四真"——真情境、真问题、真探究、真创新，其中真情境处于最基础的地位，只有在真实的情境中才有可能发现真实的问题，进而实现学生真实的探究与创新。其次是情境的灵活性，这种灵活性主要表现在两个方面：一是创设情境内容的多样性，针对不同类型的知识内容，学生学习所需要的情境也是需要发生变化的；二是创设情境方式的多元化，情境的创设不止于某种固定的流程，而应该导向多元化的路径。最后则是情境的开放性，即是说某种情境的创设要能够满足不同学习者体验的需要，要能够指向不确定的结果。创设情境的目的绝不是试图将学习者的学习导向某种相同的结果，而是要为学习者创造性的思考提供场域。真正的体验性知识学习最终一定是要走向反思的，而在情境中的开放性思考正是实现它的必要条件。

二、体验性知识学习的运行机制

系统地梳理了体验性知识学习的基本环节后，下面将进一步解释体验性知识学习的具体运行机制问题。有关体验性知识学习运行机制的讨论其实就是深入探究体验性知识学习各环节间所存在的内在性关联，剖析使其不断持续推进的内在逻辑。正如前文所阐述的，两种不同类型的体验性知识学习具有不同的基本环节，其中以接受式体验性知识学习蕴含着——知识接触、知情融入、领悟反思、知识习得四个基本环节。而探究式体验性知识学习则包含着——情境接触、融入情境、顿悟反思、行动应用四个环节。不难发现，两种体验性知识学习的环节之间蕴含着某些相同的元素和共同特征，因此在探究体验性知识学习的运行机制时，我们可以将其整合在一起加以讨论。

将两种体验性知识学习整合后，我们可以大致将体验性知识学习概括为——对象接触、忘我融入、内化反思、习得应用四个方面的内容。要想真正搞清楚体验性知识学习的运行机制就必须首先厘清这四个环节间的内在关系，对每一阶段的性质进行准确的分析与把握。但在此之前，笔者认为有必要首先对体验性知识学习的所有环节进行一个整体性的把握。体验性知识学习的过程虽可划分为不同的阶段，但从整体上讲仍可以将其视作为一个循环性的整体。即是说，以体验性的方式实现对于知识的学习并不意味着学习过程的结束，相反体验性知识学习往往会为日后知识学习活动的进一步开展提供基础。学习者的行动应用并不意味着体验性知识学习的结束，它还会将学习者继续导向广阔的外部知识世界，等待对新知识对象进行接触和体验。从某种程度上讲，正是由于体验性知识学习的循环性，才使得其能够真正指向未知、指向明天、指向未来，从而具备促进个体不断发展的内在动力。

我们都知道，体验是体验者就某一事物所形成的融入性感受与领悟，而此种感受与领悟并非是随意形成的，它往往与个体已有的内在经验息息相关，同时还与所体验的对象所处的状况有着莫大的关联。因此每次体验活动的发生都可以视作为是主观因素与客观因素交互作用而产生的结果。这里之所以用"交互作用"而不是"相互作用"来形容体验的过程是因为，"交互作用"一词要比"相互作用"更适合去描述体验的客观条件与主观条件之间相互渗透的关系，而"互相作用"则给人的感觉是两个没有发生改变的独立存在之间所发生的关系，即使是在二者相互作用后还能够保留它们独立的本身。而体验的过程更近似于体验者与体验对象相互交融、相互渗透的关系，是一种你中有我，我中有你的关系。

借用陈佑清教授[1]的观点，我们可以将体验过程所表现出来的"交互性"理解为：体验主体与体验对象之间存在的一种双向对象化的关系。所谓的双向对象化是指，主体与客体在活动中所表现出来的相互转化、相互影响、相互渗透、相互创造的关系[2]。体验过程中的这种双向对象化包含两个方面的内容：一是主体的客体化，它是指体验者对被体验的事物发生积极的作用和影响，将自身原有的、内在的相关经验投入到体验对象身上，从而实现对事物的体验。主体的客体化使得体验活动往往带有体验者的个性特征，即使是体验某个相同的事物，不同的主体也会

---

[1] 陈佑清.教学论新编 [M].北京：人民教育出版社，2011：89-90.

[2] 王永昌.论实践本质 [J].中国社会科学，1991(4)：3-18.

形成不同的体验。二是客体的主体化，它是指体验的对象会对个体的体验活动产生一种反向性的影响，进而使得体验的对象被纳入个体的体验之中，成为个体体验的一部分。这种客体主体化的发生表现在体验对象的内容、结构、功能等对体验者所产生的相应影响，这种影响可能是认识方面的、也有可能是情感方面的。比如当一个人身处于发生车祸的现场，亲身体验到车祸的可怕，便会形成小心驾驶、安全价值的意识，进而更加关注自己的行车安全，这便是体验中客体主体化的一种显著体现。

在体验过程中，体验者与体验对象的主体客体化与客体主体化往往是同时发生的。一方面，为了达到体验的目标，主体通常会根据体验对象的实际情况灵活调整自己的身心状态，以期更好地实现对体验对象的体验（即客体的主体化）；另一方面，体验者也会参考自身已有的内在经验对体验对象进行认识与改造，以达到自我预期所要实现的体验效果。因此，任何体验的过程都可以看作为是体验者与体验对象之间双向对象化的过程，正所谓"当你在体验这个世界时，世界也同样在体验着你"，讲的便是这个道理。

虽然在日常生活中的体验都遵循着"双向对象化"的模式，但当体验作用于学校教育时，尤其是作用于学生的知识学习活动中时，此种"交互作用"便会发生某种程度的改变。这是因为学生的知识学习过程不同于一般的活动，它的最终目的在于通过体验掌握某些知识继而实现学习者自身的发展，从某种程度上讲，体验在学生知识学习中发挥的作用更偏向于实现对体验对象的主体化，即为了更好地实现客体主体化。而体验中的主体客体化仅仅是为客体主体化的实现而服务的，这就使得当前教育中普遍忽视学生的内在生活经验对体验性知识学习所发挥的重要价值。真正的体验性知识学习绝不是在孤立的、纯粹反思性的情况下发生的，它往往需要借助一定的对象性活动才能够发生，而个体所形成的生活体验恰恰能够为学生的知识学习提供足够的养料。

如果我们立足于上述的"双向对象化"逻辑出发，我们可以将体验性知识学习大致划分为两个部分的内容——"体"的层面和"验"的层面，其中"体"的层面便是客体主体化的过程，它是体验者通过对象接触和忘我融入对体验对象生成顿悟的过程；而"验"的层面则是主体客体化的过程，它是体验者通过领悟反思和行动应用将所形成的体验运用到实际的实践活动中的过程。除此之外，为了更好地为了更好地把脉体验性知识学习的运行机制，下面将从这两个方面进行具体的阐释。

（一）"体"的层面：从感知到领悟

所谓的"体"的层面实际上描述的是，体验性知识学习中作为体验者的个体是如何将作为体验对象的知识加以感知并最终对其产生领悟的过程，简而言之便是如何将体验对象主体化的过程。具体而言我们可以将此种客体主体化的过程理解为是个体由对知识对象的感知到对知识内容的领悟过程。

要想真正厘清个体由感知到领悟知识对象的过程，必须首先明晰感知和领悟之间存在的差异。其实这两个概念之间的差异还是比较明显的，在生活中只要稍加注意便能够发现二者之间的不同。所谓的感知是指个体对外界信息的察觉、感觉、注意等一系列过程的总称，心理学中通常将感知划分为感觉过程和知觉过程两个方面。在日常生活中感知过程是十分常见的，比如当我们停下手边的工作，留意一下周围的环境，我们所能够看到的、听到的、触摸到的都是一些感觉和感知，对于这些感知到的内容我们是无需去做任何理性调查或分析便能够知道的，如果让我们用语言来准确地描述出这些感知则是有些困难的。所谓的领悟是指个体对某一事物的体会与解悟，当面对的对象是知识时便是指，个体可以将知识内容转化为某种系统化的认知模型，通过系统领悟而获得的知识往往能够对人类社会发展产生更为重要的价值。相较于感知而言，领悟往往是更高层次的。

其实有关感知与领悟关系的探讨在哲学视野中早已有之，著名的哲学家威廉·詹姆斯^①就曾系统地区分了知识获得和知识理解两个概念的差异性，这对于我们思考体验性知识学习过程中感知与领悟的关系具有重要的参考价值。他曾指出：生活中存在着两种层次的知识，我们分别将其称为知识获得和知识理解。所谓的知识获得是指，当我看见蓝色时我知道了这种颜色；当我品尝过梨子后知道了梨的味道；当我按照 10 厘米来移动我的手指时我知道了 10 里面的长度，如此等等。对于此种知识我们通常只能够了解这些知识与其他知识有什么不同，但很难讲清楚究竟是什么使知识呈现出现在的样子，更难于将这些自以为熟悉的事情传授给任何一个没有亲身经历过的人，最多只能和他们说去某个特定的地点，以特定的方式做某些事情才可能达到某些目的。所谓的知识理解是指，我们不仅要拥有知识，还应该思考它的一些关系，使它经历类的处理，并通过大脑的思考来操作它。简言之，知识理解不仅要了解知识给人带来的感觉是什么样的，还要知道知识是由哪些元素构成的，进而了解知识究竟为何会成为这个样子。可见，对于知识内容的领悟是比感知更高层级的认识，在体验性知识学习过程中，要想真正使个体以体验的方式实现对于知识内容的学习，就必须实现由对知识的感知向知识的领悟转化。

那么在体验性知识学习过程中学习者究竟应如何实现对知识内容的感知向领悟的转化呢？笔者认为其中的关键在于个体要对知识内容投入相应的情感。正所谓有所情才会有所悟，情感是助力个体感知向领悟转化的重要条件。个体对所学的知识内容是否投入情感将直接影响着个体对知识内容的掌握程度。这里的所讲的情感主要是指个体对知识所表征世界所投入的情感，它是指学习者将自身内在的情感元素融入知识学习活动之中，并以此实现对于知识内容的掌握。简单来讲便是如果学习者非常热爱正在学习的知识内容及其所表征的世界，那他就会对知识充满

---

① ［美］D.A.库伯.体验学习——让体验成为学习和发展的源泉 [M].王灿明，译.上海：华东师范大学出版社，2008：38-39.

惊奇与好奇，就会关注知识及其对应世界的每一点变化，就更有可能学到超越知识内容本身之外的东西。从这个角度上讲，单纯的记忆只是在感知知识，并没有实现对于知识内容的领悟，若想让个体真正领悟知识，则一定是要学会富有情感地去看待知识，否则学习者仅仅是记住了知识内容本身，仅停留在感知的层面上。

个体在知识学习活动中的情感投入所具有的价值主要表现在，它能够在一定程度上助力学习者将所学到的知识向深层次的素养转化。正如前文所提到过的，素养是存在于人身上内在的、比较概括的、相对稳定的身体和心理特征①，它是比知识和技能更为深层次的东西，已经内化为主体的一部分。从某种程度上讲，知识只有内化于个体的素养结构之中，成为一种内在的素养时才是有价值的，然而素养的形成仅靠对于知识的记忆与掌握是不够的，前文中我们曾经讨论过体验在助力知识向素养内化中所发挥的重要作用，其实在这种体验活动之中，情感的投入也是其中一个十分关键的子元素。人的素养显然不止于知识层面，它还包括相信不相信的问题以及能不能付诸实践的问题，而这些问题都蕴含着情感的因素，需要情感的投入才能够加以完成。简单来说便是，只有当个体对所学的知识内容投入了自己的情感时，学到的知识才是真正基于自身理解后得到的知识，是经过自身领悟后的知识，而不是那些价值中立的仅仅被学习者所感知的知识。由此可见，个体对所学知识内容的情感投入在实现由对知识的感知到领悟这一过程中发挥着十分重要的作用。可以说在体验性知识学习中，个体体验的客体主体化的实现是依靠于情感投入的，缺少了个体的情感元素，体验性知识学习将极易异化为纯粹的知识记忆过程。

总之，学习者通过感知获取和情感理解两种方式对所要学习的知识进行初步的认识，形成一种对知识对象的富有个人情感性的经验。此种经验的形成过程可以看作是将某种知识处于外部知识世界的内涵逐渐缩

---

① 陈佑清.教学论新编 [M].北京：人民教育出版社，2011：80.

小为一种个体内在性理解的过程，它是将对知识对象的公共性认识逐渐缩小为富有情感的个体性领悟的过程。

（二）"验"的层面：从内化到行动

相较于"体"的层面而言，"验"的层面在体验性知识学习中所具有的价值更为重要。所谓的"验"的层面实际上描述的是，在体验性知识学习中，当个体已经对所学的知识内容有了一定的领悟后，接下来便是如何将领悟到的知识与头脑中原有的知识结果加以融合与内化，进而指导日后的认知活动，也就是所谓的如何将内在于个体头脑中的主观体验客体化的过程。具体而言我们可以将此种主观体验客体化的过程理解为是个体在头脑中不断对知识内容实现内化并最终落实于行动之中的过程。

在讨论体验性知识学习"体"的层面所具有的运行机制前，有一点需要澄清的是：任何形式的知识学习活动其目的都应在于帮助学习者自身实现更好的发展，而不在于准确、大量的记忆知识内容本身。对于作为知识学习者的个体而言，只有所学到的知识内容真正能够助力于个体日后的发展才是有价值的，否则单纯地存储在大脑中而不知道该如何加以运用的知识便是一种客观性的信息，它对于个体的发展是毫无意义的。因此，任何知识学习的目的一定是指向未来的，体验性知识学习更是如此。相较于传统的知识学习方式而言，体验性知识学习的优势恰恰就在于它源于体验，又不断讲求超越体验，进而指向某些新的体验。

下面我们将目光聚焦到体验性知识学习过程中"验"的部分，系统剖析个体在将知识内容内化进行导向行动的机制究竟是什么样的。在讨论"体"的层面时我们将关键定位于个体对知识内容的情感投入，而在"验"的层面中笔者认为，它的关键应是个体要能够真正信仰自己对知识内容所形成的体验。这里的信仰并不是日常生活中宗教所倡导的一种虔诚的信奉状态，而是用来描述个体接纳并相信自己对知识内容形成的体验的一种状态。前文中我们曾论述了人的素养形成的问题，其实从本质上讲人的素养应是知、信、行三者的统一体，其浅层次是知识、中间层次是信仰、深层次则是行动。个体要想将知识直接转化为行动是不可行的，还必须要经由信念和信仰的层次，只有当学生真正相信了某种知识内容时才有可能将其应用于行动之中，最终将其内化为素养。否则，即便是让个体将知识记忆在头脑中，个体依旧是打从心底里不相信这些知识的确定性的。同样，此种信仰状态在个体内化对知识内容的体验进而将其运用于实践活动中时也发挥着重要的作用。这种作用主要表现在，借由信仰的方式个体将会对某知识内容获得的体验与头脑中对于这些知识的已有体验进行比较分析，进而选择自己真正相信的知识内容并形成相应的信念，并遵循此种信念来开展自觉性的行动。信念可以理解为是"个体行动的准备"①，它对于个体行为的选择发挥着重要的作用，当一个人对某件事物的信念越强烈、越坚定，他对于此种事物的体验便越深刻，在日后的实践中便越有可能遵照自己对事物的信念来开展活动。这就好比，在看电影时当电影中主人公的所作所为与我们的处事原则相一致时，我们便会不知不觉将自己想象成电影中的人物，进而赞同他们的所作所为。之所以会出现此种现象，便是信念所发挥的重要作用。事实上只有这样的电影人物设置才能够真正打动观众，也才能够达到较为理想的电影效果。这对于体验性知识学习的过程也是如此，以体验的方式让学生去学习知识绝不仅于让学生"知道"所学的学科知识，更要让学生"相信"这些学科知识，学生只有真正相信所学的知识，学科知识才可能真正内化于学生的心中，进而实现向素养的转化，如此体验性知识学习才算是真正得以实现。由此可见，体验性知识学习中"验"层面实现的关键在于，能够使学习者真正打从心底里相信所学到的知识内容，如果个体能够相信、愿意相信作为体验对象的知识内容及其所表征的那个世界，便是在真正意义上实现了对于知识内容的内化，在日后的行动

---

① ［美］舒尔茨，等.教育的感情世界[M].赵鑫，等译.上海：华东师范大学出版社，2010：199.

中个体也会自觉地将其运用到实践活动之中。

如果我们将体验性知识学习过程所具有的两个层面的机制总结起来不难发现，体验性知识学习的过程实际上便可以视作为是学习主体对作为学习对象的知识内容进行体验的理解与获取，以及实现体验的转换与应用两个方面相结合的过程。首先，学习者会借由富有情感性理解的方式对所要学习的知识进行初步的认识，形成一种对知识对象的富有个人情感性的顿悟经验。此种经验的形成过程可以看作是将某种知识处于外部知识世界的内涵逐渐缩小为一种个体内在理解性内涵的过程，它是将对知识对象的公共性认识逐渐缩小为富有情感的个体性认识的过程。如果学习者能够实现对于知识对象的情感性理解并达到某种顿然领悟的状态，我们便可以说，他完成了体验性知识学习中"体"的部分。其次，学习者会借由对新知识的体验不断调整与深化自身已有的认知结构，最终以全新的方式面对此后的实践活动。此种过程可以看作是将存在于个体内心世界的理解逐渐拓展到行动世界的过程，它是将对知识内容的个体性体验逐渐扩大为基于个人信仰的体验性行为的过程。如果个体能够将对于知识内容的体验运用于自身的知识学习过程之中，并形成立足于体验的方式来学习知识的习惯，那么体验性知识学习的目的便真正得以实现了。

可见，体验性知识学习是将知识学习的过程看作是结合了感知、理解、领悟、内化、信仰、行动等方面的统一过程，真正的体验性知识学习绝不仅仅是让学习者去体验知识内容本身，当然这也是十分重要的，但体验性知识学习的意义绝不仅于此。相较而言，通过对知识内容的体验进而掌握体验性知识学习的方式方法，使个体在日后的知识学习过程中能够体验到以往被忽视掉的内容，这才是体验性知识学习的真谛所在。

（三）好奇心：体验性知识学习的动力机制

所谓的动力顾名思义便是指能够推动某件事情持续进行下去的因

素，要探讨某件事情的动力机制，换言之便要剖析到底是何种因素推动着这件事情的发生，并对于此种因素究竟是如何影响事情的发生做过程性的分析。体验性知识学习从本质上讲依旧是一种特殊的知识学习活动，我们说个体对于知识的学习和内化是有条件的，它必须由学生亲身来完成，任何人都不能替代，否则个体对于知识内容的掌握便仅仅是外在的，并不能使知识内容真正纳入自身的认知体系之中。同样在体验性知识学习过程中，学生对所学知识内容形成体验可以视作为是对知识实现内化的过程，一个学生要想对所学的知识产生相应的体验，他自身一定要表现出对知识内容进行体验的积极性，否则体验性知识学习便很难得到有效落实。由此可见，体验性知识学习的最主要动力仍旧来源于作为体验者的个体自身所具有的某种意愿，笔者认为这些意愿中最为重要的当属学生自身所具有的能够不断去体验事物的好奇心。

有关好奇心概念的探讨最早源于心理学的相关研究，它是指个体在遇到新奇事物或处在新的外界条件下所产生的注意、操作、提问等内在的心理状态。由此可见，好奇心从本质上讲可以理解为个体所具有的一种内在性的心理倾向，它是个体不断探寻新知识，实现自我个性化发展的重要动力。正如弗朗西斯·培根所讲的，知识是一种快乐，而好奇则是知识的萌芽。正因为如此，人们普遍将好奇心视作为是创造性人才所具备的重要特征。相较于其他的知识学习方式，体验性知识学习的达成尤其需要个体好奇心作用的发挥。这是因为，借由好奇心的引导，个体往往能够在体验世界的过程中更进一步，并尝试将体验到的事物纳入他们自己的世界之中。从某种程度上讲，体验性知识学习的过程也是一般。体验性知识学习强调的是学习者通过自身体验的方式来感知并获取知识，如果学习者自身就缺乏对所体验知识内容的兴趣的话，此种以体验为方式开展的知识学习过程便很难推进下去，更难于达成一种持续性的知识学习行为。由此可见，具备好奇心的学生是有效推进体验性知识学习的一个不可或缺的条件。只有富有好奇心的个体才会去主动体验，缺乏好奇心的个体即使去体验，也是一种被动、无奈的体验，其所取得的结果必然也是不理想的。

好奇心是个体与生俱来的品质，几乎所有正常人都具备好奇的天性，但大部分的好奇心仅仅算是一种十分浅层次的好奇心，比如当一个孩子知道了太多对于他这个年龄来讲本应是悬而未决的问题时，他可能会表现出对许多问题产生疑问并不停地问问题，这也可以算是一种好奇心，但此种好奇往往关注的是某种超水平的事物，对于这些事物孩子往往只是对其一闪而过，并不会全神贯注于其中进而对其产生真正的兴趣，此时个体所表现出的好奇心便是浅层次的或者早熟性的。同理在知识学习过程中，拥有非凡好奇心的学生往往并不是那些不停问问题的学生，而更有可能是那些偶尔才会问一个问题的学生。相比于前者，后者学生对于某一知识内容的好奇心更为聚焦，更加容易产生深入性的思考。正如范梅南所讲的，"真正的好奇不是问好多好多的问题，而是所问的问题以某种方式返回我这里时或当问题被沉寂，好奇的沉寂缠绕和包裹着的时候"①。

虽然好奇心对于学生的体验性知识学习具有极其重要的价值，但好奇心作为一种内隐于个体身心的聚精会神的状态只能够被间接的引导，绝不能被强制性的构造或控制。这就类似于我们前文中所探讨的有关学生素养培育的方式一般，学生的好奇心并不能由教师直接传授，并不是具有好奇心的老师就一定能够教出富有好奇心的学生。好奇心本身可以理解为是一种内在于学生内心的品格和素养，它是不能够通过简单地教授而获得的。其实好奇心是每个个体天生所具有的一种天赋品质，我们经常会看到许多尚未接受过学校教育的儿童都对世界保持着浓厚的好奇心，这便是最为有力的证据。因此，设计再好的教学情境、拥有再多的充满教学智慧的老师，如果学生自己对所体验的知识缺乏好奇心，体验性知识学习仍旧是难以推进的。面对此种情况，教师要做的或者说是能

---

① ［加］马克斯·范梅南.教学的情调 [M].李树英，译.北京：教育科学出版社，2019：29.

做的往往不是教授，而是尽量使学生的好奇心不被耗尽和丧失。从这种角度上讲，在体验性知识学习中，教师不必成为一个能够控制或建构学生每种可能体验的人，但是一定要是一位善于抓住问题，并能够唤起学生好奇心的人，真正好的老师会让学生一直保持对知识内容加以体验的好奇心。

三、体验性知识学习的保障条件

在系统地讨论完体验性知识学习的基本环节及运行机制后，笔者认为还有必要对体验性知识学习能够得以顺利开展与推进所具备的保障条件进行专门的梳理。所谓的保障条件其实就是探究究竟是什么因素推动着体验性知识学习活动的开展与进行，而所谓的保障机制则是指，为了确保体验性知识学习的顺利完成所需要提供的某些必要的条件以及这些条件究竟是如何加以运作的。从性质上讲，我们可以将体验性知识学习的保障条件归纳为内在与外在两个方面。所谓的内在性保障条件主要指的是作为体验性知识学习主体的学生其自身所具有的内在性因素，如学生所具有的内在性需要、专注力、学习意向等方面内容对体验性知识学习活动的顺利开展所提供的保障性条件。而外在性保障条件指的则是影响个体体验性知识学习实现的诸多外部条件，如教师、教学情境、教学场域等等，这些内容是课程教学论需要关注的问题，也是论文最后一章策略部分着重要讨论的问题，因此将其放在后文进行讨论。这里主要探讨的是体验性知识学习活动实现的内在性保障条件，即立足于学习者的视角而言，为了确保体验性知识学习的顺利进行，自身应该具备哪些基本的条件。

体验性知识学习的达成是一个复杂而又细腻的过程，它不仅需要学生的参与，还需要诸多其他方面的保障条件以使得体验性知识学习能够按部就班地开展。因此在讨论体验性知识学习时，对保障条件方面的探讨是不可或缺的。如果我们立足于体验性知识学习的整体过程来讲，此种保障机制至少应该包含三方面的内容：首先是作为被体验对象的知识内容要具有一定的吸引力，要能够唤起学生的体验；其次是作为学生体验对象的提供者——教师，要能够为学生体验性知识学习的顺利开展营造理想的情境和氛围；再次则是作为体验主体的学生要具有一定的体验知识内容的能力，要能够做到对知识内容的"敢体验""能体验""会体验"。由于本章节内容主要探讨的是体验性知识学习的内在机制，因此此处我们所讲的保障条件主要是指作为体验知识内容的主体——学生为了更好地实现体验性知识学习所应具备的保障条件。要想真正确保体验性知识学习的持续进行与顺利开展，作为体验知识内容的主体——学生必须具备一定的体验能力，这种体验能力主要表现在对体验对象的内在性需要、有效驾驭体验过程的心流能力以及对体验过程的抗挫折能力。

（一）内需：确保体验性知识学习开展的原动力

所谓的内需顾名思义就是指个体在感知知识对象时所具有一种内在性的需要，它直接影响着个体去感知何种知识、并以何种方式加以感知，因此内需在体验性知识学习过程中发挥着重要的指导性作用，它决定了个体对知识学习内容开展体验的方向。著名的人本主义心理学家马斯洛曾对人的需要层次进行系统的划分，他将个体的需要由高到低划分为生理的需要、安全的需要、归属与爱的需要、尊重的需要和自我实现的需要五个等级，其中个人需要层次越高的人，其所追求的内在性需要便越强，他们便更容易产生某些精彩绝伦的、激动人心的体验，马斯洛将这一类型的体验统称为"高峰体验"。所谓的高峰体验其实就是指，人们在追求自我实现的过程中，当基本的需要得到满足后，达到自我实现时所感受到的暂时的、极乐的、豁达的满足状态。正如马斯洛所讲的，高峰体验是一种强烈的同一性体验，"它是体验者内在的整合以及随之而来的体验者与世界的整合"①。当高峰体验发生时，个体便成了一体化的个体，此时他内部的裂痕、对立和分离状态都趋于被消解，个体便会产生一种完全超我、忘我、无我的状态，使得自身能够不断对体验到的内容所开放，仿佛自身已经和世界万物相融合，是个体自我肯定的时刻。

在体验性知识学习过程中，内需也是个体对知识内容形成体验的重要基础，如果缺乏内在性的需要，个体在感知知识内容时便会失去目标和方向。从某种角度上讲，如果个体所感知的知识内容并非是其自身所真正渴求的或需要的，个体便会对所感知到的知识内容产生抵触情绪，进而便会不断地排斥这些知识，最终表现在知识学习上便是难于对所学的知识内容产生相应的体验，也就无法真正实现所谓的体验性知识学习。由此可见，内需可谓是体验性知识学习得以实现的第一内在条件，缺少了学习者自身所具有的内在性需要，要想真正以体验的方式进行知识学习则是不可想象的。在当前的教育中我们经常看到这样一种现象：教师尽可能地为学生提供了体验知识内容的情境，但很多学生并未真正实现所谓的体验性知识学习。出现这种现象的原因便在于，教师提供的知识内容并未满足学生的内在性需要，学生认为教师提供的知识对于自身发展而言是毫无用处的，借用马斯洛曾对人的需要层次理论来讲，这些知识内容连满足自身生理和安全需要都无法实现，更不要期望这些知识能够满足尊重和自我实现等更高级别的需要了。体验性知识学习说到底还是一种知识学习活动，它的实现需要教师的教，但不完全依赖于教师的教。相较而言，学生的学在体验性知识学习中发挥着更为重要的作用，如果学生不接受，教师创设再优质的体验性知识学习情境也是毫无用处的。而在学生的学习维度中最为重要的便是学生自身所具有的内在性需要，即所谓的内需，它是学生用以评价所体验到的知识是否有价值

---

① ［美］亚伯拉罕·马斯洛. 动机与人格 [M]. 许金生，等译. 北京：中国人民大学出版社，2012：205.

的重要标尺。因此，体验性知识学习的开展不仅要关注外在条件的控制（如教学情境的创设、教学方法的选择），还必须关注学生的内心世界，关注学生对知识内容所具有的真实想法。

需要指出的是，要想真正改变一位学生的内在性需要是十分困难的事情，内在性需要通常是个体经过长时间生存、生活经历之后才总结出来的，一经形成便犹如一种内在的信念是难以改变的。在实际的教学过程中，即使是要求学生去接受与改变某些已经讲授过或被记忆在头脑中的知识都是十分困难的，更不要说那些在学生头脑中形成多年，已经内化为思想与信念的内在性需要。然而，体验性知识学习的实现又必须呼唤着学习者内在性需要的调整与变革，这时教育者能做的便是尝试去引导学生反思自身的内在性需要，借由反思的过程帮助学生重新厘清自己真正需要的是什么，在此基础上为学生提供相应的知识以激发其体验，如此才能够真正使学生实现以体验的方式开展知识学习过程。而这一过程往往需要大量的时间投入，在当前应试教育的潮流下，是很难真正实现的。从某种程度上讲，这也是体验性知识学习长久以来无法真正落地的根本原因。

（二）心流：确保体验性知识学习持续进行的关键

要想确保体验性知识学习的顺利进行，除了要转变学习者的内在性学习需要外，还要教会学生如何有意识地去选择所要体验的知识，即教会学生怎么做的问题。在讨论这一问题时，笔者尝试借助于美国心理学家米哈里·契克森米哈赖所提出的"心流"概念来进行解释。所谓的"心流"也可以称之为"心流体验"(flow experience)，它是指意识和谐有序的一种状态，当事人心甘情愿地、纯粹无私地去做某一件事，不掺杂任何其他的企图[①]。即是说一个人完全沉浸在某种活动当中，无视其他事

---

① ［美］米哈里·契克森米哈赖.心流——最优体验心理学[M].张定绮，译.北京：中信出版社，2017：70.

物存在的状态，心流体验本身带有莫大的喜悦，使人愿意付出巨大的代价。判定某个体是否发生了"心流"状态的标准就在于他是否全神贯注投入并享受其中。在知识学习过程中所谓的"心流"可以简单理解为是，当你特别专注地学习某一知识内容时，你可能会进入一种忘记自我、忘记时间流逝的状态，此时你能够察觉到的所有信息都与你正在学习知识有关，无论此种知识有多么晦涩难懂你都不会感到困难，反而会保持着强烈的愉悦感。

　　米哈里系统地阐述了"心流"产生的三个基本条件，这从某种程度上讲同样也适用于体验性知识学习中"心流"的发生：首先要有一个"自成性目标"①，简言之便是要确立某个你真正喜欢做的事情为目标，而不是关注做了这件事情所能够得到的报酬。这就好比在登山过程中，有很多人都认为登上山顶是十分重要的，因为它能够证明我们爬过这座山了，然而真正热爱爬山的人都知道，真正享受爬山的过程才是爬山活动的乐趣所在。因此从某种程度上讲，爬山的过程才是登山的真正目标。如果立足于知识学习活动来讲，个体要想真正以体验的方式实现对于知识内容的学习，就必须对知识学习的内容有一个"自成性的目标"，换言之，个体只有真正对所学的知识内容感兴趣，才有可能对其形成相应的体验。否则即使知识内容本身再有趣、再有魅力，都是难以唤起学习者的体验的，也是很难产生知识学习的"心流"。其次，心流的实现需要个体的专注力作为前提。为了更好地把握"心流"的发生规律，米哈里开发出一套评估主观体验的新方法——心理体验抽样法（简称

---

① ［美］米哈里·契克森米哈赖．生命的心流［M］.陈秀娟，译．北京：中信出版社，
　　2009：42-46.

ESM）[1]。通过调查研究后发现，大多数心流体验都出现在工作之中，而非是休闲之中，都发生在个体精神高度集中的时刻。由此可见心流的关键在于个体的专注力，能造就心流的活动大多数需要当事者自觉自愿、乐在其中。在对于知识内容的学习过程中也是如此，只有当学习者对所学的知识内容保持着高度的专注力时，才有可能实现对其的体验，否则便仅仅是在记忆知识内容本身，这种做法算不上是体验性知识学习。在学习知识的过程中，如果个体进入了心流的状态，那么个体所有的注意力都会集中在当前的知识内容上，所有的心理能量都会往同一个地方集中，那些跟知识内容完全无关的念头都会被屏蔽掉，甚至是个体对世界的意识、对自我的感知，更不用说是对别人评价的患得患失、对物质得失的精心计算，都会消失得无影无踪。此时个体对于知识内容的理解是非常有规律的、有秩序的，就像一支高度有纪律的军队一般，井井有条被组织起来，高效率地去学习知识。如果个体对于知识内容的学习能够达到心流的状态，那么这便是一种最优的体验性知识学习，同时也是体验性知识学习所期望达到的理想状态。

立足于体验性知识学习的过程而言，所谓的心流其实也可以理解为是学习者对体验对象所具的一种选择能力，它是指学生要能够对所体验的知识内容以及体验知识的方式进行自主性的选择，以确保体验性知识学习朝着自己期望的方向进行。自主决定所体验的对象往往是人类所具有的一种重要能力，相较于人类而言，动物也是能够通过一系列的动作实践活动获得相应的感受，但这种感受通常并没有上升为体验的层次。人类与动物的最大区别便在于发达的神经系统，它能够帮助人类感知和摄取到更多的信息，从而比动物对外部环境的感知更为深入。对外部情

---

[1]　心理体验抽样法简称 ESM 法，这种方法是为每位受测者佩戴一个电子呼叫器，为期一周，每当呼叫器一响，受测者便要记录下当时的感想或心情。呼叫器由一台无线电发射机控制，每天不定时地发出 8 次讯号。一周期满后，受测者交回一份流水账式的记录，代表他这段时间的体验剪影。米哈里用此种方法已经收集了超过 10 万份的数据信息。

况不做感知当然是十分危险的，然而感知的过多往往也是令人苦恼的。正所谓，无知无畏，多知多畏，多知多忧，这在体验性知识学习过程中也是如此。对知识内容的过多体验往往也会使学生陷入苦恼之中。为了有效缓解过多体验对学生所带来的压力，理智的对体验做出选择应是明智之举，而选择的标准往往受制于个人情感因素的制约。当一个人乐于去体验某种知识时，他便会集中自己的注意力，此时对于知识的体验是他心向往之的，而不是被强迫的，这种体验更容易被其所接受。由此可见，体验性知识学习实现的前提一定是学习者自觉自愿的，绝不是有外在压力强迫学生去完成的，只有这样学生才会对体验的知识内容乐在其中，也才能达到理想的体验效果，这也才算是真正意义上践行了体验性知识学习。

（三）抗挫折力：确保体验性知识学习顺利进行的重要保证

除了要具备能够有意识地去选择所要体验知识的心流能力外，体验性知识学习的推进还需要学生具备一定的抗挫折能力作为保证。通过体验的方式来进行知识学习的过程往往并非是一帆风顺的，相较于传统的理性化知识学习而言，其过程充盈着诸多的不确定因素和各种各样的可能性。没有人能够确保学生仅通过一次体验过程便能够实现对于知识内容的掌握。正如美国体验心理学家米哈里所指出的，"获得体验的手段不能浓缩成一个秘诀，也不能背诵下来重复使用，每个人都必须自行从不断的尝试与错误中获得体验"[①]。从这个角度讲，相较于传统的理性化知识学习而言，体验性知识学习的开展必然会使学生的知识学习过程出现更多的困难与错误，可能会使学生在知识学习中走更多的弯路。

然而如果我们换一个角度来看，这同样也会为学生体验的开展提供更多的机会。这些额外的失误与挫折绝不是毫无意义的，相反学生通

---

① ［美］米哈里·契克森米哈赖.心流：最优体验心理学 [M].张定绮，译.北京：中信出版社，2017：11.

过它提供的体验机会往往能够对要学习的知识内容产生更为深层次的理解，不仅能够使这些知识内容在头脑中保存更为长久的时间，还能够发现这些知识内容中所蕴含的额外意义，而这些额外之物在传统理性化知识学习过程中是很难被发现的。因此，如果学生在体验知识内容时具备一定的抗挫折能力，便更有可能在体验性知识学习的过程中收获得更多。

具体而言，学习者所应具备的此种抗挫折力主要表现在以下方面：首先，学习者要能够做到面对众多体验的知识内容不迷茫。不可否认感知并获取更多的信息无疑有助于个体内在性体验的发生，但对知识内容的过多往往也会使得学生感到苦恼，众多的感知信息往往会使学生失去内在体验的方向。这就好比我们经常听到的精神分裂症患者，他们之所以会患病原因便在于这些人会不由自主地接受各种各样的信息，并注意到所有不相干的事情。正如这些病人自己所讲的"事情太快地涌进来，我失去了控制的能力，终于迷失了"，从某种角度上讲，这便是过多感知所造成的一种混乱状态。体验性知识学习的过程也会出现此种类似的状况，此时便要求学习者能够抱有一种不盲从的判断能力，进而做出最适合自己的选择。其次，学习者还应对体验性知识学习过程的长期性有所预期。相较于其他知识学习方式而言，体验性知识学习往往需要花费学习者更长的时间来完成，有时针对某一知识内容的学习可能需要经历数次乃至数十次的体验才能够真正完成，这相较于传统以记忆为核心的知识学习方式而言显然是更为复杂的，其所花费学习者的时间和精力同样也是更多的，这是开展体验性知识学习活动必须要接受与面对的客观事实。

第五章
知识学习的现实考察及体验缺失的归因分析

　　学生的知识学习问题是课程教学论领域需要关注的一个基本性问题，对于这一问题的探讨既需要理论上的剖析，更需要立足于当前的课堂教学实践。因此，要想真正明晰有关体验性知识学习的问题，也必须要立足于对当前中小学教育中学生知识学习情况的现实考察。鉴于此，在讨论完体验性知识学习的内涵及过程机制后，本章将立足于真实的教育教学情境，对学生当前的知识学习情况进行实证调查，以期能够对当前基础教育阶段学生知识学习的实际情况进行客观性考察与把脉。

一、学生知识学习现状研究设计

（一）学生知识学习现状研究的目的

　　相较于传统的知识学习过程，体验性知识学习是一种更为理想、有效的知识学习方式，更能够满足当前教育追求学生个性化学习发展的实际需要。目前有关体验性知识学习的研究大多停留在理论的嫁接层面，缺乏实践层面的考察，这使得体验性知识学习仍旧是空中楼阁，并未真正落地进而服务于学生的知识学习过程。因此，我们有必要对当前学生知识学习情况进行深入的实践调研，以便了解时下基础教育阶段学生学习知识的真实情况，发现学生当前的知识学习方式与理想的体验性知识学习方式之间所存在的距离，进而找到实现学生体验性知识学习的切入点，为学生的知识学习提供新的方式与路径，以期助力学生知识学习的个性化、生成性。

按照论文的行文逻辑，此处最适当的调研问题应是：当前学生体验性知识学习的落实情况。然而笔者通过长时间的一线听课和与学生的大量交流后发现，当前基础教育阶段的多数学生都对"什么是体验性知识学习"没有一个清晰的界定，他们不知道自己的知识学习行为算不算是一种体验性的知识学习，更不清楚什么样的知识学习可以称为体验性知识学习。如果此时我们向他们直接调查体验性知识学习的实施现状，不仅会招致学生的困惑，得到的数据结果也将是缺乏真实性的。因此本次调查研究转变了问卷设计的思路，选择将视角定位在对当前学生知识学习现状的考察，即调查的是当前基础教育阶段的学生是如何学习知识的，调查研究并不对学生的知识学习强行进行类别划分，而是通过维度的设计，考查学生知识学习活动各方面的表现，最终评估当前学生的知识学习更偏向于何种类型的知识学习，并在调查研究中渗透有关体验性知识学习的维度，从而对当前基础教育阶段学生体验性知识学习的实际情况进行把脉。

具体而言，本次实证调查的目的可归纳为以下几点：首先，对影响学生知识学习活动的各要素进行有机整合，编制出一套既能客观调查当前学生知识学习现状，又能够对学生的知识学习活动各要素进行综合性分析的问卷及访谈提纲。其次，通过开展问卷调查及深度访谈对当前基础教育阶段学生知识学习的情况进行把脉，获得较为准确的一手材料和数据信息。再次，通过对问卷调查及访谈后得到的数据信息进行深入分析，全面、准确地审视学生知识学习的现状，分析造成此种现象的原因何在，为后续的研究提供现实性的依据。

需要指出的是，学生的知识学习是一个十分庞大且复杂活动，想要单纯通过实证调查的方式把脉学生的知识学习活动全景是难以实现的。这是因为，学生的知识学习从本质上讲是由学生自身内在完成的活动，它不仅涉及教育学的问题还包括很多学生的学习心理问题，而这些内在性的心理机制是很难通过实证调查的方式来呈现的，而是要通过长时间的观察不断总结生成的。因此从这个角度讲，单纯的实证调查无法实现对于学生知识学习情况的全面把握。然而这并不是说对学生的知识学习情况进行调查是毫无意义的，相反通过对于学生知识学习情况的现状调查能够从整体上对现有的学生知识学习活动情况有一个较好的把握，有助于摸清学生究竟是以何种方式来学习知识的，并能够对此种知识学习方式所取得的效果给出相对公正的评价，进而助力学生知识学习方式的变革。因此开展对学生知识学习情况的调查研究是具有一定价值和必要性的。

（二）学生知识学习现状研究的维度划分

维度划分是开展实证调查研究需要解决的首要问题也是最为核心的问题，它直接决定着调查研究的视域及角度，是开展某一种调查而非其他调查活动的质的规定性。无论是调查问卷的设计还是访谈提纲的组织都要依据于调查研究所划分的维度。要想调查学生知识学习的现状，我们可以从多个角度来进行审视与分析，大体上可以将维度划分为知识学习的目的、知识学习的内容、知识学习的方式以及知识学习的效果几方面。我们也可以仿照已有研究者的提法，将知识学习活动划分为知识学习价值观、知识学习内容观、知识学习过程观、知识学习质量观及知识学习评价观等多个维度。这些内容大致涵盖了学生知识学习活动的各个方面，可谓是对知识学习活动研究较为理想的维度划分。然而，就像我们前文所提到的，这些维度的很多方面是难以通过实证调查的方式来进行评估的。比如有关知识学习价值观方面的内容，我们便很难对其进行量化的分析，因为学生开展知识学习活动所遵循的价值观是内隐于学生头脑中的，是看不见摸不到的，只能通过学生在知识学习过程中所表现出的一系列行为进行推测。还有一些维度本身便会对学生的知识学习活动产生根本性的影响，比如不同的知识学习内容往往会使得学生的知识学习导向完全不同的方向。这就好比对于某些理科类知识的学习（如数学知识、化学知识），学生可能多会采用一种逻辑推演的方式，而对于某些人文类知识的掌握（如语文知识、社会道德知识），学生则更多会基于一种情感体验的方式。因此，以现状调查的方式并不能实现对学生知识学习任何方面的评价，但却能够对其中部分内容进行把握，如学生开展知识学习活动的基本方式等。本研究虽然是要调查基础教育阶段学生知识学习的现状，但更多是从过程论的角度来审视学生的知识学习活动，即学生到底是如何进行知识学习的，其中虽然也会涉及有关知识学习目标及内容等方面，但多是站在知识学习过程中的前提上加以讨论的，而不是专门对不同类型的知识学习内容进行专门性的分析。

具体而言，本次调查研究的开展最终确立了四个方面的基本维度，这四个维度分别是知识学习的目的、知识学习的内容、知识学习的方式及知识学习的效果。其中每个维度下又可以具体划分为 2–3 个小维度，具体情况如表 5-1 所示。需要指出的是，本次调查对于维度的划分主要是基于学生一般性知识学习活动的基础之上，不涉及具体学科或某一具体领域知识学习的问题，仅讨论的是从普遍性意义上讲学生是如何进行知识学习的，调查的是学生在学习任何知识过程中所呈现出的一般性特征。不可否认，对于不同学科知识的学习往往会呈现出不同的特点，正是由于学科差异性的存在才使得教育有必要实现分科化。涉及某些具体学科的知识学习活动往往具有一些独特的特性，需要分别进行细致的探讨。因此本次研究仅仅着眼于学生在基础教育阶段所表现出的一般性知识学习行为。

表 5-1　学生知识学习现状研究的维度划分

一级维度	二级维度
知识学习的目标	◆对知识学习活动的基本认识 ◆知识学习的主体定位
知识学习的内容	◆知识学习内容的来源 ◆知识学习内容的选择权 ◆知识学习内容的开放性
知识学习的方式	◆知识学习过程的规律性 ◆知识学习方法的选择（亲历、逻辑演绎） ◆知识学习的媒介（教师、情境）
知识学习的效果	◆对知识信息的储备情况 ◆对技能技巧的掌握情况 ◆对情感态度价值观产生的影响

（三）学生知识学习现状研究的工具设计

调查研究的维度确定后，接下来便要依据维度设计出满足调查实际需要的测量工具。本次调查研究采用问卷调查与个别访谈相结合的方式，既通过大规模的问卷调查了解时下基础教育阶段学生开展知识学习活动的现状，又采用与个别教师与学生进行访谈的方式深入了解学生学习知识的实际情况，并获取大量真实的教学案例与师生交流记录。在此基础上真正实现对于学生知识学习现状的客观把脉。因此对于本次调查研究工具的设计应包括调查问卷设计及访谈提纲设计两个方面。

1. 调查问卷的编制及信效度检验

问卷调查是本次调查研究的核心部分，笔者立足于已经确立的维度基础之上，编制了调查基础教育阶段学生知识学习现状的调查问卷。为保证问卷编制的科学性，在编写问卷过程中参考了多位学者开展相关研究的问卷编制经验，并与多位老师就问卷的文字表述、内容维度科学性等问题进行了深入的探讨，最终形成了本次调查研究所使用的《学生知识学习现状调查问卷》，具体问卷内容见附录一。

具体而言，问卷共包含三个部分。第一部分为问卷的导语，以简单的语言向被试传达了本次问卷调查的目的及意义，说明了问卷的使用方式，并对被试的参与表示感谢。第二部分是问卷正文的第一部分，是对被试个人信息的采集，共包含 3 道题目，分别调查被试的性别、学段和年级。第三部分是问卷正文的第二部分，也是本问卷的核心部分，是基于四个基本维度对被试进行信息收集，共包括 22 道题目。其中第 4-9 题是基于知识学习的目标维度进行设计的，旨在了解学生对知识学习活动的基本认识以及知识学习的主体定位问题。第 10-14 题是基于知识学习的内容维度而设计的，该维度旨在调查学生知识学习的内容来源、学生对知识学习内容的选择权以及学生所学习的知识内容本身所具有的开放性。第 15-20 题是基于知识学习的方式维度而提出的，旨在了解学生知识学习过程所具有的规律性以及学生知识学习方法的选择，还包括学生在开展知识学习过程中所需要的媒介。第 21-25 题是基于知识学习的效果维度而设计的，目的在于考查学生通过知识学习后对知识信息的储备、对技能技巧的掌握以及对情感态度价值观等方面产生的影响。为了便于更为直观地展示调查的结果，本次问卷调查采用经典的里克特五级正向计分的形式，其中完全不符合得 1 分，基本不符合得 2 分，中立得 3 分，基本符合得 4 分，完全符合得 5 分，并依据此种计分方式对收集的数据进行统计与分析。

问卷编制完毕后，笔者在大连选取了一所小学和一所初中对本次调查研究的进行测试，每所学校各发放 60 份问卷，共计发放 120 份问卷，所有问卷都得以回收。通过对收集后的问卷进行进一步的分析处理后发现，其中有效问卷 118 份，有效回收率为 98.3%。开展本次试测的主要目的在于结合试测的数据对本次调查研究所使用问卷的信效度进行检验。信度和效度是评价问卷质量十分重要的指标，信度表示的是通过问卷所测得的结果的稳定性与一致性，信度越高证明通过问卷调查所获得的结果可信度越高。克伦巴赫 a 系数是目前最常用的信度检验工具，通常我们认为，一份问卷的克伦巴赫 a 系数最理想的状态是在 0.80 以上，0.70-0.80 是可以接受的范围，低于 0.70 则要考虑重新对问卷的内容进行修订或适当增减题项。据此笔者依据试测的数据对问卷的各维度的信度进行了检验，具体结果见表 5-2。

表 5-2   问卷信度分析结果

	维度	N	克伦巴赫 a 系数
1	知识学习的目标	5	.798
2	知识学习的内容	6	.813
3	知识学习的方式	5	.853
4	知识学习的效果	6	.827
总计	——	22	.817

从上表可见，本次调查问卷的整体克伦巴赫 a 系数得分为 0.817，已经达到一般问卷的理想信度水平，其中有关知识学习方式的相关维度克伦巴赫 a 系数高达 0.817，证明此维度的题目设计较为理想，而有关知识学习目标的维度克伦巴赫 a 系数为 0.798，略低于理想水平 0.80，因此笔者对其中的题目的表述进行了细微调整。总之，无论是从各个维度上看还是从整体问卷上讲，本次调查研究所使用的问卷信度都达到了较高的水平。

所谓的效度检验即是检验问卷的有效性，简单来讲就是要评估问卷各题项的设计是否合理，是否能够实现预期的研究效果。由于本研究采用的问卷属于量表题，这就更需要对问卷的效度进行检验。通常来讲，进行效度检验可以通过内容效度、结构效度和效标效度三种方式来进行，其中内容效度是检验效度最常用的方法，也是本研究所选择的效度检验方式。所谓的内容效度是指检验问卷的内容是否能够符合研究的实际需要、达到预期的研究目的。具体而言，本次调查研究的内容效度检验主要包含以下方面的内容：首先，问卷的编写过程参照了已有相关研究的问卷设计，并在已有研究的基础上重新梳理了问卷的维度，使问卷的设计更加具有科学性。其次，在进行全面调查研究前先对问卷进行预测，根据预测的结果对问卷的题项进行了调整与修改，确保了问卷调查的可行性。再次，笔者与多位教授就问卷的维度归纳与划分等问题进行了深入交流，最终确立了包含四大维度的问卷指标体系，极大程度上确保了问卷的指标体系与本次调查研究目的的一致性。

信效度检验完成后，笔者对问卷进行了调整与完善，之后便开始进入正式发放阶段。研究者将问卷以纸质版和电子版的形式在武汉和大连两地，共9所学校进行发放。在问卷发放过程中，采用随机抽样和分层抽样相结合的方法，尽可能使问卷的发放在性别、年级等维度上有所协调，避免造成某一方面的缺失。本次调查研究共发放了600份问卷，其中小学300份，初中300份；实际回收594份，其中小学296份，初中298份。通过对回收问卷的简单分析，将其中存在规律作答和漏答的问卷剔除后共获得有效问卷572份，其中小学284份，初中288份，具体情况见表5-3。研究者将这些数据整理编码后输入SPSS 23.0软件进行数据的整理和分析工作。

表5-3 问卷调查样本基本情况

调查对象基本情况		人数	百分比（%）
性别	男	270	47.2
	女	302	52.8
所在学段	小学	284	49.7
	初中	288	50.3
年级	小学一年级	48	8.4
	小学二年级	47	8.2
	小学三年级	49	8.6
	小学四年级	45	7.9
	小学五年级	48	8.4
	小学六年级	47	8.2
	初中一年级	97	17
	初中二年级	95	16.6
	初中三年级	96	16.8

2. 访谈提纲的设计

除问卷调查外，访谈法也是本次调查研究重要的信息来源。开展访谈的目的在于深入了解学生和教师对于知识学习活动最为真实的想法，访谈法的使用可以有效弥补问卷调查法的不足，能够给被调查者更为自由的表述空间，从而获得某些真实的情景案例以辅助对于调查数据的分析。访谈的开展必须要依据一定的访谈提纲，否则访谈的过程便会漫无目的，进而失去方向。访谈的对象也不能像问卷调查一般，仅仅将视角锁定在知识学习的主体——学生身上，那些与学生知识学习活动息息相关的主体——如教师也应该成为访谈的对象。因此为了确保访谈的科学性，本次研究所进行的访谈主要可分为对教师的访谈与对学生的访谈两个部分。相应的，本次研究便设计了针对学生和教师的两份不同的访谈提纲。虽然两份访谈提纲中的问题有所不同，但都是围绕着知识学习的目标、知识学习的内容、知识学习的方式及知识学习的效果四个基本维度进行设计的，并有意在其中涉及了有关体验性知识学习的相关问题，访谈提纲的具体内容参见附录二、附录三。

在访谈正式开始前，笔者就访谈提纲的问题设计等问题与多位老师和研究生进行了讨论，在吸收每个人意见的基础上对访谈提纲进行了调整，以确保访谈进行的可行性与有效性。本次访谈共选取了 40 名师生作为对象，其中小学教师 11 名，初中教师 9 名，小学阶段学生 10 名，初中阶段学生 10 名，笔者对每次访谈的过程进行了录音并将在后面的分析与论证的过程中以文字的形式加以展现。

二、学生知识学习的现状分析

本次问卷调查与访谈研究共从知识学习的目标、知识学习的内容、知识学习的方式以及知识学习的效果四个方面对当前基础教育阶段学生的知识学习情况进行了系统的调查。介于本次问卷调查的编制中使用的是里克特5级正向计分法，为了更为直观地展现学生知识学习各方面的情况，在进行数据统计与分析时，将选择"完全不符合"记为1分，将选择"基本不符合"记为2分，将选择"中立"记为3分，将选择"基本符合"记为4分，将选择"完全符合"记为5分，在对调查结果的数据分析中我们规定3.0分为得分理论上的中等强度观测值。将回收问卷的数据加以整理编码后，输入SPSS 23.0统计软件中进行分析，并对结果进行统计与整理。下面将从各方面对本次调查研究中学生知识学习的情况进行呈现与分析。

（一）学生知识学习的各维度特征现状分析

1. 学生知识学习目标的基本特征描述

本次调查研究中关于知识学习目标方面的部分主要关注于学生对于知识学习活动的一些基本认识，以及有关知识学习主体定位的相关问题。问卷中涉及知识学习目标的共有6道题目。通过对学生知识学习情况调查问卷结果的分析，其具体情况见表5-4所示。

表5-4 学生知识学习目标的描述性统计

	个案数	最小值	最大值	总和	平均值	标准差
A1	572	3	5	2776	4.85	.364
A2	572	1	5	2311	4.04	.827
A3	572	1	5	2279	3.98	1.005
A4	572	2	5	2588	4.52	.678
A5	572	2	5	2484	4.34	.681
A6	572	1	5	2396	4.19	.879

在对学生知识学习目标的调查中，6道题目分别从两个不同的角度调查了学生对于知识学习目标的一些基本看法。其中A1-A4题主要是从学生对开展知识学习活动的基本认识、对知识学习的感兴趣程度以及对知识学习目标定位的理解三个方面进行调查的；而A5、A6两道题则是调查了学

生对于知识学习活动主体的基本认知。从各项题目的均值分布可以看出（如图 5-1 所示），其中 A1 和 A4 题得分较高，都在 4.5 分以上，尤其是 A1 题更是高达 4.85 分，这表明大多数基础教育阶段的学生还是十分肯定知识学习在其成长中所发挥的重要作用的。此外多数学生也认为掌握并实现对于知识的记忆是进行知识学习的核心目标所在，这也从某种侧面上反映出当前基础教育阶段学生的知识学习主要是以知识的记忆为导向的。

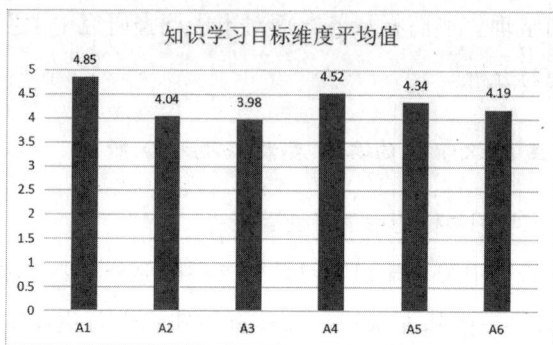

图 5-1　学生知识学习目标均值分布图

　　在访谈过程中，不少师生都结合自身对知识学习目标的理解表述了真实的想法，笔者在此摘录了具有代表性的访谈内容：

　　教师 A：学生知识学习的主要目的在于真正让学生学到知识、学会思考，进而获得更好的成绩。因此知识学习的目标更多表现为一种学业上的目的。

　　教师 B：学生的知识学习必然需要一定的目标作为指导，否则以小学生的认知能力，知识学习活动将变得天马行空、漫无目的。因此作为教师的我们必须要对学生的知识学习目标实现进行充分的准备，而准备的标准通常就是书本上对学生知识学习提出的要求。

　　教师 C：我教了很多年书，深切地感受到要想让学生热爱学习，必须要学会对学生的知识学习目标进行调整与变通，要学会在教学中添加一些易于被学生所接受的元素。但这种对知识学习目标的调整是有限的，它绝不能以牺牲教材上规定的基本知识学习目标为代价。

　　教师 D：学生虽然理论上是知识学习活动的主体，但基础教育阶段的学生往往还不具备独立完成知识学习任务的能力，因此需要教师的帮助和引导。从这个角度讲教师也是学生知识学习活动的不可忽视的主体之一。

　　结合访谈内容与问卷数据分析我们发现，当前基础教育阶段学生还是比较认同知识学习在其发展过程中所具有的独特价值的，并且大多数学生能够对知识学习活动的开展有一个基本的目标定位。虽然此种定位可能具有某种局限性，其更多聚焦于对知识本身的理解和掌握，而忽视了知识学习所带来的其他方面的价值。此外，多数学生认为自己应该是开展知识学习活动的主体，认为知识学习活动的开展应该能够满足自身实际发展的需要。此种观点对于学生知识学习活动的开展大有裨益，是真正发挥知识学习作用的重要前提。

　　2. 学生知识学习内容的基本特征描述

　　关于知识学习内容方面的调查具体表现在知识学习内容的来源、对于知识学习内容的选择权以及知识学习内容所具有的开放性几方面。问卷中以 5 道题目对这一维度进行了调查。

表 5-5　学生知识学习内容的描述性统计

	个案数	最小值	最大值	总和	平均值	标准差
B1	572	4	5	2715	4.75	.435
B2	572	1	5	2319	4.05	.981
B3	572	1	5	1346	2.35	1.000
B4	572	1	5	1992	3.48	1.156
B5	572	2	5	2487	4.35	.685

　　关于"知识学习内容"维度的调查结果（如表 5-5、图 5-2）显示，B1 题目平均分高达 4.75 分，说明多数学生都认为书本是自己开展知识学

习内容的主要来源。B3 和 B4 题目平均得分较低，尤其是 B3 题目平均分为 2.35 分，甚至低于我们事先规定的中等强度观测值 3.0 分。这表明大部分学生都认为自己不能够对所要学习的知识内容进行自由选择，同时在知识学习过程中往往并不会涉及某些意料之外的知识内容。这也从层面说明，当前学生进行知识学习的内容是相对稳定的，通常是被事先设计好的书本知识。这些知识内容虽然能够随着学习过程的推进不断地进行更新与补充，但作为知识学习主体的学生却难以对知识学习内容的调整做出选择，通常只能以某种接受的态度来面对知识学习的内容。

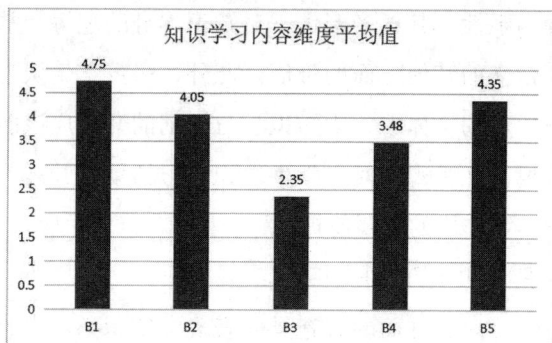

图 5-2　学生知识学习内容均值分布图

在访谈过程中，教师和学生也就知识学习的内容提出了自己的看法，下面是具有代表性的访谈内容：

教师 A：在我看来，学生进行知识学习内容的来源毫无疑问应该是书本，因为书本知识都是被设计好的，是最适合学生进行学习的知识内容。

教师 B：从理论上讲，学生应该是有权利选择知识学习的内容，但这种选择也仅仅是在已经规定好的范围内进行选择，不能越界。

教师 C：我认为保持知识学习内容的开放性，对于知识学习的内容进行适当的编排与筛选都是十分必要的，这能够保证为学生提供最适合的知识学习内容，使得知识学习活动的开展取得理想的效果。

学生 A：当前书本上提供的知识学习内容基本上能够满足我的实际

学习需要，但我通常并没有权利来选择自己想要学习什么内容的知识。

学生 B：我很少会尝试去改变知识学习内容本身，通常的做法是尝试去适应它、接受它。我并不认为当前知识学习的内容是开放式的，相反却是某些固定好的东西。

通过问卷调查和访谈的结果不难发现，当前基础教育阶段学生进行知识学习的内容通常来源于书本，是一些被预先筛选过的知识内容，知识学习内容的开放性以及学生对知识学习的选择权都不高。之所以强调对于知识学习内容的预设是因为，基础教育阶段的学生认知能力是十分有限的，如果不对其所要学习的知识内容进行一定的规定，那么学生学习到的知识内容便可以是随心所欲的，甚至会包含某些不适合学生进行学习的内容。从某种程度上讲，这正是当前基础教育阶段知识学习内容方面所具有的显著特征，它十分类似于前文讲到的理性化知识学习过程对于知识学习内容的理解与定位。

3.学生知识学习方式的基本特征描述

关于学生知识学习方式的维度主要包含知识学习过程的规律性、知识学习方式的选择以及知识学习媒介三个方面，并通过 6 道问卷题目获取相关信息。通过对调查问卷数据的分析，其具体情况见表5-6及图5-3所示。

表 5-6　学生知识学习方式的描述性统计

	个案数	最小值	最大值	总和	平均值	标准差
C1	572	1	5	2533	4.43	.667
C2	572	1	5	1917	3.35	1.263
C3	572	1	5	1355	2.37	1.171
C4	572	1	5	1558	2.72	1.219
C5	572	2	5	2709	4.73	.484
C6	572	1	5	2043	3.57	1.188

通过对学生知识学习方式的调查维度结果的分析不难发现，该维度的得分是各维度中最低的，证明学生认为本维度中设计的题目大多是不符合自身知识学习的实际情况。维度中的C2、C3、C4、C6题目得分都偏低，其中的C3、C4两题的得分更是低于本次调查研究的中等强度观测值3.0分，这表明学生在开展知识学习过程中往往不太会联想生活中的一些实际的案例，知识学习所采用的方法也是较为单一的，一般不会在某种特定的情境中进行知识学习活动，更不善于在知识学习过程中融入个人的情感。由此可见，当前基础教育阶段学生知识学习的方式还是比较固化的。本维度中得分最高的是C5题，分数高达4.73分，这表明大多数学生都肯定了教师在自身知识学习过程中所扮演的重要角色。

知识学习方式维度平均值

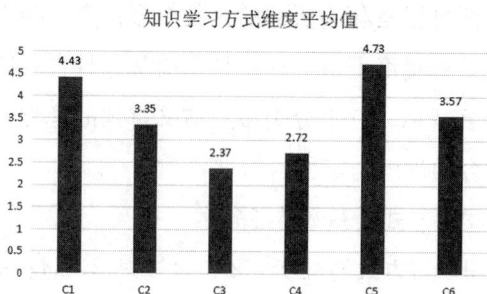

图5-3 学生知识学习方式均值分布图

在访谈过程中，不少师生也就知识学习的过程方面进行了阐述。从与师生的交流中可以明显感受到，他们对知识学习的过程方面是最有话说的，在访谈中表达了很多自己的看法并提出了自己的期望。以下选取的是具有代表性的访谈内容：

教师A：学生对于知识的学习显然是有规律可循的，要想让学生有效地实现对于知识的学习，教师们必须要对知识学习的过程和方法方面给予指导。只有让他们明白应该先学什么再学什么、如何学这个如何学那个，学生的知识学习才是有效地，也才能够达到预期的效果。

教师 B：学生带有情感的开展知识学习应该是一种理想的状态，它虽然有很多好处，但在实际的知识学习过程中，我们往往不会鼓励学生对知识学习的对象投入过多的情感，这是因为情感的投入会使得知识学习导向不同的方向和结果，而过多的情感投入必然会影响知识学习的效率。

教师 C：学生知识学习活动的开展不一定非要在特定的情境下来完成，不可否认创设一定的情境能够使学生更加容易理解知识学习的内容，比如我是教语文的，当给学生讲授一些难懂的古诗时在课上会花个3-5分钟营造一个古诗所处的情境，将学生们引入这个情境中再进行讲授效果会好很多。但并非是对所有知识的学习都要在特定的情境下来完成，这种做法是极其浪费时间的，也是没有必要的。

教师 D：到今年为止我已经从教整整 10 年了，我最大的感受就是，教师在学生的知识学习过程中发挥着重要的引导作用，此种引导作用是必不可少的，同样也是任何人都无法替代的。它能够确保学生的知识学习活动更加顺利地进行，并能保障知识学习方向上的正确性。

学生 A：我最常用的学习知识的方法就是将它背下来，这既能够准确地掌握它，也能够满足各种考试的需要。

学生 B：我很少会对学习的知识投入情感，因为我并不喜欢它，学习它更多时候是为了完成老师的要求和应付考试。

学生 C：老师的作用就是教会我们如何去学习知识，但教授的方式往往比较单一，我希望老师在讲授知识的过程中能够采用多种方式，这样我们学习知识会更有兴趣。

由此可见，多数师生都认为知识学习存在某种固定的方式，并应该按照此种方式来进行。这从侧面反映出，当前学生知识学习所采用的方法以及所借助的媒介都是较为单一的。方法上是死记硬背，媒介方面主要是依靠教师和书本，而其他方法和媒介都没被学生所感受到，这也反映出当前基础教育阶段的知识学习更多还是一种应试性的知识学习，学生对于知识学习方式方面的选择度是很小的。

4.学生知识学习效果的基本特征描述

本次调查问卷涉及的最后一个维度是有关学生知识学习的效果方面。该维度的问卷设计主要是从学生对知识信息的储备情况、对技能技巧的掌握情况以及对情感态度价值观方面的变化情况三个方面做出的，共涉及 5 道题目，其调查结果如表 5-7 所示。

表 5-7　学生知识学习效果的描述性统计

	个案数	最小值	最大值	总和	平均值	标准差
D1	572	2	5	2645	4.62	.589
D2	572	2	5	2674	4.67	.515
D3	572	1	5	1852	3.24	1.211
D4	572	1	5	1214	2.12	1.168
D5	572	1	5	1985	3.47	1.320

在对学生知识学习效果的调查中，D1 是为了解学生知识学习效果的评价是否需要标准，D2、D3 以及 D4、D5 则是分别从三个方面对学生的知识学习效果进行调查。从调查数据中不难发现，D1、D2 两道题目的得分较高，这说明多数学生都认为对于知识学习效果的评价存在某种统一化的标准，而对于知识的掌握程度则是评价知识学习效果最为客观的指标。D3、D4、D5 三道题目得分相对较低，尤其 D4 题目的分为 2.12 分，不仅低于调查研究的中等强度观测值 3.0 分，也是本次调查问卷得分最低的题目。这说明多数学生都认为通过知识学习并没有为他们带来技能技巧、情感态度以及价值观方面的发展，尤其是一些生活中实用的技能技巧，更是无法通过知识学习的方式加以获得。

知识学习效果维度平均值

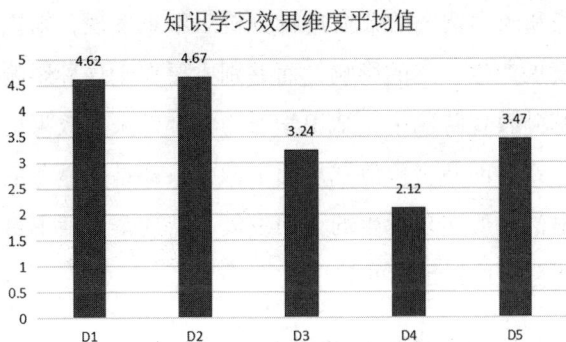

图 5-4　学生知识学习效果均值分布图

访谈过程中，不少师生也就知识学习所带来的效果方面表达了自己的看法，以下是具有代表性的访谈内容：

教师 A：在我看来，评价学生知识学习效果最为直观的标准就是学生的学习成绩，学习成绩越好，证明学生知识学习的效果越高；学生成绩进步得越快，证明学生学习知识越努力。

教师 B：我认为学生通过知识学习而产生的效果应该是多方面，既包括认知方面的，即掌握了很多新知识；也包括情感态度价值观方面的，比如通过知识学习更加热爱自己的祖国等。

教师 C：如果让我评价学生的知识学习情况，我首先关注的肯定是学生的学习成绩，也可以说是学生的知识掌握程度，至于学生其他方面的发展我也会给予一定的关注，但往往不会当作重点。

学生 A：通过知识学习能够让我知道许多之前不知道的知识，更加开阔了我的眼界，这便是知识学习为我带来最主要的效果。

学生 B：通过课堂中的知识学习，我并没有感受到自己的动手操作能力获得了发展，相反我发现很多书本上的知识在实际的生活中都是不适用的。

学生 C：对于某些知识内容我也有过情感上的共鸣，比如在学习语文课文《背影》时便被父爱的伟大所感动，所以有些知识的学习还是会对我的情感发展产生影响的。

　　结合访谈和问卷调查的数据进行分析后不难发现，知识学习显然是会对学生的发展产生一定的影响，而差别主要在于这种影响所涵盖的方面。在当前基础教育阶段中，知识学习为学生带来的效果更多是认识层面上的，而实践层面乃至价值观层面上的效果却是不显著的。知识学习的最终目的显然是要实现学生的全面发展，从这个角度上讲，当前的知识学习活动还远未达到预期的效果。

（二）学生知识学习情况的差异性分析

　　在对学生知识学习各维度情况进行分析的基础下，下面将从性别、学段以及年级三个方面对学生的知识学习情况进行差异性分析。本次差异性分析属于单因素方差分析的范畴，在进行分析前必须要对各维度的变量进行方差齐性检验，结果如下表5-8、5-9、5-10所示。

表 5-8　性别变量的方差齐性检验结果

	莱文统计	自由度 1	自由度 2	显著性
知识学习目标	1.655	1	570	.199
知识学习内容	.005	1	570	.946
知识学习方式	1.080	1	570	.299
知识学习效果	.009	1	570	.924

表 5-9　学段变量的方差齐性检验结果

	莱文统计	自由度 1	自由度 2	显著性
知识学习目标	1.850	1	570	.174
知识学习内容	.017	1	570	.896
知识学习方式	5.893	1	570	.016
知识学习效果	3.083	1	570	.080

表 5-10　年级变量的方差齐性检验结果

	莱文统计	自由度 1	自由度 2	显著性
知识学习目标	2.927	8	563	.024
知识学习内容	3.650	8	563	.006
知识学习方式	1.653	8	563	.107
知识学习效果	1.623	8	563	.115

从上述表格中可以看出，三大变量在各维度的显著性均高于 0.05，这表明各维度的方差在 0.05 水平上没有显著性的差异，即方差齐性。即是说，学生知识学习情况的五个维度均能够在性别、学段、年级三个变量下满足方差齐性，如此我们便可以对其进行具体的方差分析，探究学生知识学习在各维度上所具有的差异性。

1. 不同性别学生知识学习情况的特征比较

不同性别的学生在知识学习各维度上是否存在差异的情况，可见表 5-11。

表 5-11　不同性别学生知识学习情况差异分析

	男		女		F	显著性
	平均值	标准差	平均值	标准差		
知识学习目标	4.3543	.29165	4.2936	.31728	5.634★	.018
知识学习内容	3.8133	.38922	3.7821	.39204	.910	.341
知识学习方式	3.5556	.44620	3.5066	.42546	1.801	.180
知识学习效果	3.6770	.38767	3.5801	.38837	8.910★	.003

注：★表示 $0.01 < P < 0.05$；★★表示 $P < 0.01$。

从上表中可以发现，不同性别的学生知识学习的情况是存在一定差异的，从整体上看，男生的得分要普遍高于女生，但具体的分差不大。具体到各维度中，知识学习目标和知识学习效果方面受性别因素影响较为显著，而在知识学习内容和知识学习方式方面，性别差异并不显著。这说明，性别因素还是会在一定程度上影响学生对于知识学习活动的认识的，尤其是那些关于知识学习目标定位以及知识学习所产生的效果方面，男生与女生之间的差异会更为显著。但从整体上讲，性别差异在学生知识学习中的影响作用不是特别显著，产生的差异性也在可以接受的范围之内。

2. 不同学段学生知识学习情况的特征比较

不同学段的学生在知识学习各维度上是否存在差异的情况，可见表5-12。

表5-12 不同学段学生知识学习情况差异分析

维度	变量	样本数	平均值	标准差	F值	显著性
知识学习目标	小学	284	4.3369	.29884	1.278	.259
	初中	288	4.3079	.31409		
知识学习内容	小学	284	3.9014	.38062	43.398★★	.000
	初中	288	3.6938	.37327		
知识学习方式	小学	284	3.7570	.35202	209.680★★	.000
	初中	288	3.3056	.39229		
知识学习效果	小学	284	3.6528	.39844	2.696	.101
	初中	288	3.5993	.38090		

注：★表示 $0.01<P<0.05$ ；★★表示 $P<0.01$ 。

通过对表中的数据进行分析可见，年级因素对学生知识学习情况的影响要比性别因素更为显著。尤其表现在对知识学习内容和知识学习方式方面的认识，其F值已经高达43.398和209.680，此时的P值已经达到<0.01的程度，这说明这两方面的内容在学生的年级上存在着极其显

著的差异。换言之，这表明当前小学生和初中生在知识学习的内容和方法上都存在着显著的差异。

3.不同年级学生知识学习情况的特征比较

不同年级的学生在知识学习各维度上是否存在差异的情况，可见表5-13。

表5-13　不同年级学生知识学习情况差异分析

维度	变量	样本数	平均值	标准差	F 值	显著性
知识学习目标	小一	48	4.1250	.29874	7.138**	.000
	小二	47	4.2163	.29058		
	小三	49	4.3878	.33052		
	小四	45	4.4222	.29215		
	小五	48	4.4062	.22256		
	小六	47	4.4681	.18270		
	初一	97	4.2749	.32988		
	初二	95	4.3667	.31000		
	初三	96	4.2830	.29629		
知识学习内容	小一	48	4.0958	.33260	15.697**	.000
	小二	47	4.0383	.35786		
	小三	49	3.9429	.23805		
	小四	45	3.7511	.30498		
	小五	48	3.9750	.34177		
	小六	47	3.5915	.44322		
	初一	97	3.7794	.32208		
	初二	95	3.6716	.37690		
	初三	96	3.6292	.40417		
知识学习方式	小一	48	3.6875	.31062	27.388**	.000
	小二	47	3.7695	.38315		
	小三	49	3.7415	.36809		
	小四	45	3.7889	.28955		
	小五	48	3.6944	.34438		
	小六	47	3.8652	.38953		
	初一	97	3.3076	.38062		
	初二	95	3.2737	.39118		
	初三	96	3.3351	.40645		

维度	变量	样本数	平均值	标准差	F 值	显著性
知识学习效果	小一	48	3.7417	.41248	3.765★★	.000
	小二	47	3.6213	.35444		
	小三	49	3.6612	.43628		
	小四	45	3.6667	.39080		
	小五	48	3.6292	.38919		
	小六	47	3.5957	.40538		
	初一	97	3.4474	.42009		
	初二	95	3.6674	.31638		
	初三	96	3.6854	.35392		

注：★表示 $0.01 < P < 0.05$ ；★★表示 $P < 0.01$ 。

　　由此可见，不同年级的学生在知识学习各个方面都表现出比较显著的差异性，其中有关知识学习方式和知识学习内容的维度差异性最为显著，这表明年级这一因素对学生的知识学习情况具有极其重要的影响。如果用折线图的方式能够更加直观地感受到年级因素对学生知识学习各维度的影响（具体情况见下图 5-5、5-6、5-7、5-8）。可以很容易看出，年级因素在知识学习各维度上都有显著性的变化。

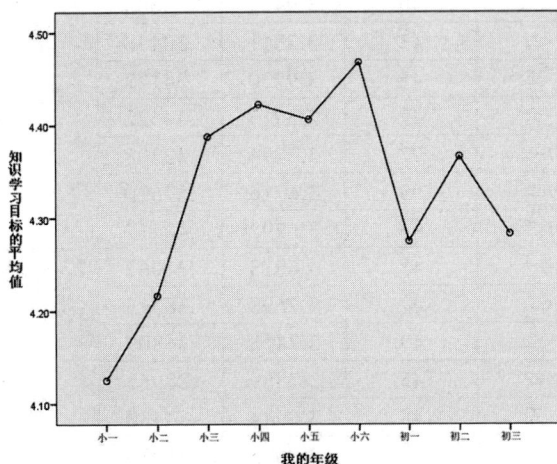

图 5-5　基于年级的知识学习目标平均值分布图

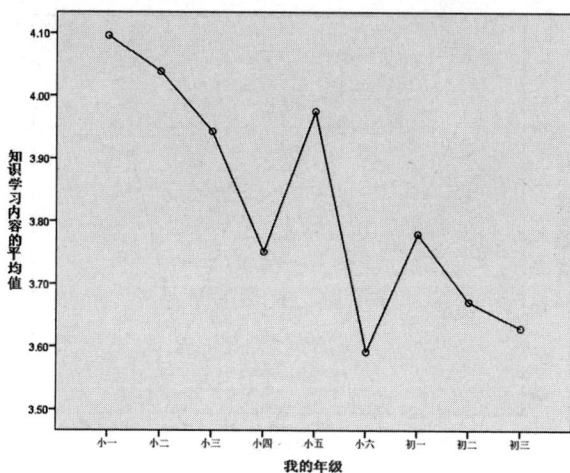

图 5-6　基于年级的知识学习内容平均值分布图

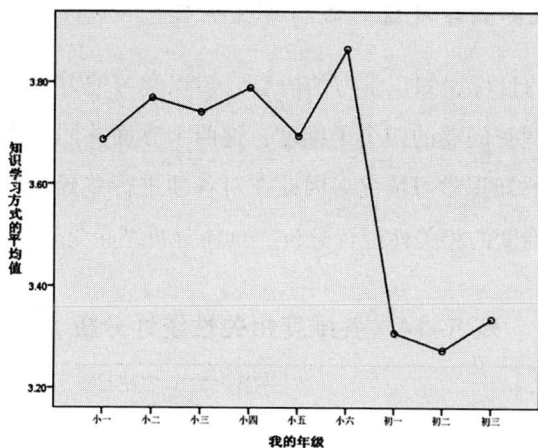

图 5-7　基于年级的知识学习方式平均值分布图

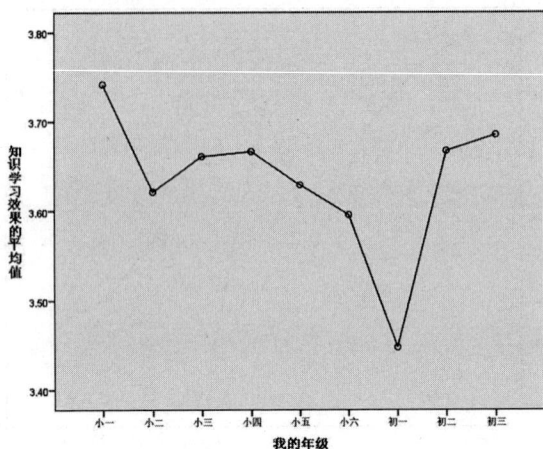

图 5-8　基于年级的知识学习效果平均值分布图

（三）学生知识学习情况的相关性分析

知识学习的目标、知识学习的内容、知识学习的方式以及知识学习的效果是本次调查问卷的四个子维度，这四个方面共同构成了当前基础教育阶段学生的知识学习情况。因此在对各项进行差异分析的基础上还有必要对四大维度的相关性进行分析，具体分析结果见表 5-14。

表 5-14　各维度相关性统计分析

		知识学习目标	知识学习内容	知识学习方式	知识学习效果
知识学习目标	皮尔逊相关性	1	−.058	.055	.024
	显著性（双尾）		.164	.190	.569
	个案数	572	572	572	572
知识学习内容	皮尔逊相关性	−.058	1	.087★	.092★
	显著性（双尾）	.164		.037	.027
	个案数	572	572	572	572
知识学习方式	皮尔逊相关性	.055	.087★	1	−.015
	显著性（双尾）	.190	.037		.717
	个案数	572	572	572	572

续表

		知识学习目标	知识学习内容	知识学习方式	知识学习效果
知识学习效果	皮尔逊相关性	.024	.092★	−.015	1
	显著性（双尾）	.569	.027	.717	
	个案数	572	572	572	572

注：★表示在 0.05 级别的（双尾）上，相关性显著。

从上表中可知，四大维度中知识学习内容维度、知识学习方式维度和知识学习效果维度三者呈现出显著的相关性，这表明学生对知识学习的看法往往会同时渗透于知识学习的内容、方式及其效果多个维度。换言之，学生的知识学习活动可以看作是一个有机联系的整体系统，其间的大部分内容都是相互影响、相互制约的。因此，当我们想要改进学生的知识学习时，也必须要学会从多角度出发，从内容、形式、效果等多个层面来进行思考，如此对于学生知识学习的改革才会是有效的。

三、研究发现

（一）当前学生的知识学习更多倾向于理性化的知识学习

笔者在前文曾区分了两种相互对立的知识学习形式——理性化知识学习与体验性知识学习，通过对本次研究调查数据的分析及访谈的结果研究后发现，当前基础教育阶段学生的知识学习活动更加倾向于理性化的知识学习，在知识学习的诸多方面都呈现出理性化知识学习的特征。比如在问卷中谈及"记住知识并掌握知识本身是开展知识学习活动的重心所在，应放在首要位置"这一问题时，有 60.1%（344 名）的学生表示此种提法完全符合实际，有 35%（200 名）的学生认为此种说法是基本符合实际情况的，两者共占总人数的 95.1%，这表明在大多数学生的眼中知识学习的关键就在于记住并掌握知识本身。当问及"知识学习的过程是否遵循着某种固定的流程"时，有287名学生选择了完全符合，占总人数的50.2%，有256名学生选择了基本符合，占总人数的44.8%，可见绝大多数参与调查的学生都选择了这两个选项，这说明当前基础教育阶段的学生普遍认为知识学习是存在某种固定的规律和流程的。除此之外，当问到"对于知识学习效果的评价是否存在某种统一化的标准"时，有66.8%（382名）的学生认为这是完全符合实际情况的，而还有30.1%（172名）学生表示是基本符合实际情况的。通过对上述问卷中问题调查结果分析不难发现，在当前大部分处于基础教育阶段的学生眼中，知识学习是一种以知识掌握为目的、按照规定流程进行并能够进行客观评价的理性化过程。正如多位学生在访谈过程中所提到的：

　　学生A：进行知识学习的目的就是准确掌握某些我之前不知道的知识。

　　学生B：知识学习就是按照老师的要求学习知识，老师让我们学什么，我们就学什么；老师让我们怎么学，我们就怎么学。

　　学生C：在学校中进行的各种考试便是检测知识学习水平的重要方式。

　　由此可见，时下基础教育阶段的知识学习更多属于一种理性化的知识学习。这种理性化的知识学习具体表现在知识学习活动的方方面面，不仅包括知识学习追求的是一种理性化的知识，也包括知识学习内容、形式以及评价方面的理性化。正如调查中各维度之间所呈现出的密切相关性一般，理性化知识学习的内容往往需要采用理性化的方式进行学习、进行评价与检验；相应的，采用理性化的方式来开展知识学习活动也更有助于学生掌握某些理性化的知识。因此无论是从整体上看还是从知识学习的内部各环节来讲，当前基础教育阶段的知识学习活动都呈现出明显的理性化特征。

（二）体验在学生的知识学习过程中是缺位的

本次调查研究虽然调查的是基础教育阶段学生的知识学习情况，但其中一项重要的任务便是，要考察当前学生对于体验性知识学习的了解情况以及当前基础教育阶段的学生知识学习有没有达到体验性知识学习的水平，这也正是本论文开展实证调查想要把握的一种重要问题。然而在与多位师生进行访谈后发现，当前基础教育阶段的不少学生对于体验性知识学习基本上是毫无概念的，多数学生甚至根本不知道什么样的知识学习才算得上是体验性知识学习，因此笔者在设计调查问卷内容的过程中并没有将有关体验性知识学习的内容加入其中。对于当前基础教育中学生体验性知识学习的了解主要是通过与师生进行深度访谈的形式来实现的。由于本论文想要研究的是体验性知识学习的问题，因此在访谈中笔者特意询问了师生对于体验性知识学习的理解，结果发现，当前基础教育阶段学生的知识学习远未达到一种体验性知识学习的水平，甚至体验本身往往在知识学习过程中也是缺位的，并没有得到应有的关注和重视。

在访谈中，当问及师生对于体验性知识学习的了解以及对体验在学生知识学习过程中作用是如何看待时，不少师生都表示没有从体验的角度来思考知识学习的问题，仅有少数师生表达了自己对于体验性知识学习的理解和看法。以下节选的是具有代表性的访谈内容。

教师 A：体验性知识学习的提法我曾经在教研活动中了解过，就是鼓励学生通过自我体验的方式来实现对于知识内容的学习。这种方式虽然很理想，但却是难以落实的。以我现在带的班为例，如果我让班级中的 42 名学生都采用自我体验的方式来学习某种知识，那学习的结果可想而知一定是非常糟糕的，因为我无法掌控每位同学的体验过程，我不知道他们到底体验到了什么、用何种方式进行体验的、甚至是到底有没有进行体验，这些都是未知数。

　　教师 B：让学生通过体验来学习知识是一种很好的想法，它能够在一定程度上实现学生的自我学习，但在实际的课堂教学中却是无法使用的。这是因为如果我们采用体验性知识学习的方式，就相当于将知识学习完全交给了学生自己去完成，学生通过体验学到了什么？学会了多少？这些都无法把握，这样的知识学习一定会导致参差不齐的知识学习效果。

　　教师 C：如果让学生进行体验性的知识学习，或许能够使他们找到自己真正感兴趣的科目和方向，但这种做法是需要消耗大量的时间，绝不是进行几次简单的体验就能够完成的。因此，体验性知识学习并不适合当前应试教育的实际需要。打个比方，我们班的学生这学期结束便要进行文理分科，为了能够选到自己感兴趣的科目，学生们必须要在相应的科目上取得好成绩，以获得科目的原则权。而体验性知识学习却无法保证学生在感兴趣的科目上获得较高的成绩。

　　学生 A：我有过通过亲身体验而获取某种知识的经历，我觉得这样获得的知识比死记硬背更不容易忘记，是一种很好的知识学习方式。但当前学校中的知识学习却不是这个样子的，对于书本上知识的学习是不需要我们去体验的。

　　学生 B：我很希望今后的知识学习都采用体验的方式，因为这样学习到的知识很有意思，是我自己真正喜欢的，而不是那些被规定好的内容。

　　由此可见，当前基础教育阶段中，体验在学生的知识学习中往往是缺位的。这种体验的缺位现象表现在学生知识学习活动的各个方面，通过对学生课堂行为的观察和与其进行深度的访谈后，笔者认为可以将此种体验缺位的现象具体表现在以下三个方面。首先从知识学习的目的上讲，知识学习不是要学生获得对于知识对象的真实体验，而是通过知识学习活动掌握某些客观存在的、放之四海而皆准的知识。这些知识是建立在前人已有体验和经验基础之上的，而不是建立在学生自身体验基础上的。其次从知识学习的过程上讲，当前知识学习的内容都是经过充分选择和预设过的，学生只要按照一定的理性化逻辑便能够实现对于知识学习内容的掌握，完全不需要采用体验的方式来实现对于知识的学习。学生体验的参与被认为是完全没有必要的，它不仅会极大地降低知识学习的效率，更容易使学生对知识学习的内容产生偏差性的理解，进而影响知识学习的正确性。再次从知识学习的评价上讲，当前对于学生知识学习效果的考察更多是一种应试性的评价，即学生通过知识学习能够更加准确地记住知识，进而在考试中取得更好的成绩，此种知识学习便是有效的。此种评价忽视了学生知识学习活动过程中的因素，学生通过体验来学习知识的价值被完全抹杀掉了。可见，在此种体验缺位的知识学习中是无法真正落实本文所倡导的体验性知识学习的。

（三）体验性知识学习与学生的学段、年级呈负相关

通过对问卷数据进行差异性分析后可知，基础教育阶段学生的知识学习在学段和年级上存在着一些显著的差异，尤其在知识学习的内容和过程方面表现得更为明显。通过对数据进一步地分析后发现，这种差异性还存在着某种规律，即低年级的学生往往比高年级学生在知识学习方面表现得更加灵活，随着学段和年级的增长学生的知识学习活动越发走向规律性、有序性，越来越倾向于理性化的知识学习。换言之，本文所倡导的体验性知识学习与学生的学段、年级呈负相关。结合调查问卷中的一些数据便能够很清楚地看出知识学习在学生学段和年级上所表现出的此种规律。如问卷中问及学生对知识学习是否具有浓厚的兴趣时，小学一年级学生的平均得分为 4.77 分，而小学六年级的学生平均得分则下降为 4.11 分；在初中阶段，初一的学生此道题目的平均得分为 3.79 分，而到了初三学生那里平均得分已经下滑到 3.44 分。可见，学生对知识学习的兴趣随着学段和年级的上升再不断地降低，在对学生的访谈中也能深切地感受到这一点：

小学生 A：通过知识学习我能掌握好多新知识，这些知识有些是我完全不知道的，有些则是可以用来解释生活中的一些现象的，每当弄懂一个新知识我都会有感到很开心。

小学生 B：你所讲的体验性知识学习好有意思，如果有机会真想尝试一下，因为我觉得这样做会使得我的知识学习取得更为理想的效果。

初中生 A：知识学习的对象都是书本上的知识，它很多都是十分枯燥的，我不感兴趣，但为了中考我又不得不学。

初中生 B：说实话我已经对知识学习有些厌倦了，即便是通过体验的方式开展知识学习其最终目的仍旧是实现对于知识内容的掌握，可能仍旧无法改变我们记忆知识的现状。

通过对比不同学段学生的访谈发言我们不难发现其中的差异之处，刚入小学的学生往往对知识学习充满了兴趣，他们拥有着浓厚的求知欲，非常希望自己有更多的机会开展知识学习活动，此时他更有可能实现所谓的体验性知识学习；而那些已经初二、初三的学生随着年级的升高，往往已经对知识学习活动感到厌倦甚至有些反感，他们开展知识学习的方式的灵活性逐渐降低，往往是在被考试和升学的压催促着进行知识学习，此时倡导体验性知识学习的可能性便更低了。

再如问卷中关于"在知识学习过程中往往会学到或涉及某些预期之外的知识内容"的问题，小学一年级学生的平均得分为 4.65 分，而小学六年级学生的评价得分则为 3.21 分，两者之间差距显著。这说明随着年级的不断增长，基础教育阶段的学生会逐渐丧失对那些预期之外的未知知识的感受能力。当学生处于低年级段时，他们往往会期待知识学习活动能够为他们带来某些书本之外的东西，渴望获得更多学习的可能性，而进入高年级段后，这种对预期之外内容的期待逐渐消失了，取而代之的则是对知识学习内容的厌烦与枯燥，此时的学生对知识学习活动本身的兴趣都在逐渐丧失，更不要说那些涉及知识学习活动预期之外的内容了。这也能够从某种角度上证明，年级因素在某些问题上会对学生的知识学习造成显著影响。年级越低学生在知识学习过程中越想去探求某些新的知识，而随着年级的增高此种追异求新的知识学习心态便逐渐消失了。

其实除了上述的两个比较具有典型性的例子外，问卷中还有很多题目的调查结果都可以说明低年级学生相较于高年级学生而言在知识学习方面更加灵活、更加具有创造性。笔者认为产生此种现象的原因有二：一是低年级段的学生本身认知能力有限，相较于接受过长时间学校教育的高年级学生而言更容易对学习的知识产生兴趣，因为知识学习的过程在他们眼中更多是一种从无到有的过程，此种习得的喜悦更容易使学生保持对知识学习的兴趣与热情，在此种情况下体验性知识学习便容易得到落实。而高年级段的学生知识学习目标定位往往较为明确，他们知道自己要学什么，如何去学，如此而进行的知识学习往往是科学性的，更容易得到预期的目标，但同时也就失去了去体验知识内容的机会。二是低年级学生面对的知识学习内容相对较少、难度较低，更容易被学生所理解和接受，通常是所有学生经过努力都能学会的知识，这不仅为学生以体验的方式去学习知识提供了可能，也为学生去学习其他知识提供了契机与可能性。加之低年级段的学生往往尚不具有升学的压力，不太具有对高分数的执着追求，更容易产生灵活性的知识学习行为。事实上，低年级学生所具有的此种灵活性的知识学习往往更有价值，它不仅能够让学生学到某些额外的知识，还能够培养学生独立进行知识学习的能力，培养学生对知识的探究精神，这对于学生日后的知识学习具有更为深远的意义和价值。

四、知识学习中体验缺位的归因分析

通过对中小学生知识学习情况调查的结果进行分析后不难发现，当前学生的知识学习更多的还是一种理性化的知识学习，体验在学生的知识学习活动中仍然处于缺位的状态。笔者认为造成学生知识学习中体验缺位现象的出现，既有制度方面的原因，也有教师方面的原因，还有体验性知识学习活动自身方面的原因。

（一）传统应试教育制度的根深蒂固

可以说我们国家一直没有停下对基础教育阶段教育进行改革的脚步，无论是前先年的素质教育改革，还是以"三维目标"为核心的新课程改革，或是当下十分流行的基于核心素养的教育教学改革都是对基础教育阶段教育改革的积极尝试。虽然我们不断对基础教育阶段的教育制度进行调整，但改革的效果却仍不理想，传统的应试教育制度仍旧处于主流地位。造成此种传统应试教育制度难以动摇的原因是多方面的，其中很重要的一点便是以中考、高考为代表的升学考试制度没有发生变化。只要此种以等级考试为核心的应试教育制度不改变，基础教育便很难发生实质性的变革。在此种应试导向的教育制度下，学生的知识学习活动往往不是根据自身的实际发展需要来进行，而是根据考试的要求来学习知识。应试教育的传统倡导的是在较短的时间内准确地掌握大量的知识，而倡导学生体验性的开展知识学习活动则会制约知识学习的效率，使其无法满足应试的需要。因此在应试教育制度下，学生最理想的知识学习方式应该是理性化知识学习，不仅学习的内容应当是理性化的知识，知识学习的过程也应当遵循一种理性化的程序。而体验性知识学习则被认为是无法满足实际教育需要的方式，并不被应试教育制度所提倡。

具体而言，在应试教育制度下体验性知识学习之所以不被提倡主要有以下两方面的原因。一方面，体验性知识学习的效率较低。以体验的方式来学习知识相较于某些理性化的知识学习方式来讲往往要花费更多的时间，学习并掌握知识的效率要比其他方式低很多。例如在语文教学中面对同样一首古诗，如果让学生采用理解记忆的方式来学习它可能需要几个小时，而如果要让学生以体验的方式来理解和学习这首古诗却可能要花费几天甚至更长的时间，而且此种体验的结果还未必是正确的。

可见以体验的方式来学习知识在当下争分夺秒的应试教育中是不适合的，迫于升学考试以及学业成绩考试的压力，学生的知识学习活动往往被赋予了过高的期待。当前的教育希望学生能够实现对于知识内容又快又好地掌握，如此便能够在考试中取得好的成绩。在同样的学习时间内容，学生通过理性化方式掌握的知识要比在体验中掌握知识的数量要多得多，同时掌握知识内容的水平也要高得多，如此便可能在考试中获得更高的分数。在应试教育制度下，一分的差距往往意味着学生可能超越或落后于成百上千人。为了能够使自己日后的发展处于更加有利的地位，显然需要尽可能高的分数。因此在进行知识学习时尽管知道可以通过体验的方式来实现，也不会去选择体验性知识学习的方式。

另一方面，体验性知识学习的效果不显著。这种不显著性并不是说体验性知识学习的效果不理想，而是说相较于其他知识学习的方式来讲，以体验的方式来实现知识学习其产生的效果往往不是在是短期内就能显现出来的，它更多具有的是一种长期性的价值，甚至是会对学生一生的发展都具有重要的影响。简言之，体验性知识学习效果的后劲很强，但前期所产生的效果往往并不明显，这不符合应试教育的实际需要。在传统的应试教育制度下，升学机制极大地催促着学生知识学习带来的显著效果，正如有学者所讲的，"为了能上一所所谓的重点初中，学生必须在小学阶段就充分发挥自己的潜能，无论初中是否还有后劲"，为了能够满足应试的需要，学生的知识学习活动不断追求着极致化的学习效果，都希望在最短的时间内尽可能准确地掌握更多的知识，因此它强调的是知识学习的即时性效果，这与体验性知识学习的效果是背道而驰的。

由此可见，以体验的方式来进行知识学习在某种程度上并不适用于当前应试化的教育体制，体验性知识学习的很多价值都不被应试教育所接纳和认可，通常被视作为是一种不理想的知识学习而不被倡导和采用。

（二）教师"唯知识"教学观念的滞后

除了教育制度方面的原因外，教师教学观念的滞后也是导致学生知识学习过程中体验缺失的一项重要原因。知识学习的主体虽然是学生自己，但当前基础教育阶段中学生的知识学习多半是有教师参与并组织的，教师在学生的知识学习活动中扮演着重要的角色，因此教师的教学观念也会在一定程度上影响学生的知识学习活动。通过与多位教师的深度访谈后发现，当前基础教育阶段教师的教学观念总体上讲是比较守旧的，大多遵循一种"以知识为中心"的教学观念，在此种教学观念的影响下，教师的教导行为多是以"知识"作为核心的，对于像体验性知识学习这类不太强调对知识内容本身掌握的新型教学观念，大多数教师都给予了质疑或否定的态度。笔者梳理了当前教师对体验性知识学习的两种基本看法，下面将分别进行阐述。

有一部分老师对体验性知识学习抱有完全反对并加以排斥的态度，他们不赞同学生以体验的方式去学习知识。在他们眼中，学生开展知识学习活动的目的就在于准确、科学地获取知识，而其他方面的内容都是不重要的。下面摘录与几位老师访谈的记录：

教师A：怎么能让学生采用体验的方式去学习知识呢？那学生还有什么必要进入学校来学习知识呢？为何不在家中自己学习呢？还要我们教师干什么呢？学生自己去体验不就行了。

教师B：在我看来，学习知识学习的目的就在于掌握某些先前不知道的知识，我教了这么多年书，从来都不鼓励学生自己去体验性的学习知识，因为依靠体验来学习知识不仅效果差还会浪费大量的时间。有体验的时间可以让学生多学不少知识呢！

由此可见，此类教师否认学生以体验的方式来学习知识，认为体验活动无法有效完成学生掌握知识的任务。之所以产生此种观点是因为他们将学生的知识学习过程"窄化"为学习知识本身，认为只要学生能够掌握知识本身便是实现了对于知识的学习，便是一种有效的知识学习过程。此种观点显然是片面的，它曲解了知识学习活动的本质，将知识学习的价值误读为仅仅去掌握知识本身。事实上，通过知识学习除了要让学生掌握一定的知识外，更重要的是要让学生通过参与知识学习的过程领悟知识学习的方法。从这个角度上讲，知识学习必须是由学生自己去完成的，其学习知识的过程越主动，采用的方法越多元，其收获就越丰富，知识学习的效果才越理想。

还有一部分老师对于体验性知识学习是有一定了解的，他们认同通过体验的方式是能够实现学生的知识学习的，但却表示在实际的教学中却并不会推崇或鼓励学生以体验的方式去学习知识。他们之所以不推崇体验性知识学习的原因有二，其一是以体验的方式学习到的知识内容是不稳定的、难于准确把握的。体验说到底还是一种学生的个人行为，它是由学生自己去完成的，再有水平的教师也不能代替学生去体验。此种个人行为的性质便使得即使面对相同的知识，不同的人也会形成差异性的体验。因此如果让学生以体验的方式去学习知识，那得到的结果也必然是多元化的，教师很难对以体验的方式学习到的知识内容进行规定和设计。其二是很难对通过体验而学习到的知识进行客观性的评价。学生通过体验而获得的知识是难以用对错或分数去评价与测量的，如果设计某种固定的评价标准去衡量它，那结果便是多数人的体验性知识学习都是不达标的。学生通过体验往往能够学习到很多计划之外的知识，这些知识对学生的日后发展是极有价值的，但每位学生具体能够额外体验到何种知识、体验到何种程度这些都是未知数，是无法进行客观评价的。基于上述两方面原因，即使教师认同体验性知识学习的价值也不会在实际的教学中加以运用。

体验性知识学习虽然是由学生亲自完成的，但在学校教育中体验性知识学习的实现往往是教师和学生双方共同合力的结果，仅有学生的努力是不够的，它更需要教师的配合。然而当前基础教育阶段教师的教学观念过于滞后，他们普遍遵循的还是老一套的教学理念，认为只要将知识以最容易被学生所理解和接受方式传递给学生，教学便实现了它的意义和价值，在此种教学观的指导下体验性知识学习是难有作为的。

（三）体验性知识学习方式本身的复杂性

除了受到传统教育制度和教师教学观念的束缚，体验性知识学习方式自身所具有的复杂性也是导致知识学习中体验缺位的重要因素。通过与多位学生进行访谈交流后发现，很多学生还是希望以体验的方式来学习知识的，因为他们认为通过体验的方式来学习知识更有意思，学习的知识也更容易被理解和接受。但同时笔者也发现由于体验性知识学习方式所具有的特殊性，往往使得其很难得到广泛地推广应用。因此为了能够改善知识学习中体验缺位的现象，我们必须要尝试对体验性知识学习方式自身所具有的复杂性进行解析。具体而言，笔者认为体验性知识学习方式所具有的复杂性主要表现在以下方面。

首先，体验性知识学习是一种富有融合性、内隐性、开放性的知识学习方式，很难为每位学生设定出完全准确地知识学习内容和路径。在体验性知识学习过程中，学生会基于自身已有的认知水平窄化体验到的知识内容，或对体验的知识内容进行随心所欲地延伸，使体验的知识对象偏离了本来的面目。比如学生碍于认识水平的限制不知道如何去体验某些不了解的知识，或学生对知识内容进行了过度性的体验进而获得了某些与知识内容毫无关联的内容。这些都导致通过体验而学习到的知识内容是不明晰的、不稳定的，进而也就无法把握体验性知识学习活动所取得效果。需要指出的是，虽然学生通过体验的方式学习到的知识可能是不明确的、混乱的、有些甚至是无规律可循的，但这并不意味着学生开展体验性知识学习本身是没有价值的。相反，此种不明确性恰恰说明体验性知识学习具有其他知识学习方式无法比拟的优越性。在体验性知识学习的过程中，由于每位学生都是一个独立的体验者，即使是体验同一种知识也往往会获得不同的体验结果。因此在体验性知识学习中，每位学生都能够获得属于自己的知识体验内容，虽然碍于认知水平的局限，体验到的知识内容可能是不明确的，但它依旧是由学生自己体验到的，是包含着学生自身思考与尝试的。因此学生体验到不明确的知识内容本身并不存在什么问题，相比于获得某些明确的知识学习内容，体验性知识学习更能够培养学生的思维能力和创新精神。但不可否认的是，由于体验性知识学习所具有的此种内隐性、开放性特征，必然会使增加体验性知识学习在实际实施过程中难度，这也是很多教师不鼓励学生进行体验性知识学习的一项重要原因。

其次，体验性知识学习导向的是一种开放性的结果，学生通过体验性知识学习所取得的学习效果是不稳定的，以量化为核心的教学评价体系难以满足体验性知识学习的需要。很显然，即使是体验某一相同的知识，不同的学生往往也会获得截然不同的体验，而学生所获得的此种多元化的体验显然是有价值的，但如果我们要对其体验的水平进行客观性的评估却是极为困难的。尤其是立足于当下以量化为核心的教学评价体验来讲，我们无法为学生体验性知识学习的效果打一个分数或为其划分一个档次，在同样的时间下有的学生体验得比较慢，其对知识内容所形成的体验便比较浅但却很深刻；而有的学生理解能力比较强，其很快便能够对知识内容形成较为全面的体验，但体验的水平可能仅仅停留在表层。显然我们无法用简单的量化方式对二者的知识学习效果进行评价。体验性知识学习需要的更多的是一种质性的评价方式，它是需要结合学生体验知识内容中表现出的方方面面而做出的，绝不能简单以掌握知识的数量来进行评价。由此可见，体验性知识学习方式对知识学习的评价方式提出更高的要求，而当前基础教育阶段传统的知识学习评价方式还远不能满足体验性知识学习的需要，从某种程度上讲，这也是造成体验在当前基础教育阶段知识学习中普遍缺位的一个重要原因。

第六章
体验性知识学习的教学实现

　　对于某种知识学习活动的探讨最终还是要回归到课堂教学的视野中，否则此种探讨便是无意义的。下文将回归课堂教学的视角，探讨体验性知识学习的教学实现问题。通过前文的讨论我们不难发现，体验性知识学习对于教师的"教"、课程的"设"以及学生的"学"都具有如此高的价值，那我们究竟应该如何做才能够助力体验性知识学习在教学中的实现呢？笔者认为，体验性知识学习的实现存在两种基本的路径，一种是让学生回归生活世界，使学生通过亲身实践的方式来获取知识、学习知识进而掌握知识。它类似于卢梭所倡导的自然教育（在自然中开展的教育）。此种教育虽然理想但实际操作起来是很困难的，尤其面对当前普及化教育的实际需要，我们很难让所有学生都回归生活世界以体验的方式来获取知识，如此做法无异于否定学校教育的作用，使教育回归到原始社会的水平，这是对发展学校教育的悖论。另一种方式则是引领学生进入一个书本所描绘的世界，使学生在虚构的世界中去经历去体验。相比之下，后者是较为理想也是较为可行的方式，尤其是在基础教育阶段，要想落实体验性知识学习还应是采用此种方式。然而，此种对体验世界的建构难度很大，对教师提出了极高的要求，通过对当前中小学学生体验性知识学习开展情况的调查后不难发现，很多老师都不理解什么是体验性知识学习，更不要说是为学生建构体验世界了。因此，体验性知识学习的实现还有很长的路要走，本文尝试从体验性知识学习实现的基本理念、路径策略以及基本条件三个方面对如何真正实现体验性知识学习提供了建议和参考，已期略尽绵薄之力。

一、准确把握体验性知识学习的基本理念

"理念"就其字面意义出发可以理解为个体以语言诠释某种现象时所归纳与总结的概念、观念、思想与法则的合集。理念根据不同的对象可以划分为各种类型，如人生理念、发展理念、企业理念等，其中教育理念指的便是人们对教育活动或现象所做出的理性认识，"它是教育主体在教学实践及教育思维活动中所形成和追求的教育应然性认识和主观要求，具有导向性、前瞻性以及规范性的特征"①。具体而言教育理念包含教师的教导理念和学生的学习理念两个方面。在第二章中，我们曾就体验性知识学习的含义及特征进行了系统的讨论，这里还要单独将体验性知识学习的基本理念单独列出来进行说明是为了，站在教学的立场上更好地理解体验性知识学习本身，同时也表达了对体验性知识学习的实践诉求，为体验性知识学习的实现与落实提供方向性的指导。一般而言，我们在讨论某种知识学习活动所遵循的理念时，通常会以一种较为系统性的方式加以实现，理念的总结应尽量涵盖知识学习的全方面。体验性知识学习与其他众多知识学习类似，都存在某些相似的理念，例如都强调学生自主性的学习等。本文不打算全面阐述体验性知识学习的理念，而是要择其要者而述之，重点关注那些体验性知识学习所特有的、同时也是区别于传统知识学习活动的特殊理念。通过与以往知识学习活动的对比考察，笔者认为体验性知识学习的基本理念主要表现在以下方面：首先体验性知识学习从本质上讲是一种间接性的知识学习；其次体验性

---

① 李进才. 高等教育教学评估词语释义 [M]. 武汉：武汉大学出版社，2006：84.

知识学习是以生活经验为中介的；再次体验性知识学习引导学生重走知识提出之路；最后体验性知识学习指向的是一种未知的、充满可能性的结果。

（一）体验性知识学习是一种间接性的知识学习

通常来讲，人们信奉的主要是一种是知识本位的知识学习观，认为所谓的知识学习即是对知识内容本身的学习，即直接学习知识内容本身。正如佐藤学所讲的，"在基于黑板、教科书、练习本和铅笔的传统学习中，无论是知识还是学习都是无媒介地加以把握的，大量的时间和精力倾注在知识习得上"[①]，这可谓对知识本位的知识学习观最为真实的写照。以知识为本位的知识学习的核心目标定位于对知识内容的记忆，它十分强调掌握知识所具有的重要价值，并要求学习者直接去面对知识本身，此时的知识学习也可以看作是某种意义上的信息学习。在体验性知识学习看来，学习知识本身并不是目的，通过知识学习的过程并不仅仅是要习得某种知识，而是从知识出发，以书本上的知识为起点，进而开展的间接学习过程。

根据学生学习知识的对象来讲，我们可以将知识学习划分为直接性知识学习和间接性知识学习两大类。其中直接性知识学习是指学生直接以知识内容为对象开展的知识学习活动，它是当前教育教学中学生最常采用的方式。间接性知识学习概念的提出源于对当前直接性知识学习的反思，所谓的间接性知识学习是指借助某些蕴含着知识内容元素的事物来实现对于知识的学习。在此种学习过程中，学生直接接触的不是知识本身，而是某些蕴含着知识色彩的对象和事物。这些事物和对象可以看作是实现知识学习的中介，如学习知识过程中所使用的素材、凭借的具体工具、乃至于蕴含知识元素的故事、叙事以及经验等。学生的知识学

---

① ［日］佐藤学.课程与教师 [M].钟启泉，译.北京：教育科学出版社，2003：166.

习活动往往是通过围绕对上述中介内容的学习而完成的，而不是围绕事先组织好的知识内容来进行的。

　　与体验性知识学习相类似，间接性知识学习也是一种极为原始的知识学习方式，尤其是当专门从事教育教学工作的学校出现之前，很多生活中的知识还未被总结为系统化的知识内容时，人们往往是通过间接性知识学习的方式来学习知识的。比如古时候要想让孩子掌握种麦子的知识，就要将他带到麦田中，只是通过在充盈着种植知识的麦田中，才有可能让他们获取相应的知识。然而随着专业化的学校和教师出现后，知识渐渐被按照一种更为科学的方式加以分类与组织，知识内容逐渐被系统化、体系化，此时间接性知识学习由于其效率不高逐渐被直接性知识学习所取代，在学生的知识学习过程中日渐式微。然而这并不意味着间接性知识学习就没有价值，相反在很多课堂教学活动中，让学生通过间接的方式来学习知识要比直接去学习效果更为理想。

　　具体而言，间接性知识学习具有以下几个显著特征：首先，间接性知识学习讲求对"一手知识"的获取。虽然从表面上看，学生通过直接性知识学习能够直接获取到最准确的知识本身，但这些知识往往是被事先设计好的，是教育教学活动想要让学生所掌握的内容，因此可以将其理解为一种经由别人设计好的"二手知识"，而在间接性知识学习中，知识是无法被学生直接获取的，它往往存在于各种知识情境与场域中，需要学生进行自主的挖掘与探究。虽然通过间接性知识学习无法确保学生必然获取到某些知识，但却能够使学生获得某些自己发现或自己想要发现的知识，因此这种知识可以理解为是某种源自于学生自身的"一手知识"。

　　其次，间接性知识学习并不将书本上的知识作为唯一的学习资源，而是鼓励学生探索事物、获取新的知识。在间接性知识学习看来，学生并不是直接学习某些已经预设好的知识结论，而是"通过探索知识所对应的'原初事物'并进行一系列的认知、操作、体验、交流以及感悟，经过复杂的操作和转换中获得知识"①。因此，间接性知识学习并不否认已经存在的知识的价值，而是认为学生的知识学习不应止于对那些书本知识的学习。通过让学生对蕴含着知识元素的事物进行探索与研究能够有效拓展其视野，进而获得某些预料之外的知识，而对于这些知识的学习则是通过书本知识无法实现的。

再次，间接性知识学习更加着眼于实现学生的深度学习。如果说，直接性知识学习能够在短时间内拓展学生的知识容量，实现学生知识学习的横向发展；那么间接性知识学习则能够引导学生探索属于自己的知识，对于促进学生知识学习的深度发展是极有助益的。在间接性知识学习中，学生为了能够获得相应的知识，必须要对蕴含知识元素的事物进行深度的探究，而此种探究则是无止境的。通过深入探究而获得的知识往往能够比单纯记忆的知识在头脑中储存更为长久的时间，对学生的日后发展也能够带来更为深远的影响。

由此可见，间接性知识学习的方式对于学生的知识学习活动来讲显然是有存在的必要。事实上在实际的课堂教学中，有很多知识都是无法直接以传递的方式教授给学生的，比如当要向学生传授爱国知识时，直接给学生呈现爱国知识、告诉他们要如何去做，这样学生对于爱国知识的掌握效果往往很差。此时如果以自身的所作所为例，或让学生观看某些有关爱国主题的纪录片，反倒是更有助于实现学生对爱国知识的掌握。体验性知识学习从本质上讲正是一种富有代表性的间接性知识学习方式，体验性知识学习中的"体验"绝不是单纯局限于体验知识内容本身，它指向更为广阔的世界。

（二）体验性知识学习以生活经验为中介

体验性知识学习绝不是简单为知识学习制作一件"糖衣"，从而使学生能够更为顺利的吞服某些难以记忆和理解的知识，而是要立足于学

---

① 罗祖兵，刘婷婷. 间接教学的价值与实现策略 [J]. 教育导刊，2020(1)：12-17.

生的生活经验，实现对于知识内容的深度学习。毫无疑问，体验性知识学习区别于传统理性化的知识学习方式，鼓励学生通过体验的方式来习得知识。这种体验的方式包含两方面的含义：其一是行为上的体验，它是指通过让学生在实际生活中亲身实践的方式来获取知识、学习知识进而掌握知识。比如美术课上教授学生画苹果时，教师可以给每位学生发一个苹果，让学生亲身触摸与感知苹果的外形和特征，学生此时获得的体验便是一种行为上的体验。此种行为上的体验有些类似于卢梭所讲的自然教育（在自然中开展的教育），它让学生回归生活世界，在实际生活中以亲身实践的方式来获取知识、学习知识，进而实现对于知识的掌握。

另一种则是认知上的体验，它是指通过将行为体验到的知识内容与个体头脑中已有的经验相互作用，进而在更深层次上获得对于知识内容的感受与体验。比如当我们告诉学生过马路要走人行横道时，学生会联想到日常生活中自己的过马路行为，进而评估"过马路要走人行横道"这一内容是否符合自己的已有生活经验，如果二者一致便接受它，如果不一致则要在头脑中进行权衡，选择出最适合的答案并加以掌握。当然这只是个体认知层面上体验的一个较为简单的例子，认知层面的很多体验活动要远比此复杂得多。但无论多么复杂的认知体验都必然与个体的生活经验相联系，是建立在生活经验之上的体验。

无论是行为上的体验还是认知上的体验都是个体开展体验性知识学习的重要方式，相比较而言，行为上的体验是浅层次的，但同时也是不可或缺的，它是个体开展体验性知识学习最通用的方式。比如让学生通过亲身触摸与感知梨子进而习得有关梨子的知识，这只是通过行为层面而获得的体验，但通过此种方式也能够实现对于知识的学习，但通过行为而获得的体验只能称作为是最浅层的体验性知识学习。认知上的体验则是更为深入的体验性知识学习方式，它包含着更为丰富的内在逻辑，需要学习者将头脑中的生活经验与知识内容完美融合还能够真正实现。相较于其他知识学习模式而言，体验性知识学习所具有的主要特征便在于，它强调应以体验为基础实现对于知识的学习和掌握，它十分关注所学知识与其自身所具有的生活经验之间的内在关联和互动作用。即是说，学生学习知识的过程看似是学生进行体验的过程，而实际上每一次体验都是建立在自身已有生活经验的基础之上，是个体主动改变客观经验条件以实现体验的过程。正如美国教育心理学家戴维·珀金斯 (David N. Perkins) 所讲的，"也许我们应获得了充分的具有生活价值的学习，但除非能够立刻把不同的事物联系在一起，否则这种学习对我们而言仍然没有什么意义"①。

具体而言，个体的生活经验在体验性知识学习过程发挥的作用主要表现在以下方面：一是有助于激发学生知识学习的兴趣，引导其真正进入知识内容所表征的世界。长久以来，学生对于知识的学习大多是记住了有关的知识内容本身，并没有真正走入知识所表征的那个世界，这便使得知识学习的过程变得十分枯燥与乏味，难以调动起学生的学习积极性。而基于个体生活经验的知识学习过程则能够为学生体验知识提供属于自己的视野，学习者可能随时将知识内容与自身的生活经验联系在一起，进而更有可能产生不断学习知识的兴趣和动力。正所谓，"如果你的手中有一把锤子，那么你眼中的一切都仿佛是钉子一般的存在"，同理如果学习者能够凭借自身的生活经验来学习知识，那么所有的知识内容都能够在生活经验中找到相应的对应物，进而引发学习者对于这些知识的不断探索。

二是能够为学生的知识学习过程带来某些意外的惊喜和收获。教育哲学家格特·比斯塔 (Gert Biesta) 曾指出，任何教育活动（无论是教师的教还是学生的学）总包含着一定的风险，这是因为"教育不是填充一个空水桶，而是生成一团火焰。教育不是机器人之间的互动，而是人与人之间的相遇，我们不能把学生看作塑造和规训的客体，而要看成发起

---

① ［美］戴维·珀金斯. 为未知而教，为未来而学 [M]. 杨彦捷，译. 杭州：浙江人民出版社，2015：101.

行动和担当责任的主体"①，如果我们尝试去清除教育过程的风险，那也就意味着我们将要去除整个教育。这一观点是极为有道理的，事实上学生的知识学习过程从本质上也是包含风险的。学生的知识学习活动之所以是包含风险性和不确定因素的，原因便在于学生的生活体验在其中发挥着重要的作用。要知道，并不是任何学生的生活体验都是有助于学生进行知识学习的，其中必然包含着某些充满问题和冲突的生活经验，借由这些生活经验而完成的知识学习过程必然会导向某些意外的结果。然而这些充满问题和冲突的生活经验并非一定会对学生的体验性知识学习产生阻碍作用，相反体验性知识学习的内容往往需要带有一定的杂质，不能太过于简单和直观。知识学习的道路往往越曲折越好，缺乏明确目标的或无目的的知识学习往往能够取得更为理想的效果。因此个体生活经验的参与能够在一定程度上丰富体验性知识学习的内容，更容易使学习者获得某些预料之外的发展。

除此之外，个体的生活经验在体验性知识学习过程中还发挥着中介性的作用。由于个体生活经验的参与，使得学生在体验性知识学习过程中学到的绝不仅仅是书本上的知识，而是在日常生活中所感受到的知识内容。如果我们仅仅将知识学习理解为对某些书本上知识的学习过程，那么学生学到的便只是某些孤立性的知识符号。这绝非是体验性知识学习的本意，体验性知识学习追求的在日常生活中所感受到的知识内容，它绝不是让学生去体验知识本身，而是通过体验的方式让学生获取自己实际体验到的知识。可见在体验性知识学习过程中，个体的生活经验在知识内容与个体行为之间发挥着桥梁的作用。一方面，所要学习的知识内容只有与个体的生活经验相融合才能够更好地被学习者所接受，进而影响学习者的知识学习行为。另一方面，个体体验知识内容的行为也受到自身生活经验的指导。总之，生活体验在学生的体验性知识学习的开展中发挥着重要作用，从某种角度上讲，我们也可以将体验性知识学习看作是学习者以自身生活经验为媒介开展的知识学习活动。

（三）体验性知识学习引导学生重走知识提出之路

有学者曾指出，所有的学习活动在某种意义上讲都是一种重新学习，对于"重新学习"的理解通常存在以下两个方面的内容：一是从知识学习的内容来看，知识学习是对知识内容的重新学习。每位学生对知识内容的学习过程都是从无到有的，都是从未知到已知，都是对知识内容的重新认识和记忆。二是从知识学习的过程上讲，知识学习是引导学生重走知识的提出之路。相比之下，后者在体验性知识学习中表现得极为明显。

在体验性知识学习中，学生面对的往往并不是知识内容本身，而是一个个有关知识的故事或蕴含着知识的情境。这些故事和情境往往会讲述知识究竟是何人何时何地于何种情况下所提出的，通过对这些故事和情境的体验使学生能够站在知识提出者的视角上去开展体验，进而获得相应的知识。此时学生对于知识的理解可能会与知识原有的样貌产生差异，但这并不存在什么问题，只要学生能够真正投入知识提出者的情境之中，重走知识的提出之路，便实现了体验性知识学习的价值。通过体验性知识学习学生能够获得的是自己对于知识的体验，进而建立并掌握属于自己的知识，而不是知识提出者的体验或者是教育者想要学生获得的理解和体验。

在体验性知识学习的理解中，让每位学生重新自主获取知识并建构知识体系是十分重要的。这是因为每个人都更容易接受和掌握自己亲身体验到的知识，虽然有时候别人告诉的知识也可能对我们有帮助，但我们很多时候却并未能真正理解它。就像学习骑自行车一样，无论别人如何详尽的讲解骑车的技巧，我们都是学不会的，只有在实际尝试骑行的过程中，在无数次摔倒的体验中才能够真正学会骑车。因此对于知识的学习，体验性知识学习要求学习者必须亲自来做。借用雅思贝尔斯的话来讲，学习的过程应该"犹如一盏被跳起来的火星点燃的油灯，然后再靠自己供给燃料"①，通过带领学生重走知识的提出之路，让学生在体验知识的过程中点燃不断学习的动力，进而使学生不断地开展自我学习。

从某种角度上讲，体验性知识学习的过程类似于"旅游"的过程，它不在乎学生通过体验获得了多少知识，达到了何种知识学习的目标，而是学习过程本身让学生感到很充实，至于终点是什么有时候根本不重要。就像旅行一样，重要的不是本次旅行所要达到的目的地，而是享受旅程过程本身。以这样的逻辑来衡量，我们也可以将体验性知识学习的过程理解为学生重走知识提出之路的过程，在此过程中学生获得的并非是知识提出者对知识内容的体验，而是学生自身对于知识的理解和体验。

（四）体验性知识学习指向开放性的结果

从结果上讲，体验性知识学习通常指向某种开放性的结果，这里的"开放性"主要表现在，学生通过体验性知识学习的方式进行学习会产生什么样的结果是未知的，同时也是充满各种可能性的，没有人能够完全预估学生经过体验性知识学习后会获得什么样的发展。简言之，体验性知识学习可以有一个预期的目标但却不是必须要有的，即使是存在预期的目标通常也仅仅是一个开放性的方向。此种开放性并不会使得体验性知识学习变得难以琢磨，相反这恰好是体验性知识学习优于其他知识学习方式之处。

正如有学者所指出的，"写作活动本身是颇具创造性的活动。写作者写出了文章，写出的又不仅仅是文章，而是作者自己"②。同理，个体在进行体验性知识学习的过程中学到的往往不是知识本身，而是他所体验到的内在的世界。这类似于艺术家在创作艺术作品时往往不是忠实性的

---

① ［德］雅思贝尔斯.什么是教育［M］.邹进，译.北京：生活·读书·新知三联书店，1991：18.

② ［加］马克思·范梅南.生活体验研究——人文科学视野中的教育学［M］.宋广文，等译.北京：教育科学出版社，2003：166.

反映自己在现实中所看到的事物（当然也存在部分写实的艺术家，但还是极少数的），他们往往创作的是自己心目中的事物。通过体验性知识学习所要掌握的也是学习者自己心目中的知识，它不是对某些固定知识的模仿和再现，而是超越了知识本身而进行的再创造。

杜威曾指出：知识学习的目的在于实现对于更多知识内容的学习，而不在于仅仅掌握住某些知识本身，从某种角度上讲，这也正是体验性知识学习所想要达到的效果。通过体验性知识学习绝不仅仅是实现学生对于知识内容的掌握，而是要使学生自己对知识所形成相应的理解，进而对此种理解充满信心，从而提出某些自己眼中的知识。要想真正实现这一点，学生就不能仅于对所学知识内容正确性的检验，而是要在实践中去检验和尝试自己提出的知识是否正确。即是说，通过体验性知识学习过程，这并不意味着"我知道我的观念是正确的"，而意味着"我愿意去试验我的观念"。具体而言，我们可以将体验性知识学习过程所表现出的开放性理解为两个方面：首先，体验性知识学习指向的结果往往是不确定性的。通过体验性知识学习并不是要使学生学到某种统一性的知识点，而是学习自身对知识内容的理解，至于此种理解究竟会是什么样子的、是对是错、是偏是全，这都是无法事先确定的，只有经过学生的体验才能够得知。其次，体验性知识学习指向的结果还是充满各种可能性的，学生通过体验的方式而学习到的知识无论出现什么样的结果都是可以被接受的，哪怕是此种结果已经远远超出书本上的知识内容范围，只要它有助于学生的知识学习都应该被提倡。体验性知识学习所具有的此种可能性也启示我们，要允许并承认学生知识学习结果的多种可能性，当学生获得某些意料之外的结果时，我们不仅不应该加以阻止和干涉，还应该在恰当的时候给予鼓励和帮助，如此学生的体验性知识学习活动才能够真正取得理想的效果。

事实上，此种指向开放性结果的体验性知识学习更容易使得学生诞生某些精彩的观念，进而实现对于知识内容的创造。从长远来看，指向未知的学习活动所具有的价值更高，学生对未知结果所具有的好奇心，并由此做出的种种探究能够很好地满足学生自由学习的需要。正所谓学习的任务不仅仅是去传递"已经打开的盒子"里面的内容，更应当是培养学生对"尚未打开的盒子"和"即将打开的盒子"里面内容的好奇心①。因此从这个角度上讲，体验性知识学习的后劲很足，它不压抑学生学习知识的积极性，鼓励学生去追求自己想要学习的内容。虽然在实际中可能有些知识会让学生感到不可捉摸，但却对学生的发展具有更为长远性的价值。简言之，体验性知识学习并不是要将学生培养成教师心目中的那个样子，而是要使学生真正成为他所体验到的样子，真正成为他自己。除此之外，在体验性知识学习中，学习者不用再去过分追求某种固定的目标，而使自己的思想时刻处于高度紧绷的状态。相反，体验性知识学习中的很多知识都是在学习者自己没有意识到的情况下就习得了。开放性的结果也能够在一定程度上减少学生知识学习的负担。

二、基于体验性知识学习的教学策略

任何教学问题的研究都应该最终导向实践领域，否则便仅仅是纸上谈兵，没有任何的实际意义。在梳理了体验性知识学习实现的基本理念后，下面将回归课堂教学行为的视野，探讨要想将体验性知识学习的构想真正变成现实，教师的教学活动应做出哪些方面的策略革新。笔者将基于体验性知识学习的教学变革策略大致划分为教学设计、教学实施以及教学评价三个方面，其中教学设计主要讲的是要想让学生以体验的方式来学习知识，教师对自身教学目标、教学逻辑等方面应做出何种设计；教学实施阐明的是在教师在教学实践中如何通过体验来帮助学生实现对于知识内容的学习；教学评价则是面对学生的体验性知识学习

---

① ［美］戴维·珀金斯. 为未知而教，为未来而学 [M]. 杨彦捷，译. 杭州：浙江人民出版社，2015：18.

行为教师应如何对其开展评价工作。需要指出的是，任何学科的知识都可以让学生以体验的方式加以学习和掌握，但体验的方式通常是存在差异的。笔者在论述时会列举多学科的教学实例作为引证，这些例子并不是想强调学科的特性，而是作为典型的案例来揭示体验性知识学习的教学实现策略。

（一）富有针对性的教学设计

教学设计通常是指，在实际教学活动实施前对教学活动的诸要素进行有序安排的过程，它一般包括对教学所要达到的目标、教学的重难点、教学的流程、教学的逻辑和方法等内容的设计。良好的教学设计能够使教师对所要进行的教学过程心中有数，在教学中知道何时何地该做什么、如何做。因此，教学设计对于任何教师来讲都是十分必要的。体验性知识学习虽然反对为教师对教学活动做出过于精细化的设计，但它并不是说完全不需要教学设计。事实上，学生的任何知识学习活动的开展都需要一定框架的指导，都是在某种基本框架下完成的。因此，构成知识学习活动的框架是十分基本的，这对于体验性知识学习来讲也不例外。体验性知识学习相较于传统知识学习活动的差异性便在于它不仅仅要做到遵守基本框架，但同时又不局限于基本框架，而是能够在某种程度上超越框架，如此开展的体验性知识活动才是有价值的。同理，要想真正让学生以体验的方式来知识学习，教学设计仍旧是十分必要的，但不同于传统教学活动中的刚性化教学设计，体验性知识学习更加呼唤一种富有针对性的教学设计。

要想真正实现学生的体验性知识学习，教师富有针对性的教学设计应是重要的前提条件。这种富有针对性的教学设计主要是指，在教学设计时要基于学生体验的可能性提供相应的条件和空间，是一种能够满足不同学生个性化体验知识需要的教学设计。具体到课堂教学中，它主要表现为：设计适切的教学目标、选择可行的教学内容、遵循合理的教学逻辑等，下面结合上述方面进行具体论述。首先，要想真正落实学生的体验性知识学习，教师应设计适切性的教学目标。为了能够充分调动学生对知识内容体验的积极性，教学目标的设计既不能过于简单，让学生很容易便能达到，如此便会失去学生自己体验的必要；同时又不能过于困难，使学生经过无数次体验后仍旧无法掌握，久而久之便会使学生丧失体验的信心。最适切的教学目标设计应是符合维果斯基所倡导的"最近发展区"原则，它应是学生无法直接掌握的，但又是经过充分努力后能够达到的。通过下面的例子我们可以更加清晰地感受到何为适切的教学目标：

下面是针某节对小学语文课文所设计的三个不同的教学目标：

目标一：通读全文，理解课文大意，背诵课文第 4-6 自然段。

目标二：通读全文，准确把脉作者想要表达的核心思想。

目标三：通读全文，结合你自身的生活经验谈谈你对的理解和看法。

显然在上述的例子中，目标一太过于基础，任何学生在不需要老师的指导下都可以自行完成，而目标二更像是为教师的教导所设计的目标，对于基础教育阶段的学生来讲难度过高了。只有第三个教学目标较为符合"最近发展区"的原则，可谓是较为适切性的教学目标，同时目标三也为学生基于自身体验来开展知识学习活动提供了可能。由此可见，学生体验性知识学习的实现是需要适宜的教学目标作为前提的，教学目标能够为学生的知识学习活动指明前进的方向。相较于传统教学目标的设计，体验性知识学习更多强调的是学生通过对知识的学习所获得的一种整体性的感受与感官，就好比艺术中所讲的美是经不起分析的，学生通过体验的方式所学到的知识结果或要达成的目标也是不需要去深入推敲的，只需要鼓励学生自己去感知和体验即可。正是由于这个原因，学生通过体验性知识学习所获得的结果往往是充满差异性的，这也从某种程度上要求教师在设计教学目标时应保持一定的开放性。

其次，要想真正实现学生的体验性知识学习，教师在教学设计时还应选择可行的教学内容。此种教学内容的可行性是指，教师教学过程中所涉及的内容是能够被学生体验到的，无论是学生的认知体验、情感体验还是行为体验，只要知识内容能够被学生加以体验便是可行的。在现实教学中，有很多内容是难于让学生直接进行体验的，尤其是面对那些生活经验不够丰富的低年龄段学生而言。面对此种情况，教师能做的便是想办法将那些学生难于进行体验的知识内容转化为能够被学生加以体验的对象，进而确保教学内容的可行性。下面是笔者在武汉某小学听课时的一个教学片段：

这是一节三年级的数学课，讲授的内容是《认识年、月、日》

S老师：这节课我们要来认识生活中经常讲到的年、月、日。为了便于同学们更好地理解它们，老师为大家准备了一个小道具，它便是我们大家都很熟悉的扑克牌。大家有没有玩过扑克牌？

学生齐声答：有！

S老师：那大家是否有注意到其中所蕴含着的独特秘密呢？其实扑克牌中就蕴藏着年、月、日的秘密，下面就让我们一起来探究一下。我为每组同学都准备了一副扑克牌，大家数一数一副扑克牌共有多少张？

学生：老师共有54张。

S老师：嗯，大家数的很仔细，这一副扑克牌就仿佛是我们所说的一年，在这54张牌中，有2张副牌，一张大王，一张小王。大王代表着太阳，而小王则代表着月亮，除去两张副牌后共有52张正牌，其中每张正牌都代表着1个星期，因此一年有多少个星期呀？

学生齐声答：52个！

S老师：没错，一年有52个星期。大家再来看，这52张正牌共分为几种图案呀，每种图案各有多少张？

学生：老师，共有红心、方块、黑桃和梅花四种图案，每种图案的牌个都有13张！

S老师：同学们数的很仔细！这四种图案的便代表着一年中春、夏、秋、冬四个季节，每种图案有13张则代表着每个季节有13个星期。

学生：老师这太神奇了！

笔者认为，S老师的这堂数学课是很成功的，她成功将年、月、日这些十分抽象的教学内容转化为每位学生都有体验的扑克牌之上，使得学生通过对扑克牌的感知和体验很容易地就掌握住了有关年、月、日的知识。从某种角度上讲，此种教学便实现了学生的体验性知识学习，是引导学生以体验的方式学习知识的成功案例。

这里有一点需要指出的是，虽然教师可以选择充满可行性的教学内容助力学生体验性知识学习的发生，甚至可以像上面例子中的老师那样，通过转换的方式将抽象的教学内容转变为某些能够被学生所直接体验的内容，但并不是所有的学生在经历了教师设计好的教学内容后都一定能够产生体验的。换句话说，无论教师教学内容的设计如何可行，它也未必能够一定满足所有学生体验性知识学习的需要。就像上面的例子中，可能班级中就存在某些没有玩过扑克牌的学生，他们可能是第一次接触扑克牌，可能还不能对其产生足够的理解和体验，这时体验性知识学习的效果便会大打折扣。为了弥补这一缺陷，教师在进行教学设计时要尽可能地为学生提供丰富多元的教学内容以满足不同学生体验性知识学习的实际需要。比如除了扑克牌外，教师还可以去发掘生活中其他类似的事物，以满足不同学生体验的需要。

再次，学生体验性知识学习的实现还需要教师在教学设计时遵循合理性的教学逻辑。从教学的逻辑上讲，体验性知识学习的实现呼唤教师的教学活动不应按照知识的内在逻辑来进行，而应该按照学生的体验逻辑来进行。即是说，在设计教学活动时首先应考虑的是所教授的知识能否被学生所体验，而不是知识的教授是否遵循着从难到易、由简入繁的基本规律。因此，教师的教学活动应从能够被学生所体验到的地方开始，而不是某些基础性的知识点开始。从这个角度出发，教师在面对不同年龄段的学生乃至同一年龄段的不同学生时便需要采用适宜性的逻辑来组织自己的教学活动。怀特海曾在《教育的目的》中将个体的认知和理解活动划分为三个不同的阶段，即浪漫阶段、精确阶段和综合阶段①。他指出在不同的阶段，个体的认识活动应采用相应的方式加以实现，否则便无法达到预期的效果。这一观点对于体验性知识学习的实现是极具启发意义的，立足于怀特海的观点来讲，低年级孩子的学习就应该以一种能够浪漫的方式加以实现，而不能是精确的或综合性的，比如我们对某些低年级的孩子进行精确化或系统化的古诗词教学，为他们讲解古诗词中每个字词所代表的意义，这种做法是没有多少价值的，因为此时的孩子并不具备理解字词含义的能力，他们只能够单纯地记忆诗词内容本身。如果我们非要为某些低年级的孩子讲授古诗，也应该以一种浪漫的方式即将古诗以一种学生能够体验的方式呈现给他们，通过此种方式而学习的古诗往往能够被孩子记忆更长的时间。由此可见，学生的知识学习有其内在的逻辑规律，教师的教导行为要想真正助力学生的知识学习，遵循合理性的教学逻辑是必不可少的。

立足于体验性知识学习的视角，教师在设计自身的教学活动使必须遵循一定的教学逻辑。即对于低年级段的学生，教学活动应该以直接能够被学生加以体验的方式展开，对于高年级段的学生，教学活动则可以便于学生体验或容易唤起学生体验的方式来进行。为了便于理解，这里举一个简单的例子加以说明：在基础教育阶段经常会出现这样的情况，当老师要给一年级的孩子讲授"1+1=2"时，单纯按照演算规律来讲解很多学生听不懂，但如果老师左手拿起一根粉笔，右手拿起一根粉笔，并将两只手合在一起问学生一共有几根粉笔时，基本上所有学生都能够回答是2根。而到了三年级后再给学生讲解"1+1=2"此种简单的运算问题时，学生已经可以异口同声的进行心算回答，不需要再通过数粉笔的方式来进行。之所以会出现此种情况原因便是，一年级的孩子往往还

---

① ［英］怀特海.教育的目的[M].庄莲平，等译.上海：文汇出版社，2012：27.

处于所谓的"浪漫阶段"，他们还没有形成相应的逻辑能力，只能够通过直接的体验来获取知识；而三年级学生往往已经过渡到下一个阶段，能够结合自身已有的认知体验来解决某些简单的问题。面对此种情况，教师在设计教学活动时要做的便是要遵循合理性的教学逻辑，为学生以不同的方式体验知识提供可能条件。

（二）倡导直接参与，强调具身性体验

在所有获取体验的途径中最为简洁、有效地方式应当是具身性的体验，即让体验者直接设身处地去感知所体验的对象，进而生成相应的体验。同样在课堂教学中，要想让学生对所学的知识生成相应的体验，最理想的方式便是让他们亲身感受需要学习的知识内容。正如美国教育家达克沃斯（Eleanor Duckworth）所讲的，"最理想的教学应是投入式的，它应鼓励学习者与学习内容直接接触，形成一种具身体验，而不是建立在他人的理解之上"[①]。相比于单纯地讲解书本知识，让学生亲身感受学习内容能够使其生成更为直接的体验，更容易使教学内容转化为学生的素养。学习基于他人理解后的知识或书本上的知识实际上已经是一种"二手"的知识，它已经蕴含着他人对知识内容的理解与体验，这会对学习者自己体验知识内容产生一定的影响。尤其是对于那些尚处于基础教育阶段的学生，他们的体验能力尚未成熟，如果给学生提供的知识内容是经过老师等人体验或加工过的，便很有可能会影响学生对于知识内容体验的结果与方向。因此，要想真正在当前的教学中实现学生的体验性知识学习，最理想的方式便是倡导学生对知识内容开展具身性的体验，鼓励他们在直接参与和投入中实现对于知识内容的学习。

所谓的具身体验顾名思义便是指，主体通过直接接触、亲身经历的方式对事物生成的体验与理解。个体通过具身的方式而对事物形成的感

---

① ［美］爱莉诺·达克沃斯. 精彩观念的诞生——达克沃斯教学论文集 [M]. 张华，译. 北京：高等教育出版社，2005：173-175.

知未必一定是正确的，但却一定是最真实的，同时也是最容易被个体自己所接受的，正所谓"实践出真知"，通过亲身体验的方式而形成的认知往往能够在个体的头脑中保存很长的时间。著名的哲学家梅洛－庞蒂也曾指出，"身体是我们认知的最初主体，人对于身体的每一次运用都是最初的表达"[①]。通过具身的方式而获得的认知从某种程度上便可以理解为是个体借由自己的身体而完成的一种在场性的认知活动，它没有同时也不需要任何中介因素的参与，由此而得到的体验也是最为直接、真实和深刻的。然而自从以追求专业化为导向的学校教育普及以来，具身体验便不断被边缘化。正如我们前文中所提到的，最开始的教学活动是以具身体验为基本方式的，而随着专业化学校的出现，这种方法逐渐走向没落，最终被效率化的学校教育所取代。这里我们并不是想说理性化的知识学习方式一无是处，而是说此种追求效率和效果的知识学习方式可能会使降低学生的知识学习效果。其实，在知识学习过程中，具身体验的方式虽然效率要低一些，但却更有可能让学生对所学的内容形成更为深刻的理解，尤其是在助力由掌握知识内容向培育素质素养方面转化时，更发挥着不可替代的作用。对此，杜威也曾有过类似的观点，"一切学习和思维都始于经验，而这种经验必须是个人在实际生活中亲身经历的活动，它能够促使个体更加深入地理解学习和思维的对象"[②]。

那么在实际的课堂教学中，究竟应该如何做才能够实现学生对于所学知识内容的具身体验呢？笔者认为其关键在于，课堂教学中所呈现或讲授的知识内容未必一定是能够被学生加以理解的，但一定要从学生能够直接参与到、感知到的地方开始。下面的例子呈现的是笔者在小学听课时的教学片段，两节课讲授的都是小学二年级数学课《千克的认识》。

---

① Richard Shusterman.*Body Consciousness*:A Philosophy of Mindfulness and Somaesthetics[M].New York: Cambridge University Press,2008:50.

② 赵祥麟，王承绪.杜威教育论著选 [M].上海：华东师范大学出版社，1981：375.

片段一：

老师：同学们，在我们的日常生活中存在着各种各样的物体，它们有的重，有的比较轻。大家来看老师手中的两个瓶子，同学们猜一猜哪个重一些呢？（展示两个同样大的塑料瓶子，一个装满水，一个是空瓶子）

学生：装满水的瓶子比较重。

老师：那大家猜一猜这个瓶子究竟有多重呢？下面我们就来一起称一称。首先，我们要来带大家认识一下秤。在日常生活中大家都见过哪些秤呢？（老师一一呈现各种秤）

学生：这是电子秤、弹簧秤、盘秤、天平。

老师：大家有注意到这些秤上面所写的"kg"吗，这就是我们今天所要学习的重要概念"千克"，下面我们就来一起认识一下到底什么叫"千克"呢？

……

片段二：

老师：同学们，刚才老师给每个小组都发了一个重1g的砝码，下面请每位同学都拿手掂量一下，感受下1g的东西究竟有多重。掂完后请几位同学谈谈自己的感受，你认为1g的东西重不重？你能否举出生活中和它重量类似的东西？

学生A：不重，这个重量差不多和一个小螺丝钉差不多。

学生B：一点都不重，感觉和一颗花生米差不多重。

老师：那么大家思考一下，如果我们将这1g的重量扩大1000倍，它将会是一种什么感觉呢？今天我们就来认识1kg，带领大家感受一下1kg究竟有多重。

从上面截取的两个课堂教学的片段中我们可以明显地感受到，它们对于学习1kg这一知识的方式是不同的。第一位老师是通过秤上的标记来引入kg概念的，通过观察老师的实验和操作也能够让学生掌握1kg=1000g这一知识内容，但此时学生对于1kg究竟有多重是没有概念的，他们只是在认知层面上掌握了有关 1kg 的知识。而第二位老师通过让学生亲手感知 1g 的方式来引出本节课的讲授内容 1kg 的概念，此种方式通过实际的事物真正让学生亲身体验 1 千克和 1 克到底有多重，在此基础上再理解换算关系。这两种教学方式相比之下，显然是后者更加符合体验性知识学习的本意。如果立足于体验性知识学习的角度出发，要想真正让学生掌握 1kg=1000g 这一知识内容，就必须要让学生对学习内容所指称的 1kg 进行直接的接触和参与。如此学生获得的知识才是经由他本人自己的体验而获得的知识，这些知识相较于通过其他方式而获得的知识往往能够在头脑中保存更长的时间，学生对于这些知识内容的理解往往也会更为深刻。这是因为，这些知识已经与学习者已有的经验系统融为一体。由此可见，鼓励学生直接接触教学内容所指称的事物，或者参加由这种事物构成的活动，是落实体验性知识学习最为有效的途径。如果我们借用达克沃斯的观点来讲，教师的教学活动要做的便是让学生置身于所要研究的领域相关的现象——能够直接、真实感受的事物，以帮助他们关注有趣的东西，使他们参与其中[1]。只要能够让学生具身体验到知识内容，体验性知识学习便是有可能为之的。

（三）创设适当情境，引发替代性体验

虽然具身性体验是教学中落实体验性知识学习最为理想的方式，但由于教学内容的间接性和广泛性，在实际教学中有很多知识内容是无法让学生在课堂上直接进行体验的。比如某些十分抽象的概念，像物理学中"力"的概念或数学中"折扣"的概念等等，这些内容在课堂上让学生直接去体验是很难办到的，因为它们虽然真实存在，但却是看不见、摸不着的，光靠语言很难讲清楚。然而如果我们能够将这些知识放入某个真实情境中，也是能够实现学生对其加以体验的。比如在讲解物理学

---

① ［美］爱莉诺·达克沃斯.精彩观念的诞生——达克沃斯教学论文集［M］.张华,
译.北京：高等教育出版社，2005: 164-165.

中"力"的概念时，教师可以在课上组织一场拉绳比赛，让学生在游戏中体验力所具有的相互作用现象；在数学中讲授"折扣"概念时，教师可以营造商场中的打折促销活动，让学生对折扣的概念产生更为直观的体验。总之，当学习的对象是某些无法让学生直接进行具身体验的知识时，教师便可以采用创设适当情境的方式，引发学生对知识内容的替代性体验。

所谓的替代性体验是指，学生并没有亲身参与原初活动，而是参加模拟活动或作为旁观者观摩别人体验的过程和活动而获得的一种类似于具身体验的体验。替代性体验的实现与情境的创设密切相关，正如我们上面所提到的几个典型的替代性体验例子，替代性体验之所以能够发挥作用，原因就在于它能够创设一种情境，使学生投入其中，进而引发学生的情感共鸣，促使其联系已有头脑中的经验对知识内容形成新的理解和体验。由此可见，替代性体验虽没有具身体验对知识内容感受的那么直接，但却从某种程度上拓展了体验的可能性，使教学中许多无法具身体验的知识内容可体验化，因此它同样可以视作为是学生开展体验性知识学习的重要手段。其实在实际的课堂教学中，多数知识内容都无法让学生进行具身性的体验，因此从某种程度上讲，创设适当的教学情境，引发学生对知识内容的替代性体验应是课堂教学中推进体验性知识学习的主流方式。

那我们究竟如何做才能够实现学生对于知识内容的替代性体验呢？具体到实际的课堂教学中，笔者认为至少应该从以下两方面入手。首先，教师要学会为学生提供某些作为体验知识对象的替代物，确保学生能够时刻以体验的方式对知识内容进行学习。下面呈现的是一节高中地理课上讲授"月相变化"时的教学片段：

老师：不知大家有没有观察夜空中月亮的经历，其实在一年中的不同时段月亮呈现出的样子是不同的，大家来看ppt中呈现的几张不同样子的月亮照片，大家思考一下为什么会出现这样的变化呢？

　　学生：这或许和月亮、地球和太阳三者的关系有关。

　　老师：很好的猜想！这节课我们就来探讨一下月相变化所存在的特征及其内在规律。同学们看，老师手中现在有三支木棒，每支木棒的顶端都固定着一个球，这三个球分别代表着太阳、地球和月球，根据上节课所学的知识，哪位同学能够帮老师摆一下三者所处的位置呢？

　　（多位学生举手，老师让两位同学上台尝试，经过不断启发后最终成功找到了三者的位置）

　　老师：摆得非常好，下面大家再思考一下，如果这三个球的位置在自己所在的轨道上发生变化时，在地球上看到的月亮影子会发生什么样的变化呢？

　　显然这节高中地理课所取得的教学效果是比较理想的，教师通过提供某些替代物的方式将那些很难被学生加以体验的知识转化为可以体验的对象，进而实现了学生对知识内容的体验性学习。由此可见，体验性知识学习的实现并非一定要对知识内容进行具身的体验，只要教师有心，哪怕是某些生活中最常见的事物都可以转化为学生体验知识的重要媒介和载体。其实除了上面所阐述的例子外，还有很多知识内容都可以运用寻找替代物的方式让学生以体验的方式加以学习，如要让学生亲身感受八大行星的排列顺序是十分困难的事情，但若让学生采用角色扮演的方式或观看相关的影片，则能够使他们很快记住相应的知识。这种通过教学活动开展替代性体验的做法虽然耗时较多，但却能为学生带来更为生动的体验。

　　其次，教师在教学过程中还可以通过创设适当的教学情境，并将知识内容融入其中，使学生在体验相应教学情境的同时实现对于知识内容的掌握。正如我们前文所提到的，替代性体验的实现很多时候都依赖于对相应教学情境的创设，这是因为并非是所有知识都能够顺利找到合适的替代物进而提供给学生加以体验的，比如某些情感类的知识，它们就很难转嫁到某些替代性的事物上，而只能够在某些特定的情境中让学生加以体验。当面对此种类型的知识内容时，教师能否创设与教学内容密切相关的具有感染力、渲染性的情境，对于学生能否对所学知识内容进行体验是十分重要的。这是因为，只有在某些特定的情境中，学生才能够对所要学习的知识内容形成更为深层次的体验，真实的情境往往能够将学生"带入"蕴含着知识内容的场域、意境之中，进而引发学生的情感共鸣并产生移情，进而实现学生的替代性体验。下面呈现的是一堂五年级语文课的教师的教学导入片段，讲授的内容是课文《十里长街送总理》。

　　教师：同学们，周恩来总理是一位伟大的无产阶级革命家，从1949年建国起就一直担任着我们国家的政府总理，他以崇高的品格赢得了全国人民和世界人民的尊重和爱戴。令人痛惜的是，周恩来总理于1976年因病逝世，为了缅怀周总理，首都亿万人民自发聚集在长安街送别总理的灵车，今天我们要学习的课文讲述的便是在十里长街送别周总理的场景。下面我们就来观看一段视频，一起走进今天所要学习的课文。

　　（视频的内容记录了人们从"等灵车""迎灵车"到"送灵车"的过程，视频中的音乐哀婉凄凉，同时教师在讲授中的语气也是十分低沉的。）

　　笔者认为这位老师的教学导入是十分有意义的，十里长街送总理这件事早已经发生过了，再让学生去亲身体验显然是不现实的，但为了能够让学生对这一事件够更为深层次的体验，教师的课堂教学中通过自己的语言语调、音乐渲染、观看影片等方式，创设了一种虚拟的体验情境与氛围。通过这种方式，学生同样可以对"十里长街送总理"形成相应的体验，亦可能流下感动的泪花。

（四）释放创造活力，建构想象性体验

　　在课堂教学中，还存在着一部分知识内容，它们既不能够通过具身体验的方式来学习，也无法通过替代性体验的方式来掌握，例如语文课文中的某些神话故事、科幻小说等。这些内容本身描述的就是某些并非真实存在的事物，其知识内容本身也是虚构的。对于这些知识内容没有人真正对其有过体验，也没有人能够对其进行体验，但这些知识很多时候却能够带给学生某些很有价值的发展。在课堂教学中当遇到这些知识时，也要尽可能地为学生体验它们创设相应的机会。这时要做的便是，充分释放学生的创造力，发挥想象性体验的作用。

所谓的想象性体验顾名思义，便是基于想象的方式实现对于知识内容的体验。想象是体验的一种非常重要方式，通过想象学生能够脱离某些习惯性的、日常循规蹈矩的世界，打破知识学习对个人发展的禁锢，从而体验一个更为广阔的新世界。如果学生能够想象性地将自身置于学习内容所指称的事物或情境当中，那么他便能够体验到超越于学习内容本身所描绘的对象与情境，进而实现对学习内容的想象性体验。在想象的世界中，学生能够进行体验的内容及对象是十分广泛的，它绝不局限于知识所具有的理性方面，还包含着隐藏在知识内容背后不易被人们所感知的那个世界。正如玛克辛·格林 (Maxine Greene) 所讲的，想象的作用并不是要解决问题、指明出路，而是要唤醒和揭示那些通常未被见过、听过、体验过的出人意料的世界[①]。从某种程度上讲，带领学生去发现并体验某些知识内容背后的全新世界正是鼓励学生开展想象性体验的所希望达到的终极目标。这也正是我们在教学中要不断倡导学生释放想象力和创造力，不断实现对知识内容想象性体验的重要原因。

既然想象性体验是助推学生体验性知识学习发生的一种重要手段，那么在实际的课堂教学中我们应如何推进并构建学生对知识内容的想象式体验呢？笔者认为可从以下两方面着手。首先，教师应充分利用学生的已有经验来引导想象的发生。学生对所学知识内容的想象性体验绝不

---

① ［美］玛克辛·格林 . 释放想象：教育、艺术与社会变革 [M]. 郭芳，译 . 北京：北京师范大学出版社，2017：38.

是凭空产生的，而是建立在学生已有认知经验基础之上的，不存在脱离学生经验的想象。因此，所谓的想象性体验如果换个角度来讲便是基于对学生已有经验的引导、拓展、放大而获得的体验过程，下面呈现的是一堂小学语文课上教师的教学导入环节。

（这是一堂小学三年级的语文课，讲授的内容是课文《后羿射日》）

教师：太阳是世界万物的生命之源，如果没有了太阳世界将会是一片黑暗，可是如果天上同时出现十个太阳，大地上又会是一幅什么样的景象呢？传说在古时候，天空中真的曾经出现了十个太阳，使得人类根本无法生存！就在此时一位英雄出现了，他就是我们今天课文所讲的主人公后羿，下面我们就来一起看看面对天空中的十个太阳，后羿究竟是怎么做的呢？

笔者认为这可以说是一次十分成功的教学导入，它的成功之处便在于通过引发学生想象的方式将某些根本不存在的事物让学生容易接受。天空中存在 10 个太阳这件事本身就是一个传说，是无法让学生通过直接体验或间接体验加以感知的，它只能够通过引导学生自己去进行想象性体验才能够实现。而学生开展想象性体验的前提仍旧是基于已有的认知逻辑，就像这节课中教师从学生日常生活中对天空中太阳的认知出发，来引导学生想象天空中 10 个太阳时的场景，这显然也是实现学生体验性知识学习的一种有效的途径。与上述教学案例相类似的例子在实际的课堂教学中也是经常发生的，尤其是面对某些神话传说方面的内容时。神话和传说不仅在文学史上具有举足轻重的地位，它们更是一个民族、一个国家宝贵的精神财富。这些内容不仅蕴含着某些极具启发性的哲理，同时也是开展教育不可忽视的重要资源。为了能够更好地实现学生对于此类知识的学习，鼓励学生想象性的对其进行体验也是十分有效的方式。

其次，教师在教学中要为学生的体验给予适当的"留白"①，教学中的"留白"不是指教师在教学中做了什么，而是指教师在教学中故意留下某些内容不做，留给学生去做，留给学生自己去开展想象的空间。当然，"留白"并不一定意味着想象的发生，但要想使想象顺利进行，适当的"留白"一定是必要的。需要指出的是，"留白"绝非是一种随意的行为，而是教师基于一定的内在逻辑深思熟虑后做出的选择，通常而言"留白"的内容一定是学生运用已学过的逻辑关系能够进行推理、类比乃至想象的内容，而绝不是那些学生完全摸不到头脑的内容。其实，"留白"的做法在当前的课堂教学中并不少见，比如小学语文课上，在学习狐假虎威、龟兔赛跑等寓言故事后，可以引导学生选择两种动物，结合其所具有的特征或遭遇创编某些新的寓言故事。这便是一种典型的"留白"式教学，此种教学方式对于学生以想象来体验知识内容具有重要的启发意义。

由此可见，具身性体验、替代性体验、想象性体验都是实现学生体验性知识学习的重要方式，然而作为教师，还需采取有效措施助力学生对所体验知识内容的移情。体验是主客体间的一种整体性的相互融入状态，即是客体主体化和主体客体化的统一。如果用对话哲学来解释，体验是主体将对象视为主体并与其融合一体的状态；主客体之间是"我－你"的关系。如果我们将对象视为客体，或者视为"它"（"他"或"她"），那对话关系将不复存在，相互融合更不可能。"凡称述'你'的人都不以事物为对象。"②在这种融合状态中，主体把握客体（或"你"）的方式不仅是认知的，还有身体的、情感的、精神的。强调体验性的知识学习，目的就是要实现知识所蕴含的情感与学习者情感的相融相通。因此在教学中，教师要善于引导学生站在知识对象的角度来设想假如自

---

① ［美］杰恩·弗利纳.课程动态学——再造心灵 [M].吕联芳，等译.北京：教育科学出版社，2013：166-167.

② ［德］马丁·布伯.我与你 [M].陈维纲，译.北京：生活·读书·新知三联书店，2002：2.

己处在那个场景中会有什么体验与感受，引导学生从情感上理解知识所蕴含的情感，产生同情心或同理心，进而提升与丰富自己的情感。这个过程实际上是知识所蕴含的情感进入主体的过程。通过这个过程，所学习的知识才真正意义上转化为素养，体验性知识学习也才算是真正得以实现。

（五）倡导包容性的教学评价

除了对教学设计及实施方面的变革外，体验性知识学习的实现还需要对传统的教学评价体系进行改革。立足于体验性知识学习的视角，每位学生都能够结合自身的体验对知识内容形成自己的认识，而由于自身体验所存在的差异，此种对知识内容所形成的认识往往是多样性的。从这个角度上讲，在课堂教学中如果鼓励学生以体验的方式去学习知识，我们就必须接受学生学习所取得的差异性结果。此时教师究竟应如何就学生所获得的多样化学习效果进行客观评价，这是需要思考的重要问题。

在传统课堂教学中，对于学生知识学习情况的评价主要是通过标准化考试的方式来进行，即针对知识内容设计一套客观性评价体系，通过各种形式的考试和测验来对学生的知识学习水平做出相应的评价。此种评价方式对于评价学生的理性化知识学习行为是极为有效的，因为理性化知识学习中学生学习的内容对象乃至于学习知识的方式方法都是固定的，遵照知识内容设计出某种客观性的评价体系能够有效评估学生对知识内容的掌握情况。但对于学生的体验性知识学习而言，此种评价体系却是不适用的。这是因为，在体验性知识学习中，所有学生虽然都是对同一个知识内容进行体验，但经过体验而得到的结果却是差异化的，甚至有时是截然不同的。如果此时我们仍采用传统的教学评价方式来评估学生的知识学习情况，其结果则必然是不准确的。由此可见，学生体验性知识学习的实现呼唤着教学评价方面的改革，具体而言，体验性知识学习更加倡导一种包容性的教学评价。

所谓的包容性教学评价是指，教学评价应能够包容学生通过体验而获取知识时所表现出的差异性，进而能够科学、客观地评估每位学生差异性的知识学习效果。包容性的教学评价不会仅以某一个相同的标准去评价所有学生的知识学习情况，而是会为不同的学生设计不同的评价标准，结合每位学生知识学习的实际情况建构富有差异性的评价体系。体验性知识学习之所以呼唤包容性的教学评价，原因主要表现在如下方面：首先，从教学评价的目的上讲，开展包容性教学评价旨在帮助学生发现自身在知识学习方面所具有的独特优势，是一种"扬长"式的教学评价。它与传统教学评价的目的存在着明显的差异，传统教学评价的目的在于通过设计某种统一化的标准，进而为知识学习效果不理想的学生指出问题所在。因此传统的教学评价可以理解为是"纠错"式的，其根本目的在于帮助学生"避短"。体验性知识学习则鼓励学生对知识内容形成自己的理解，开展体验性知识学习的目的显然在于实现学生的个性化发展，而不是鼓励将所有学生都培养成为标准化的"产品"，显然包容性评价更加适用于对学生体验性知识学习的评价。

其次，从评价的对象上讲，包容性教学评价关注的不仅限于某种固定的指标或分数，而是学生在知识学习过程中所呈现出的各种行为表现。要想真正实现对学生体验性知识学习过程的评价，不仅要评估学生的知识掌握程度，更要关注某些学生在知识学习过程中所表现出来的东西。如果学生在体验性知识学习中表现出某种突出的才能，而这种才能刚好落在既定的评价内容之外，这一方面便会被传统教学评价所忽视。而包容性评价则可以很好地弥补传统教学评价在这一方面所表现出的不足，能够更好地抓住某些学生在知识学习过程中所表现出的优秀素养，进而更好地实现对学生体验性知识学习过程的评价。

再次，从评价的过程上讲，包容性教学评价更多表现为对学生知识学习行为的欣赏而非是计分式的量化评估。包容性的教学评价会以"欣赏"的眼光去审视学生知识学习过程中的方方面面，而不是为学生的知识学习活动简单地打一个"分数"。美国教育家艾斯纳（Elliot W. Eisner）曾经系统地阐述了"欣赏性评价"的概念，他认为欣赏性评价源于一种对艺术作品的鉴赏方式，他将欣赏性评价划分为"教育鉴赏"与"教育批评"两个部分：其中的教育鉴赏就是对教育中精妙、复杂以及重要特质的感知；而教育批评则是教育鉴赏的公开方面，它是制造某种关于教育环境、事件或对象的表征，进而为教育鉴赏的进行提供某些方面的指示物[①]。从某种程度上讲，教育批评可以看作是为教育鉴赏而服务的，二者的核心目的都指向一种以"欣赏"而非"鉴别"为核心的评价观。此种"欣赏性评价"的观点对包容性教学评价的开展大有启发。相较于传统知识学习方式而言，学生通过体验来学习知识的优越性便在于通过体验的过程能够使学生收获到某些除知识内容本身之外的东西，而这些内容往往能够对学生日后的发展产生更为深远的影响，其价值要远远高于知识内容本身。显然当我们要对学生体验性知识学习进行评价时，也应该考虑到对这些除知识本身之外的内容的评价。由于这些内容通常内化于学生的体验行为之中，是无法用分数来进行量化与评估的，只能够通过对学生体验性知识学习过程中行为的欣赏来加以实现。

由此可见，对学生体验性知识学习情况的评价需要依靠某种包容性的教学评价方式，那在实际教学过程中教师应如何做才能够真正实现所谓的包容性教学评价呢？笔者认为应从以下方面出发。

首先，要转变评价思维方式，基于学生的体验实现对于评价体系的重构。要实现对于学生体验性知识学习的教学评价，首先必须转变教学评价中根深蒂固的知识本位思维方式，并确立学生体验本位的思维方式，使教学评价的着眼点由学科知识转向学生的体验，这是倡导包容性教学评价的前提。要想真正实现基于学生体验的教学评价体系重构既要从横向上关注教学评价的宽度，又要在纵向上关注教学评价的深度。从横向上讲，评价的宽度在于教学评价所关注的范围。包容性的教学评价不仅要关注学生的知识掌握情况，更加强调对学生素质素养方面发展的

---

① ［美］艾斯纳．教育想象——学校课程设计与评价 [M]．李雁冰，译．北京：教育科学出版社，2008：216-229.

重视。正如前文中说提到的，学生以体验的方式来进行的知识学习不仅仅能够使学生获得相应的知识，它能够在某种程度上促进学生内在素质素养的发展。面对此种情况，对于学生体验性知识学习的评价就不能够仅仅立足于知识本身来进行，还要将其对学生内在素养发展所产生的影响也纳入评价之中，如此做出的评价才可能是准确、真实的。对此，在实际的教学评价中教师应将评价的着眼点由对知识的掌握情况转向对学生素养方面发展的关注。从纵向上讲，评价的深度在于教学评价不仅要关注学生当前知识学习所取得的效果，更要考虑学生通过体验此种知识后对于其未来发展所带来的可能性。相较于其他知识学习方式而言，体验性知识学习通常能够为学生带来更为长远的影响，这种影响可能不会发生在学生的在校期间，有时会对学生一生的生活都产生重大的影响。这就要求教学评价的开展要具有长期性，要能够实现对学生体验性知识学习活动的长期跟踪评价，最好能够建立相应的评价体系网，无论是在校内还是校外、无论是在低年级还是高年级、无论是在小学还是初中，都能够随时随地实现对于学生体验性知识学习的长期评价。

其次，要变革传统对"分数"过于依赖的教学评价范式，鼓励教学评价的"无分数"化。在当前教育中，一提到要对学生的知识学习情况进行评价，我们往往首先想到的便是采用分数量化的方式来进行。对于某些能够直接能够用分数进行量化的知识就直接用分数进行评价。而对于那些无法用分数直接评价的内容也要想方设法将其转化为分数再进行评价，此种做法显然是欠妥当的。事实上，分数虽然与评价有关，但二者却是两个截然不同的概念。所谓的分数通常是使用一系列数字或其他符号来表示评价的抽象指数，分数本身并不是评价，而是知识评价结果的一种表现形式，除了分数外评价往往还拥有很多其他的表现方式。尤其当评价涉及个体的态度、兴趣、动机等内在素养方面时，以分数的方式对其加以评价往往是不适合的。就好比我们很难对学生体验性知识学习的达成情况打一个客观分数，因为学生以体验的方式开展的学习活动所取得效果并不完全是显性的，它还会对学生个体内在素质素养的发展产生相应的影响，而对于这一部分内容的评价便很难用一个分数来进行。因此从本质上讲，教师对学生体验性知识学习达成情况而开展的评价是不适合用分数来进行的，更多应该通过某些质性的方法来实现。面对此种情况，我们应鼓励教师开展一种"无分数"的教学评价。苏联教育家阿莫纳什维利曾就"无分数"教学评价观有过系统的论述，他认为，传统教育中人们往往将分数视为"偶像"，成为评判好学生与坏学生的标尺，因此他倡导取消分数。阿莫纳什维利"无分数"教学评价观的核心在于，它倡导取消分数但并不等于说对学生对学业情况不做评价，相反"我们会对学生在课堂上的学习劳动做深入而全方面的评价以此取代了抽象的分数"①。可见，阿莫纳什维利否定的只是作为一种评价方式的"分数"本身，而并不否认教学评价所具有的价值。这种思想对于当前教学对于学生体验性知识学习情况的评价具有重要的启发意义，它启示我们应理性看待分数在教学评价中的价值。分数就其本身而言是不存在问题的，但就学生的体验性知识学习评价而言，分数可能是不适宜的。事实上教学评价也是需要一个类似分数的标准的，因为有了标准才能衡量学生对知识内容的体验水平，进而判明学生体验性知识学习的达成度。但这个评判的标准不一定非要是分数，它也可以是某些其他的内容，如学生体验知识过程中的行为表现、完成的作品等都可以成为评价的标准。因此，要落实包容性的教学评价必须首先理性看待分数在评价中所发挥的作用，并努力鼓励教学评价的"无分数"化。

再次，还要适当拓展新的教学评价范式，倡导教学评价方式的多元化。包容性评价与已有的教学评价方式相比所具有的最大的区别便在于，后者通常立足于评价那些学生所共同都具备的基本性素质和能力，而对于学生个体素质中那些与众不同的部分，它却是无能为力的。而学生基于体验而开展的知识学习活动更多是基于某些自身个性化的素质而完成

---

① ［苏］阿莫纳什维利.学校没有分数行吗？[M].朱佩荣，译.北京：教育科学出版社，1986：3.

的，这也能够解释为什么即使是面对某一相同的学习对象，学生通过体验性知识学习所取得的结果也是富有差异的。显然，对于个体所具有的那些与众不同的部分进行评价是至关重要的，而这恰恰是传统教学评价所无法做到的事情，要想真正解决这一难题，就必须建构某些新的教学评价范式。其实，对于那些整体性的、独特性的素质，正确的对待方式不是将其进行分解后进行评价，因为这样就破坏了这种素质，而是要以整体性的、个性化的方式来评价①。在对学生体验性知识学习行为的评价时也是如此，如果我们将以某一时刻学生对知识内容的体验情况作为评价的对象，便是曲解了包容性教学评价的本意。要想真正对学生体验性知识学习情况进行评价，就必须也要立足于某些整体性、个性化的评价观，这就呼唤某些其他教学评价范式的帮助。针对学生体验性知识学习活动所具有的特征而言，近年来流行的质性评价方式可以为其提供重要的参考与启发。所谓的质性评价是相较于我们日常生活中所讲的"量化评价"的概念而提出的，它强调的是评价中要对被评价对象的价值或特点等做出相应的判断，其目的在于对评价对象进行更为广泛细致的分析，进而挖掘被评价对象所具有的某些内容的价值与品质。可见，质性评价是十分适用于对学生体验性知识学习情况进行评价的。在教学评价视野中，质性评价有着十分多样的表现，比如前文所提及的"鉴赏性评价"便是其中之一，除此之外还有像美国 STEAM 教育中的成果性评价、英国高校录取中的作品性评价等都是质性评价的典型代表。还有随着今年来国内外心理学、脑科学研究的不断推进，通过对学生在课堂中的肢体行为、面部表情、言语表达等方面的观察也能够很好地了解学生知识学习的实际情况，这些都能够为学生体验性知识学习的评价提供良好的方法论指导。理性地吸收与借鉴这些新型评价范式的合理性，对体验性知识学习评价是不无裨益的。

---

① 罗祖兵，郭超华.学科核心素养评价的困境与出路 [J].基础教育，2019(5)：49-56.

三、体验性知识学习的条件创设

体验性知识学习虽然相较于传统的知识学习方式具有一定的优越性，但其在教学中的实现同样也是较为困难的，正是由于这个原因使得体验性知识学习并未成为当前基础教育阶段学生开展知识学习的主要方式。要想真正在教学中落实体验性知识学习，除了要明确其所具有的基本理念以及实现路径外，还应思考体验性知识学习实现所需要的基本条件。

如果我们将体验性知识学习比喻成一辆自行车，它可以载我们去向远方，支持我们去探寻属于自己的答案。但是，我们仍旧需要用来稳定自行车的踏板和车把，还需要良好的方向感和到达目的地的强大意愿，如此体验性知识学习才能够真正落地，成为助力学生发展的有效手段。而在体验性知识学习中，适宜性的教学场域就仿佛是自行车的脚踏板，教师富有智慧的教学行为则可以视作为是自行车的车把，而学生所具有的好奇心则是自行车能够到达远方所具备的方向感和意愿的主要来源。由此可见，体验性知识学习可谓是教学场域、教师以及学生个人意愿三方面合力的结果，缺少了任何一个方面都将直接影响到体验性知识学习的实现。由于前文中已经系统地探讨了学生个人意愿在体验性知识学习中所发挥的重要作用，下面我们将从其他两个方面出发，进一步厘清实现体验性知识学习的基本条件。

（一）建构适宜性的教学"场"

体验总是发生于一定的场域之中，任何体验活动的发生都与其所处的"场"息息相关，离开了具体的"场"，个体的体验便会发生改变，在课堂教学中学生的体验性知识学习也是一般。要实现学生体验性的知识学习，在教学过程中建构适宜性的教学"场"。所谓的教学"场"是指，对教学行为有重要影响的各种物质的、制度的、精神的因素构成的课堂环境和氛围[①]。教学"场"是一个十分广阔的概念，它既包括某些外在的物质条件，如教室、黑板、书本材料等，也包括师生所表现出的内在精神条件，如教师的教学态度、学生的学习倾向、班级的学习氛围等。我们可按照教学"场"所包含的内容将其划分为外部场域和内部场域两个层次。外部场域主要是指影响教学活动开展的各种实体性的因素，如自然环境（气温、光线等）、空间结构（教室的空间大小、座椅的摆列方式）、人员结构（学生的性别比例、学生的发展水平）、时间安排（每节课的时长、讲课的时刻）等，这些因素共同构成了教学的外部场域。此种外部场域通常是在事前就被安排好的，未发生特殊情况时是不会随意发生变动的，因此外部场域通常是稳定的、预成的。内部场域主要是指在具体的教学活动中，由教师和学生共同作用并产生的情境，如教师在教学过程中表现出的即时性的教学行为、学生对教学内容表现出的学习兴趣等，这些因素都会影响教学内部场域的生成。相较而言，教学的内部场域通常是不稳定的、生成的，即使是在同一个班级、同一节课的教学中，教师面对的内部场域也并非是完全稳定不变的，而是不断变化、生成的。外部场域和内部场域共同构成了教学的"场"，相比之下内部场域对学生知识学习的影响更为显著，这是因为在课堂教学中，教师的行为方式以及学生的学习态度等构成的内部场域往往会直接影响学生学习知识的方式，比如当老师在课堂教学中表现的比较强势，严格控制教学的流程和环节，此时学生便处于相对弱势的地位，其对于知识的学习更多是被动性的；而有些教师的课堂教学比较开放，他们乐于倾听与接纳学生的需要，此时学生便成为学习的主人，其对知识内容的学习更多是主动性的。由此可见，体验性知识学习的实现需要教学"场"的配合，尤其是内部场域的配合。

---

① 陈佑清.教学论新编[M]北京：人民教育出版社，2011：472.

在体验性知识学习中，教师的任务并非是为学生分发各种碎片式的知识，而是通过创设一定的教学"场"，将知识融入其中，继而为学生提供体验知识的情境。可见，情境的创设在实现学生体验性知识学习中发挥着极其重要的作用。为了能够保证学生能够顺利地实现对于知识内容的体验，此种教学情境的创设一定要是适宜性的。具体而言，此种适宜性主要表现在教学情境具有一种内在的变通性。长久以来，我们通常认为教学活动是有规律可循的，将实际的教学活动视作为是对教学计划或方案的忠实呈现过程。然而在实际教学过程中，总是会出现某些令教师和学生始料未及的情况，如下面呈现的课堂案例：

这是一堂小学三年级的语文课，讲授的内容是课文《搭船的鸟》，为了更好地带领学生走进这篇课文，教师在正式讲授课文内容前在黑板上呈现了一张教科书上的插图，这张图上呈现的是：在雨中江上的一只小船上，一只翠鸟立于船头。此时教师开始进行提问：

教师：有哪位同学能够告诉我你从这张图片中看到了什么？这一画面带给你什么样的感觉？

学生Ａ：老师，我看到了一条小船，上面还站着一只小鸟，给人一种孤独之感。

（老师显然不满意学生的回答继续提问）

教师：还有其他同学有别的看法吗？

学生Ｂ：老师，我看到了雨中站在船头的一只小鸟，它正在淋着雨，船舱中的两个人却穿着蓑衣在里面坐着，这只小鸟显得有些可怜。

（老师依旧不满意学生的回答，并继续追问）

……

事实上，这篇课文是以一个孩子的口吻来描述他认识翠鸟的过程，其目的在于引导学生产生热爱大自然之感。教师为学生呈现图片的目的是为了让学生能够体会到这种感觉，但由于图片色调偏暗、加之学生的个性化解读使得教师创设的教学情境没能够达到预先设计的效果。面对此种情况，教师要想能够顺利完成教学任务，就必须尝试发挥教学情境内在的变通性。所谓的内在变通性是指，教学情境并不是一成不变的，相反教师能够根据具体的教学需要修改甚至放弃原有设计好的情境进而采用更为合适的方案。只有在充满变通性的教学情境中，教师才能够随时对自身的教学行为做出调整，也才能够真正满足学生体验性知识学习的需要。

既然教学情境多是由教师所创设的，那么体验性知识学习的实现就呼唤教师时刻保持对教学情境的敏感性。任何教学活动都是具体的，知识学习也不例外。知识学习的具体性要求教师在教学中要对所创设的教学情境保持敏感性，即能够感受到知识学习情境发生的细微变化，并准确地捕捉和发现这种变化，以便及时对教学行为做出适应性的调整。对此，教师在设计相应的教学情境时，应充分考虑学生已有的思维方式、知识经验、学习发展需要等方面的条件，确保学生能够在设计的情境中有效地进行知识的学习和体验。正如复杂性思维所强调的，初始条件的细微差异可能导致教学的过程和结果产生巨大的差异。如果教师设计教学情境中忽视了学生的"初始条件"，就可能使教学导向一个完全相反的结果。此外，教师还必须时刻关注教学实施中知识学习情境发生的细微变化。事实上，无论教师对教学情境进行多么缜密的设计，都难以完全把脉教学过程中知识学习的具体情境，预期之外的因素总会以意想不到的形式出现并对知识学习产生影响。鉴于此种情况，教师能够做到的便是时刻对学生知识学习情境的变化保持高度的警觉，哪怕仅是最微小的变化，也要引起教师的关注。因为"一个小小的偶然事件就可能改变整个事件的结局"[①]。

为了能够满足不同学段学生以及对不同类型知识内容体验的实际需

[①]　［美］米歇尔·沃尔德罗普. 复杂：诞生于秩序与混沌边缘的科学 [M]. 陈玲，译. 北京：生活·读书·新知三联书店，1997：26.

要，对于教学中"场"的建构也必须要具体问题具体分析。并非任何的教学活动都需要教学情境的创设，离开了教学情境学生也是可以进行知识学习的，如古时候学生在家里闭门读书、自学成才，这种知识学习过程没有场域的创设，也是能够掌握某些知识的。但通过此种方式来学习知识的效果是很差的，不仅很容易忘记，而且所学到的知识也并没有被真正理解，只是记住了知识的符号表征。因此教学情境对学生的知识学习来讲并非是必须的，但理想的知识学习离不开教学情境的帮助，都是在特定的教学情境中发生的。在课堂教学中，教学情境的创设多半是由教师来完成的，教师创设某种教学情境也并不是优化自身教学水平而做出的某种形式化的作为，而是为了更加便于学生掌握所学知识而设计的。因此从这个角度上讲，在一定的教学情境中学习知识与直接去记忆知识内容本身显然是不一样的，直接去学习知识符号无须对知识内容产生体验之感，只需准确记忆它就可以达到目的。比如数学中的某些基本的定理公式，它们是开展日后学习所必需掌握的基础知识，对于这些知识的学习往往就不用浪费时间去建构情境，只需要学生直接记忆掌握即可。而在教学情境中学习知识则必须要唤起学生对所学知识的已有体验，进而实现基于体验的知识学习过程。这就好比在地理课上，我们要让学生记住某些晦涩的海峡或岛屿名称时，不创设相应的情境，采用编顺口溜等方式也能够让学生很快的记住它，但此时学生记住的仅仅是这些海峡或岛屿的名字，至于他们究竟处在什么地理位置、有哪些特征却是无从得知。而如果课上通过观看有关海峡或岛屿的纪录片或影像资料的方式，让学生在营造的虚拟教学情境中来获取知识，学生往往能够学到更多。可见，教学情境的参与往往能够为学生的知识学习带来更多的收获和快乐，而在何时创设情境、如何创设情境、创设何种情境则是要结合实际的情况来进行。

（二）鼓励教师"溶入"教学内容

虽然以体验的方式来学习知识应是由学生自己来完成的活动，但受学生自身发展水平的限制，尤其在基础教育阶段，很多学生并不具备开展体验性知识学习的基础和能力。因此在当前的学校教育中，要想真正倡导学生的体验性知识学习，教师扮演着十分重要的角色。为了能够有效助力学生以体验的方式来实现对于知识内容的学习，作为主要辅助者的教师必须首先要能够"溶入"教学内容之中，能够对教学内容生成自己的理解与体验，如此才有可能引导学生开展相应的体验性知识学习。

正如那句经典的观点所阐释的，"教育本质可以看作是：一棵树摇动另一棵树，一朵云推动另一朵云，一个灵魂唤醒另一个灵魂"，如果我们立足体验性知识学习的过程来讲，教学的过程也应当是教师用自己的体验来引导学生的体验。换言之，要想实现学生的体验性知识学习，教师必须首先自己便要对教学内容形成体验，如此才有可能引导学生开展相应的体验性知识学习。而为了能够真正生成对教学内容的体验，教师就必须要使自己"溶入"教学内容之中。那么，教师如何才能真正"溶入"教学内容之中呢？首先，教师应对自己所从事的工作具有坚定的信念。愿意选择教师作为自己毕生职业的人，往往会更加热爱教学工作，更愿意在教学工作中投入自己的情感，也更容易"溶入"其中，更容易生成对于教学内容的理解与体验。相比之下，那些被迫从事教师行业的人，往往对教学工作抱持着应付的态度，在讲课时和学生一样，都盼望早下课，一听到下课的铃声便如释重负。这种老师显然是难以形成对教学内容的体验，更难于实现在教学中体验的投入。其次，教师应对自己所传递的教学内容要有真切而强烈的情感体验。只有教师发自内心的热爱所教的内容，才能够投入相应的情感，也才能够引发学生对教学内容的热爱。这就好比，教师在讲授富有自己真切情感体验的内容时会感觉课堂时间过得很快，不知不觉就下课了。显然这种教师更加热爱自己所教的学科，也更容易在教学过程中投入自己的情感。再次，教师在教学中不是去限制自身的体验或是为了某种教学目的的达成而去迎合性的投入某些体验，而应该是在符合课堂教学基本需要的前提下，按自己最擅长的方式、投入自己最为真实的体验，以此感染学生。如果我们走进现实的课堂教学中不难发现，真正课讲得好的老师绝不是简单地迎合学生、迎合教材的需要，而是结合自己对于知识的体验，按自己最擅长的方式、融入自己亲身的情感体验来上课。从某种程度上讲，这也正是帕尔默所强调的教师回归教学勇气的重要表现。

（三）"稚化"教师的教学行为

除了鼓励教师"融入"教学内容并生成相应的体验外，体验性知识学习的实现还需要教师采用一种"稚化"的方式来开展教学活动。"稚化"是著名心理学家洛扎诺夫有关暗示教学法讨论中一个极其重要的概念，它是用来形容教师在教学过程中采用主动消除或弱化自身的体验能力与智力的方式来更好地迎合儿童身心发展的实际特点和需要。通俗来讲便是，教师要能够学会站在学生的立场上来思考问题进而开展教学活动。所谓的"学生立场"，即是说教师能够从学生的视角看待他们的行为与表现，看待学生的学习活动，看待学生的问题与答案，时时处处充满着对学生的关爱、鼓励与期待。正如蒙台梭利所指出的，课堂结构和秩序的唯一意义在于，为学生提供自由学习的机会。根据她的理念，孩子的需要才是最重要的，正如她在《蒙台梭利教学法》一书中所指出的，"学校应该成为一个可以让孩子自由生活的地方"[①]。而此种自由的实现则需要教师不断"稚化"自身的教学行为加以实现，如果单纯采用某种专业的视角去看待学生，此种做法便未必能够真正读懂学生，相反还会蕴含着一种风险。正如范梅南在《教育的情调》一书所指出的，"用技术的、诊断性或工具性的语言来把孩子们分类，实际上是对孩子们的一种精神上的放弃"[②]。

---

① ［加］M. Montessori. Spontaneous Activity in Education: The Advanced Montessori Method[M]. New York: Schocken,1965:142.

② ［加］马克斯·范梅南，等.教育的情调 [M].李树英，译.北京：教育科学出版社，2019：38.

教师此种"稚化"的教学行为表现在实际的课堂教学中便是，教师能够设身处地地将自己想象为学生，尝试站在学生视角来看待知识，并以此为标准对自己的教学活动进行调整。在体验性知识学习中便表现为一种对学生体验的理解能力，无论讲授何种知识，都要先思考一下：学生对于这个知识的体验是什么样子的？我提供的教学内容能否真正被学生所体验到呢？为了能够使学生实现对于这个知识的体验我应该削弱哪些方面的内容？如果教师在教学中能够做到这些，那他的教学行为便有可能是稚化的。这种"稚化"的教学是教师进入孩子学习体验世界的重要方式，它要求教师尽可能体会孩子所处的情境，对其周围环境保持好奇和敏感，并保持"童真"与孩子产生共鸣体验，精准且积极地与孩子的思维进行碰撞，视学生需求为教学重要来源，理解孩子是如何感受和体验的。在此种"稚化"的教学活动中，更容易创设一种相对轻松的学习氛围，这对于消除学生知识学习的压力和恐惧具有十分重要的意义。如果教师在教学中能够用"稚化"的语言让学生在体验知识中找到他们自己的位置，那么他们就会愿意学习更多相关的知识，进而达到一种更为理想的知识学习状态。

要想真正实现对于教师教学行为的"稚化"，应从以下方面着手。首先，任何的"稚化"行为都源于教师对学生的"爱"，如果只是为了迎合学生的认知特点，那此种"稚化"便可能是失真的。爱是人类所具有的最强烈的情感之一，同时也是教育的永恒主题，融入爱的教育是最容易被学生所体验并接受的。从这个角度上讲，教育必须立足于培养懂爱的人，培养一种爱人也值得人爱的人。真正的教育，就应该让学生在爱的浸润中趋向完善，在爱的召唤下发展自身的品格，在爱的感召下实现自己的理想。因此，教师教学行为的"稚化"也应是出自"爱"的，如此才能够真正让学生感受到教师是一直"在场"的，否则教师的教学便是游离于学生体验之外的。因此，从这个角度上讲，能够唤起学生体验的教学一定是教师基于"爱"而开展的，富有教学智慧的教师会将每位学生都视作为是自己的孩子，尝试用自身最为真诚的"爱"来打动和感染学生，并尝试不断地"稚化"自己的教学行动以满足学生实际发展的需要。

其次，"稚化"行为的有效开展依赖于教师自身对教学活动所具有的敏感性。富有教学智慧的教师是敏感性的。范梅南 (Manen, M.) 曾在《教育的情调》中将敏感性理解为是，"一种周全的、充分体贴他人的思想，是一种特殊的知识"[①]，在实际的教学过程中，教师的教学敏感性可以理解为是教师结合自身条件、理论自觉和经验反思对特定教学情境所表现出的临场反应，此种临场反应既可以是思维上的，也可能是情感上的或行动上的。教师的敏感性是教师稚化自身教学行为，从而进入学生体验世界的一种能力，体验性知识学习的实现呼唤着教师教学敏感性的发挥。教师所具有的此种敏感性主要表现在以下方面：一是教师应能够根据学生体验知识内容的实际需要，选择并实施适宜性的教学行为。一位富有智慧的教师在课堂教学中应该十分清楚什么能说、什么不能说，什么该说、什么不该说，该怎样说、不该怎样说。二是教师应能够机敏地感知学生对知识内容所形成的体验状况，准确抓住教育的时机，适时地对学生给予指导和帮助。正如我们无法找到两片完全一样的树叶，课堂教学中也不存在两个一模一样的学生，同时学生也不可能采用完全相同的方式去体验知识，因此教师在教学过程中保持一定的敏感性是十分必要的。三是教师还应该具备某种敏锐的反思性。此种反思性是指教师应保持对自身教学行为的经常性斟酌与思考，以确保教学活动的适切性。在很多时候，学生在知识学习过程中所体验到的内容未必一定是教师想让学生体验到的知识，至少不是教师想让学生通过体验知识内容所形成的体验和感受。此时教师要做的绝不是想方设法地控制或转变学生的体验，而是要引导学生不断对自身获得的体验进行深层次地思考与反思。真正富有教学智慧的教师应是一个善于抓住学生的体验并且能够用浅显

---

① ［加］马克斯·范梅南，等.教育的情调 [M].李树英，译.北京：教育科学出版社，2019：8.

的方式去深化它的人，他们会将对教学活动的反思当作是一种"常态"。教师的敏感性作为一种特殊的才能，通常是无法通过某种明确的方式加以获得的。教师教学敏感性只能在自身不断与学生进行互动与反馈中加以获得，正是因为这个原因，在现实中大部分富有教学敏感性的教师都是拥有较高教龄的老教师。

结　语　体验性知识学习：
一种更高层次的知识学习新范式

　　行文至此，笔者已经对体验性知识学习有了一个基本的理解，然而此种理解依旧是粗浅的，还有待于进一步深究。比如说体验性知识学习究竟是什么？在知识学习过程中除了通过具身性体验、替代性体验以及想象性体验外，还有没有何种体验范式也可以归属于体验性知识学习的范畴？体验性知识学习发生的内在机制究竟为何？究竟如何做才能够真正使体验性知识学习落实于当前的基础教育课堂教学之中？这些问题都有待于进一步进行探究和分析。但总归一句话来讲，体验性知识学习不仅追求的记住知识内容本身，而是指向知识信息背后的东西，它既指向学生理性的生成，也指向学生情感、意志、人格塑造、价值观和素养的生成，是一种更高层次的知识学习新范式，亟须我们不断地探索。

　　美国著名学者库恩曾指出，"在紧要关头，从一种范式向另一种范式的转换远远不同于积累的过程。范式的转换可以产生常规科学的新传统，而积累知识旧范式的连接和延续"，笔者认为这一论述十分的精辟。任何范式的转变从某种意义上讲都可以理解为是在新基础上进行重建的过程，而不是在旧基础上不断进行增补的过程。从这一角度上讲，有关知识学习范式的转变更应是如此的。如果我们将体验性知识学习称作为是一种知识学习的新范式，那么对于此种知识学习范式的倡导就必然意味着对传统知识学习范式的转型。这种转型意味着体验性知识学习将超越已有知识学习范式的框架，为学生的知识学习活动提供一种全新的、具有独特价值的变革。此种变革应当是全方面的，不仅包括知识学习对象的组织与安排，也包括知识学习落实方式的转型，更要涉及有关知识学习情况评价的相关内容。由此可见，倡导体验性知识学习实际上便是在传统以知识传授为目的的知识学习模式基础上，实现知识学习活动整体范式上的变革。体验性知识学习为学生开展知识学习活动提供一种新的思路。从某种程度上讲，这也正是倡导体验性知识学习所具有的价值所在：它能够为转变时下主流的理性化知识学习范式提供一点新的思考。

正如我们在讨论理性化知识学习与体验性知识学习的关系时所谈到的，体验性知识学习可以理解为是涵盖全部感性化知识学习和一部分理性化知识学习的综合性知识学习类型，体验性知识学习不排斥理性化的知识学习，但它不止于理性，而恰恰是一种包容理性成分但更崇尚学生个性、追求卓越的知识学习范式。我们之所以说体验性知识学习是崇尚个性的，原因在于在体验性知识学习的视角下，学习者的知识学习活动是基于自身体验加以完成的个体行为，教师及书本教材等外在条件只能够为学生体验知识内容创设相应的条件，但却无法替代学生去完成对知识内容的体验。因此基于体验性知识学习的角度来讲，我们无法准确预料每一位学生会对所学的知识内容产生何种体验，也无法简单地把握学生会如何去体验所学的知识，更不能简单地评价学生对知识内容的体验是好是坏、是对是错。我们能做的便是尽量尊重学生对知识内容所做出的体验，并在恰当的时机对其加以引导。因此从这个角度上讲，体验性知识学习不存在某种固定的模式，它本身便是一种个性化的选择。体验性知识学习并不存在某种能够达到的理想化效果，只要学生对知识内容所获得的体验能够助力其成长，这种体验便是有意义的。

我们之所以说体验性知识学习是追求卓越的，原因在于学生通过体验性知识学习能够获得的往往不止于作为信息符号的知识内容本身，更能够获得自身对于知识内容所产生的感悟和理解，进而形成某些深层次的素养，而这些素养则能够使学习者终身受用。因此相较于传统的知识学习过程而言，体验性知识学习更有可能导向卓越性的结果。具体而言，这种卓越主要表现在两个方面：首先，通过体验性知识学习，学生能够学到的不仅是枯燥的知识，还有如何学习知识的方法，而后者将会为学生日后的知识学习奠定夯实的基础。正所谓授人以鱼不如授人以渔，体验性知识学习能够为学生带来的正是"渔"的方法而不是某些单纯的"鱼"的知识。其次，体验性知识学习更有可能导向某些开放性的结果。立足于体验性知识学习的角度来讲，只要学习者是基于自身体验对知识内容所形成的看法都是有意义的，而这一过程中便会导向很多未知的结果。这些充满开放性和创造性的想法更有可能促使某些新知识的出现，进而产生更为宝贵的财富。由此可见，体验性知识学习不束缚学生对于知识内容的创造力，鼓励学生站在自己的立场上不断进行探索，追求卓越。这也正是当前教育需要倡导体验性知识学习的重要原因。

　　虽然是一种更为高级的知识学习方式，但体验性知识学习绝不能忘本，必须脚踏实立足于学生知识学习的实际情况出发。正如奥地利诗人里尔克 (Rainer Maria Rilke) 曾指出的，"不要急于得到答案，因为你还没有经历过，所以不能给答案。关键在于去体验一切！现在就去体验问题，渐渐地体验了一些日子以后，答案就会出现"。同样，体验性知识学习的关键也在于引导学生去体验知识学习过程中的一切，而不是直接为其抛出某些现成的答案。正如德国著名教育哲学家博尔诺夫所强调的，儿童初识事物绝不是靠纯粹的理性，而是靠某种心不在焉的日常体验。为了能获得纯粹的、无偏见的、了解事物本来面目的直观，首先需要突破一种依靠中介来认识事物的习惯。体验性知识学习不仅是引导学生进行知识学习的一种重要的方式，更是能够实现个性化、卓越性知识学习活动的重要手段，是一种更为高层次的知识学习新范式。

参考文献

（一）著作类

[1][巴西]保罗·弗莱雷.被压迫者教育学[M].顾建新,等译.上海:华东师范大学出版社,2014.

[2][德]F.W.克罗恩.教学论基础[M].李其龙,等译.北京:教育科学出版社,2005.

[3][德]M.兰德曼.哲学人类学[M].阎嘉,译.贵阳:贵州人民出版社,2006.

[4][德]O.F.博尔诺夫.教育人类学[M].李其龙,等译.上海:华东师范大学出版社,1999.

[5][德]恩斯特·卡西尔.人论[M].甘阳,译.上海:上海译文出版社,1985.

[6][德]费迪南·费尔曼.生命哲学[M].李健鸣,译.北京:华夏出版社,2000.

[7][德]海德格尔.存在与时间[M].陈嘉映,等译.北京:商务印书馆,2018.

[8][德]海德格尔.面向思的事情[M].陈小文,等译.北京:商务印书馆,1996.

[9][德]海德格尔.从思想的经验而言[M].孙周兴,等译.北京:

商务印书馆，2018.

［10］［德］赫尔巴特.教育学讲授纲要［M］.李其龙，译.北京：人民教育出版社，2015.

［11］［德］赫尔巴特.普通教育学［M］.李其龙，译.北京：人民教育出版社，2015.

［12］［德］克里斯托夫·武尔夫.教育人类学［M］.张志坤，译.北京：教育科学出版社，2009.

［13］［德］马丁·布伯.我与你［M］.陈维纲，译.北京：生活·读书·新知三联书店，2002.

［14］［德］马丁·海德格尔.哲学论稿［M］.孙周兴，译.北京：商务印书馆，2016.

［15］［德］威廉·狄尔泰.体验与诗［M］.胡其鼎，译.北京：生活·读书·新知三联书店，2003.

［16］［德］沃尔夫冈·布列钦卡.教育知识的哲学［M］.杨明全，等译.上海：华东师范大学出版社，2006.

［17］［德］雅斯贝尔斯.什么是教育［M］.邹进，译.北京：生活·读书·新知三联书店，1991.

［18］［德］伊曼努尔·康德.论教育学［M］.赵鹏，等译.上海：上海人民出版社，2005.

［19］［法］埃德加·莫兰.复杂性理论与教育问题［M］.陈一壮，译.北京：北京大学出版社，2004.

［20］［法］梅洛－庞蒂.可见的与不可见的［M］.罗国祥，译.北京：商务印书馆，2016.

［21］［法］莫里斯·梅洛－庞蒂.眼与心［M］.刘韵涵，译.北京：中国社会科学出版社，1992.

［22］［法］皮埃尔·布迪厄，［美］华康德.实践与反思——反思社会学导引［M］.李猛，等译.北京：中央编译出版社，1998.

［23］［法］让－弗朗索瓦·利奥塔.后现代状况——关于知识的报

告 [M]. 岛子，译. 长沙：湖南美术出版社，1996.

［24］［荷］格特·比斯塔. 教育的美丽风险 [M]. 赵康，译. 北京：北京师范大学出版社，2018.

［25］［加］Brent Davis，等. 心智交汇——复杂时代的教学变革 [M]. 毛齐明，译. 上海：华东师范大学出版社，2009.

［26］［加］Kieran Egan，等. 走出"盒子"的教与学 [M]. 王攀峰，等译. 上海：华东师范大学出版社，2010.

［27］［加］大卫·杰弗里·史密斯. 全球化与后现代教育学 [M]. 郭洋生，译. 北京：教育科学出版社，2000.

［28］［加］马克斯·范梅南，等. 教学的情调 [M]. 李树英，译. 北京：教育科学出版社，2019.

［29］［加］马克斯·范梅南. 教学机智——教育智慧的意蕴 [M]. 李树英，译. 北京：教育科学出版社，2014.

［30］［加］马克斯·范梅南. 生活体验研究——人文科学视野中的教育学 [M]. 宋广文，等译. 北京：教育科学出版社，2003.

［31］［美］A.J. 哈罗，等. 教育目标分类学——第三分册 动作技能领域 [M]. 施良方，等译. 上海：华东师范大学出版社，1989.

［32］［美］B.S. 布卢姆，等. 教育目标分类学——第一分册 认知领域 [M]. 罗黎辉，等译. 上海：华东师范大学出版社，1986.

［33］［美］C. 赖特·米尔斯. 社会学的想象力 [M]. 李康，译. 北京：北京师范大学出版社，2017.

［34］［美］D.A. 库伯. 体验学习——让体验成为学习和发展的源泉 [M]. 王灿明，译. 上海：华东师范大学出版社，2008.

［35］［美］D.R. 克拉斯沃尔等. 教育目标分类学——第二分册 情感领域 [M]. 施良方，等译. 上海：华东师范大学出版社，1988.

［36］［美］J.S. 布鲁纳. 布鲁纳教育论选著 [M]. 邵瑞珍，等译. 北京：人民教育出版社，2018.

［37］［美］K.T. 斯托曼. 情绪心理学 [M]. 张燕云，译. 沈阳：辽宁

人民出版社，1986.

〔38〕〔美〕R.M.加涅，等.教学设计原理〔M〕.王小明，等译.上海：华东师范大学出版社，2018.

〔39〕〔美〕R.M.加涅.学习的条件和教学论〔M〕.皮连生，等译.上海：华东师范大学出版社，1999.

〔40〕〔美〕阿尔弗莱德·怀特海.思想方法〔M〕.韩东晖，等译.北京：华夏出版社，1998.

〔41〕〔美〕阿普尔.官方知识：保守时代的民主教育〔M〕.曲囡囡，等译.上海：华东师范大学出版社，2004.

〔42〕〔美〕埃里奥特·W.艾斯纳.教育想象——学校课程设计与评价〔M〕.李雁冰，译.北京：教育科学出版社，2008.

〔43〕〔美〕艾伦·C.奥恩斯坦，等.课程论：基础、原理和问题（英文影印）〔M〕.北京：中国人民大学出版社，2009.

〔44〕〔美〕爱莉诺·达克沃斯.精彩观念的诞生——达克沃斯教学论文集〔M〕.张华，译.北京：高等教育出版社，2005.

〔45〕〔美〕安迪·哈格里夫斯.知识社会中的教学〔M〕.熊建辉，等译.上海：华东师范大学出版社，2007.

〔46〕〔美〕布鲁纳.教育过程〔M〕.邵瑞珍，译.北京：文化教育出版社，1963.

〔47〕〔美〕布鲁斯·乔伊斯，等.教学模式〔M〕.兰英，等译.北京：中国人民大学出版社，2014.

〔48〕〔美〕戴维·珀金斯.为未知而教，为未来而学〔M〕.杨彦捷，译.杭州：浙江人民出版社，2015.

〔49〕〔美〕戴维·温伯格.知识的边界〔M〕.胡泳，等译.太原：山西人民出版社，2014.

〔50〕〔美〕丹尼尔·科顿姆.教育为何是无用的〔M〕.仇蓓玲，等译.南京：江苏人民出版社，2005.

〔51〕〔美〕弗莱德 R.多迈尔.主体性的黄昏〔M〕.万俊人，译.桂林：

广西师范大学出版社，2013.

　[52][美]弗兰克·G.戈布尔.第三思潮——马斯洛心理学[M].吕明，等译.上海：上海译文出版社，2001.

　[53][美]赫伯特·马尔库塞.单向度的人——发达工业社会意识形态研究[M].刘继，译.上海：上海译文出版社，2016.

　[54][美]杰恩·弗利纳.课程动态学——再造心灵[M].吕联芳，等译.北京：教育科学出版社，2013.

　[55][美]杰拉尔德·古特克.哲学与意识形态视野下的教育[M].陈晓端，译.北京：北京师范大学出版社，2008.

　[56][美]卡尔·罗杰斯，[美]杰罗姆·弗赖伯格.自由学习[M].王烨晖，译.北京：人民邮电出版社，2015.

　[57][美]洛伦·S.巴里特，等.教育的现象学研究手册[M].刘洁，译.北京：教育科学出版社，2010.

　[58][美]马斯洛，等.人的潜能和价值——人本主义心理学译文集[M].林方，主编.北京：华夏出版社，1987.

　[59][美]玛克辛·格林.释放想象：教育、艺术与社会变革[M].郭芳，译.北京：北京师范大学出版社，2017.

　[60][美]内尔·诺丁斯.幸福与教育[M].龙宝新，译.北京：教育科学出版社，2014.

　[61][美]内尔·诺丁斯.教育人类学[M].于天龙，译.北京：教育科学出版社，2014.

　[62][美]帕克·帕尔默.教学勇气[M].吴国珍，译.上海：华东师范大学出版社，2014.

　[63][美]琼·温克.批判教育学——来自真实世界的笔记[M].路旦俊，译.长沙：湖南教育出版社，2008.

　[64][美]舒尔茨，等.教育的感情世界[M].赵鑫，等译.上海：华东师范大学出版社，2009.

　[65][美]舒尔曼.实践智慧——论教学、学习与学会教学[M].王

艳玲，等译.上海：华东师范大学出版社，2014.

［66］［美］托宾·哈特.从信息到转化：为了意识进展的教育 [M].彭正梅，译.上海：华东师范大学出版社，2007.

［67］［美］威廉·V.斯潘诺斯.教育的终结 [M].王成兵，等译.南京：江苏人民出版社，2006.

［68］［美］维克托·S.约翰斯顿.情感之源 [M].翁恩琪，等译.上海：上海科学技术出版社，2002.

［69］［美］小威廉·E.多尔.后现代课程观 [M].王红宇，译.北京：教育科学出版社，2015.

［70］［美］小威廉·E.多尔，等.混沌、复杂性、课程与文化——一场对话 [M].余洁，译.北京：教育科学出版社，2014.

［71］［美］小威廉·E.多尔，［澳］诺尔·高夫.课程愿景 [M].张文军，等译.北京：教育科学出版社，2004.

［72］［美］亚伯拉罕·马斯洛.动机与人格 [M].许金生，等译.北京：中国人民大学出版社，2012.

［73］［美］约翰·I.古德莱得.一个称作学校的地方 [M].苏智欣，等译.上海：华东师范大学出版社，2014.

［74］［美］约翰·杜威.经验与自然 [M].傅统先，译.北京：商务印书馆，2015.

［75］［美］约翰·杜威.艺术即经验 [M].高建平，译.北京：商务印书馆，2013.

［76］［美］约翰·杜威.我们怎样思维·经验与教育 [M].姜文闵，译.北京：人民教育出版社，2005.

［77］［美］约翰·杜威.经验与教育 [M].盛群力，译.北京：中国轻工业出版社，2016.

［78］［美］约翰·杜威.民主主义与教育 [M].王承绪，译.北京：人民教育出版社，2001.

［79］［日］佐藤学.教师花传书——专家型教师的成长 [M].陈静静，

译.上海：华东师范大学出版社，2016.

［80］［日］佐藤学.静悄悄的革命 [M].李季湄，译.北京：教育科学出版社，2014.

［81］［日］佐藤学.课程与教师 [M].钟启泉，译.北京：教育科学出版社，2003.

［82］［日］佐藤学.学习的快乐——走向对话 [M].钟启泉，译.北京：教育科学出版社，2004.

［83］［瑞］皮亚杰.教育科学与儿童心理学 [M].傅统先，译.北京：文化教育出版社，1981.

［84］［苏］沙·阿·阿莫纳什维利.学校没有分数行吗？ [M].朱佩荣，译.北京：教育科学出版社，1986.

［85］［苏］沙·阿·阿莫纳什维利.学校无分数教育三部曲——孩子们，你们好！ [M].朱佩荣，译.北京：教育科学出版社，2005.

［86］［苏］沙·阿·阿莫纳什维利.学校无分数教育三部曲——孩子们，你们生活得怎么样？ [M].朱佩荣，译.北京：教育科学出版社，2005.

［87］［苏］A.H.鲁克.情绪与个性 [M].李师钊，译.上海：上海人民出版社，1987.

［88］［苏］沙·阿·阿莫纳什维利.学校无分数教育三部曲——孩子们，祝你们一路平安！ [M].朱佩荣，译.北京：教育科学出版社，2005.

［89］［苏］赞科夫.教学与发展 [M].杜殿坤，等译.北京：人民教育出版社，2008.

［90］［新西兰］约翰·哈蒂，［澳大利亚］格雷戈里·C.R.耶茨.可见的学习与学习科学 [M].彭正梅，等译.北京：教育科学出版社，2018.

［91］［印］阿马蒂亚·深.以自由看待发展 [M].任赜，等译.北京：中国人民大学出版社，2012.

［92］［印］克里希那穆提.教育就是解放心灵 [M].张春城，等译.北京：九州出版社，2010.

［93］［英］鲍桑葵.个体的价值与命运 [M].李超杰，等译.北京：

商务印书馆，2015.

［94］［英］伯特兰·罗素.教育与美好生活 [M].张鑫毅，译.上海：上海人民出版社，2017.

［95］［英］戴安娜·劳里劳德.教学是一门设计科学：建构学习与技术的教学范式 [M].金琦钦，等译.福州：福建教育出版社，2019.

［96］［英］戴维·伯姆.论对话 [M].王松涛，译.北京：教育科学出版社，2004.

［97］［英］怀特海.教育的目的 [M].庄莲平，等译.上海：文汇出版社，2012.

［98］［英］卡尔·波普尔.通过知识获得解放 [M].范景中，等译.浙江：中国美术学院出版社，2014.

［99］［英］卡尔·波普尔.客观的知识——一个进化论的研究 [M].舒炜光，译.浙江：中国美术学院出版社，2013.

［100］［英］柯林·比尔德，等.体验式学习的力量 [M].黄荣华，译.广州：中山大学出版社，2003.

［101］［英］迈克尔·波兰尼.个人知识 [M].许泽明，译.贵阳：贵州人民出版社，2000.

［102］［英］迈克尔·格伦菲尔.布迪厄：关键概念 [M].林云柯，译.重庆：重庆大学出版社，2018.

［103］［英］麦克·扬.知识与控制 [M].谢维和，等译.上海：华东师范大学出版社，2002.

［104］［英］以塞亚·伯林.自由论 [M].胡传胜，译.南京：译林出版社，2011.

［105］［英］约翰·怀特.再论教育的目的 [M].李永宏，等译.北京：教育科学出版社，1997.

［106］陈晓端.郝文武.西方教育哲学流派——课程与教学思想 [M].北京：中国轻工业出版社，2008.

［107］陈晓端.国外教学论基本文献讲读 [M].北京：北京大学出版

社，2013.

［108］陈佑清．教学论新编 [M].北京：人民教育出版社，2011.

［109］陈佑清．教育活动论 [M].南京：江苏教育出版社，2000.

［110］陈佑清．学习中心教学论 [M].北京：教育科学出版社，2019.

［111］丛立新．课程论问题 [M].北京：教育科学出版社，2000.

［112］崔允漷．有效教学 [M].上海：华东师范大学出版社，2009.

［113］单丁．课程流派研究 [M].济南：山东教育出版社，1998.

［114］［美］杜普伊斯，［美］高尔顿．历史视野中的西方教育哲学 [M].彭正梅，等译．北京：北京师范大学出版社，2006.

［115］顾泠沅．教学实验论——青浦实验的方法学与教学原理研究 [M].北京：教育科学出版社，1994.

［116］顾明远．中国教育大百科全书 [M].上海：上海教育出版社，2012.

［117］郭元祥．深度学习——促进学生素养发育的教学变革 [M].福州：福建教育出版社，2020.

［118］郭元祥．综合实践活动课程与教学论 [M].北京：人民教育出版社，2013.

［119］何世祥．让学生亲历知识——主体参与下体验式学习的实施策略 [M].南京：江苏凤凰教育出版社，2016.

［120］胡军．知识论 [M].北京：北京大学出版社，2006.

［121］华东师范大学教育系，浙江大学教育系．西方古代教育论著选 [M].北京：人民教育出版社，1999.

［122］简小珠，戴步云．SPSS23.0 统计分析在心理学与教育学中的应用 [M].北京：北京师范大学出版社，2017.

［123］靳玉乐，于泽元．后现代主义课程理论 [M].北京：人民教育出版社，2005.

［124］经济合作与发展组织．理解脑——新的学习科学的诞生 [M].周加仙，等译．北京：教育科学出版社，2014.

［125］［美］莱斯利·P.斯特弗，［美］杰里·盖尔.教育中的建构主义 [M].高文，等译.上海：华东师范大学出版社，2002.

［126］李召存.课程知识论 [M].上海：华东师范大学出版社，2009.

［127］刘安刚.意义哲学纲要 [M].北京：中央编译出版社，1998.

［128］刘德华.科学教育的人文价值 [M].成都：四川教育出版社，2003.

［129］刘电芝.学习策略研究 [M].北京：人民教育出版社，1999.

［130］刘放桐.现代西方哲学（上、下）[M].北京：人民出版社，1990.

［131］刘宗寅，秦荃田.其教学论原理 [M].济南：山东大学出版社，1990.

［132］卢家楣.情感教学心理学 [M].上海：上海教育出版社，2000.

［133］罗祖兵.课堂境遇与教学生成 [M].北京：人民教育出版社，2012.

［134］蒙培元.情感与理性 [M].北京：中国人民大学出版社，2009.

［135］孟昭兰.人类情绪 [M].上海：上海人民出版社，1989.

［136］潘洪建.教学知识论 [M].兰州：甘肃教育出版社，2004.

［137］庞维国.自主学习——学与教的原理和策略 [M].上海：华东师范大学出版社，2003.

［138］皮连生.教育心理学 [M].上海：上海教育出版社，2011.

［139］皮连生.学与教的心理学 [M].上海：华东师范大学出版社，2009.

［140］皮连生.智育心理学 [M].北京：人民教育出版社，2008.

［141］任钟印.西方近代教育论著选 [M].北京：人民教育出版社，1999.

［142］石中英.教育哲学 [M].北京：北京师范大学出版社，2007.

［143］石中英.知识转型与教育改革 [M].北京：教育科学出版社，2001.

［144］孙宏安，廖玉萍．有效的知识学习 [M]．西安：陕西师范大学出版社，2012.

［145］孙周兴．海德格尔选集（下）[M]．北京：生活·读书·新知三联书店，1996.

［146］王策三．教学论稿 [M]．北京：人民教育出版社，2005.

［147］王承绪，赵祥麟．西方现代教育论著选 [M]．北京：人民教育出版社，2000.

［148］王道俊，郭文安．教育学 [M]．北京：人民教育出版社，2016.

［149］王澎．教育基本理论的知识论立场研究 [M]．长春：东北师范大学出版社，2010.

［150］王苏君．审美体验研究 [M]．北京：中国社会科学出版社，2013.

［151］王一川．审美体验论 [M]．天津：百花文艺出版社，1992.

［152］吴庆麟．教育心理学 [M]．北京：人民教育出版社，1999.

［153］严仲清．论非直接教学因素 [M]．上海：复旦大学出版社，2008.

［154］杨小微．现代教学论 [M]．太原：山西教育出版社，2010.

［155］余文森．个体知识与公共知识——课程变革的知识基础研究 [M]．北京：教育科学出版社，2010.

［156］张华．经验课程论 [M]．上海：上海教育出版社，2001.

［157］张华．课程与教学论 [M]．上海：上海教育出版社，2000.

［158］张建伟，孙燕青．建构性学习——学习科学的整合性探索 [M]．上海：上海教育出版社，2005.

［159］张奎志．体验批评：理论与实践 [M]．北京：人民出版社，2001.

［160］赵敦华．西方哲学简史 [M]．北京：北京大学出版社，2012.

［161］赵祥麟，王承绪．杜威教育论著选 [M]．上海：华东师范大学出版社，1981.

［162］郑金洲.教育碎思[M].上海：华东师范大学出版社，2004.

［163］朱小蔓.情感教育论纲[M].北京：人民出版社，2008.

（二）期刊论文

［1］曹石珠.论课堂教学的体验缺失及其矫正[J].教育科学，2004(1)：17–19.

［2］曹永国.一个必须慎思的教育话题：知识学习[J].现代大学教育，2012(2)：29–33,112.

［3］陈实，陈佑清.完善经验及其教育意蕴[J].华中师范大学学报（人文社会科学版），2014(3)：160–165.

［4］陈欣.心流体验及其研究现状[J].江苏师范大学学报（哲学社会科学版），2014(5)：150–155.

［5］陈旭远，刘冬岩.促进学生体验的教学策略[J].中国教育学刊，2004(4)：48–51.

［6］陈佑清，高文平.符号转换与知识意义的理解[J].中国教育学刊，2011(6)：44–47.

［7］陈佑清，李丽.个人知识与体验性课程[J].湖北大学成人教育学院学报，2003(6)：19–20,25.

［8］陈佑清，余潇.学习中心教学论[J].课程·教材·教法，2019(11)：89–96.

［9］陈佑清.对知识学习与学生发展关系的重新审视[J].湖北大学学报（哲学社会科学版），2011(5)：161–165.

［10］陈佑清.符号学习与经验学习在学生发展中的关联与互动[J].华东师范大学学报（教育科学版），2010(2)：24–32.

［11］陈佑清.论知识在教育中的价值与地位[J].江西教育科研，1998(3)：16–19.

［12］陈佑清.体验及其生成[J].教育研究与实验，2002(2)：11–16.

［13］陈佑清.知识学习的发展价值及其局限性[J].教育研究与实验，

2005(1)：23–26,60.

［14］段晓明，陈荟.走向生活体验——教育研究中的叙事研究法 [J].教育研究与实验，2004(4)：29–32.

［15］郭丁荣，任俊等.品味：主动用心地感受积极体验 [J].心理科学进展，2013(7)：1262–1271.

［16］郭秀艳.内隐学习和缄默知识 [J].教育研究，2003(12)：31–36.

［17］郭元祥，刘艳.论课堂教学中的文化育人 [J].课程·教材·教法，2020(4)：31–37.

［18］郭元祥，吴宏.论课程知识的本质属性及其教学表达 [J].课程·教材·教法，2018(8)：43–49.

［19］郭元祥，伍远岳.学习的实践属性及其意义向度 [J].教育研究，2016(2)：102–109.

［20］郭元祥.论学科育人的逻辑起点、内在条件与实践诉求 [J].教育研究，2020(4)：4–15.

［21］郭元祥.知识的教育学立场 [J].教育研究与实验，2009(5)：1–6.

［22］郭元祥.知识的属性及其价值实现 [J].湖南教育，2018(6)：4–6.

［23］郭元祥.知识的性质、结构与深度教学 [J].课程·教材·教法，2009(11)：17–23.

［24］郭元祥.知识理解的命运：内容与条件 [J].湖南教育，2018(7)：4–5.

［25］郭元祥.知识理解的条件与深度教学——谈课程改革的深化 (3)[J].新教师，2016(3)：15–17.

［26］郭元祥.知识之后是什么——谈课程改革的深化 (6) [J].新教师，2016(6)：7–9.

［27］金业文.体验学习的局限与超越 [J].中国教育学刊，2013(3)：

43-45.

［28］李建中．人工智能时代的知识学习与创新教育的转向［J］.中国电化教育，2019(4)：10-16.

［29］李润洲．学科核心素养的培育：知识结构的视域［J］.教育发展研究，2018(8)：43-49.

［30］李森，高岩．教师教学决策的情感机制与实践策略［J］.课程·教材·教法，2012(10)：14-20.

［31］李英．体验：一种教育学的话语——初探教育学的体验范畴［J］.教育理论与实践，2001(12)：1-5.

［32］刘桂辉，陈佑清．知识教学本质的遮蔽与超越［J］.中国教育学刊，2016(7)：17-21.

［33］刘继武．知识的价值及教学［J］.山东师大学报（哲学社会科学版），1984(02)：45-49,36.

［34］刘惊铎．体验：道德教育的本体［J］.教育研究，2003(2)：53-59.

［35］刘俊升，周颖．移情的心理机制及其影响因素概述［J］.心理科学，2008(4)：917-921.

［36］刘铁芳．知识学习与生命成长：知识如何走向美德［J］.高等教育研究，2016(10)：10-18.

［37］鲁洁．一个值得反思的教育信条：塑造知识人［J］.教育研究，2004(6)：3-7.

［38］罗祖兵，郭超华．学科核心素养评价的困境与出路［J］.基础教育，2019(5)：49-56.

［39］罗祖兵，郭超华．知识学习的体验属性及其教学意蕴［J］.教育研究，2019(11)：81-90.

［40］罗祖兵，刘婷婷．间接教学的价值与实现策略［J］.教育导刊，2020(1)：12-17.

［41］罗祖兵，宋正艳．知识的发展价值及其实现［J］.教育导刊，

2017(1)：5-9.

［42］罗祖兵．"全面而自由的发展"的教育及其制度建构 [J]. 中国教育学刊，2014(9)：26-30.

［43］罗祖兵．不确定性知识观及其教学意蕴 [J]. 湖南师范大学教育科学学报，2011(5)：69-72,83.

［44］罗祖兵．生成性教学的基本理念及其实践诉求 [J]. 高等教育研究，2006(8)：47-53.

［45］罗祖兵．欣赏性评价：综合素质评价的方法论选择 [J]. 课程·教材·教法，2018(1)：109-114.

［46］罗祖兵．有效教学的过程性阐释 [J]. 教育研究，2017(9)：99-105.

［47］潘洪建，王洲林．知识问题研究二十年：教育学的视点 [J]. 高等师范教育研究，2003(01)：49-55.

［48］潘洪建．论知识维度及其掌握 [J]. 安徽师范大学学报 (人文社会科学版)，2013(04)：397-401.

［49］庞维国．论体验式学习 [J]. 全球教育展望，2011 (6)：9-15.

［50］石鸥，侯静敏．在过程中体验——从新课程改革关注情感体验价值谈起 [J]. 课程·教材·教法，2002(8)：10-13.

［51］石中英．波兰尼的知识理论及其教学意义 [J]. 华东师范大学学报，2001(2)：36-45.

［52］石中英．缄默知识与教学改革 [J]. 北京师范大学学报，2001(3)：101-108.

［53］孙俊三．从经验的积累到生命的体验——论教学过程审美模式的构建 [J]. 教育研究，2001(2)：34-38.

［54］孙宽宁．我国课程知识研究 70 年的历程审思 [J]. 课程·教材·教法，2019(06)：21-30.

［55］孙绍荣．知识学习的信息加工模型 [J]. 华东师范大学学报 (教育科学版)，1993(1)：1-12.

［56］童庆炳.经验、体验与文学[J].北京师范大学学报(人文社会科学版)，2000(1)：92–99.

［57］王灿明.体验学习解读[J].全球教育展望，2005(12)：14–17.

［58］王道俊.知识的教育价值及其实现方式问题初探——兼谈对杜威教育思想的某些认识[J].课程·教材·教法，2011(1)：14–32,43.

［59］王嘉毅，李志厚.论体验学习[J].教育理论与实践，2004(12)：44–47.

［60］王兴举.知识、学习与教学——论新课程下的课堂教学[J].课程·教材·教法，2003(1)：27–32.

［61］王映学.论体验学习：目标、过程与评价[J].教育理论与实践，2015(28)：61–64.

［62］伍远岳，郭元祥.论知识的个性化意义及其实现[J].湖南师范大学教育科学学报，2011(1)：56–59.

［63］伍远岳，杨莹莹.知识学习视野下导学案设计的困境与突围[J].中国教育学刊，2017(12)：79–84.

［64］辛继湘.试论体验性教学模式的建构[J].高等教育研究，2005(3)：64–68.

［65］闫守轩.体验与体验教学[J].教育科学，2004(6)：32–34.

［66］严奕峰.体验学习圈：体验与学习发生的过程机制[J].上海教育科研，2009(4)：59–61.

［67］严运锦，赵明仁.教师学习的内在机制解析[J].教育理论与实践，2017(4)：38–42.

［68］袁媛，沈汪兵等.顿悟体验的心理与神经机制[J].心理科学进展，2016(9)：1329–1338.

［69］张大均.论合理知识结构的认知功能与教学策略[J].宁波大学学报(教育科学版)，2000(5)：1–3,11.

［70］张而立，张丹宁.体验学习的哲学思考[J].中国电化教育，2013(3)：19–23.

［71］张华.体验课程论——一种整体主义的课程观（上）[J].教育理论与实践，1999 (10)：26-31.

［72］张华.体验课程论——一种整体主义的课程观（下）[J].教育理论与实践，1999 (12)：38-44.

［73］张华.体验课程论——一种整体主义的课程观（中）[J].教育理论与实践，1999 (11)：30-33.

［74］张金华，叶磊.体验式教学研究综述 [J].黑龙江高教研究，2010(6)：143-145.

［75］张亮，朱德全.学习体验的发生结构与教学策略 [J].高等教育研究，2007(11)：74-77,109.

［76］张鹏程，卢家楣.体验的心理机制研究 [J].心理科学，2013(6)：1498-1503.

［77］张奇勇，卢家楣等.情绪感染的发生机制 [J].心理学报，2016(11)：1423-1433.

［78］张琼.“用中学”：指向实践能力发展的一种知识学习方式 [J].教育研究与实验，2013(5)：56-61.

［79］仲建维.知识概念重建与学习的复杂性——就知识本质和知识学习问题与刘硕先生商榷 [J].全球教育展望，2007(5)：16-21.

［80］周燕.从知识的外在意义到知识的内在意义——知识观转型对教育的影响 [J].全球教育展望，2005(04)：29-33.

（三）学位论文

［1］陈亮.体验式教学设计研究 [D].重庆：西南大学，2008.

［2］郭元祥.生活的重建——回归生活世界的基础教育论纲 [D].武汉：华中师范大学，2000.

［3］靖国平.教育的智慧性格——兼论当代知识教育的变革 [D].武汉：华中师范大学，2002.

［4］李召存.课程知识的意义性研究 [D].上海：华东师范大学，

2007.

〔5〕刘惊铎.道德体验论[D].南京:南京师范大学，2002.

〔6〕毛景焕.平等体验的生成与班级教学共同体[D].南京:南京师范大学，2004.

〔7〕王焱.庄子审美体验研究[D].杭州:浙江大学，2007.

〔8〕魏薇.小学阅读教学的生活体验研究[D].济南:山东师范大学，2006.

〔9〕伍远岳.知识获得及其标准研究[D].武汉:华中师范大学，2015.

〔10〕辛继湘.体验教学研究[D].重庆:西南师范大学，2003.

〔11〕阎亚军.知识教学与学生发展[D].上海:华东师范大学，2006.

〔12〕叶金辉.青少年学习沉浸体验研究[D].南昌:江西师范大学，2013.

〔13〕张鹏程.中学生课堂情绪体验研究[D].上海:上海师范大学，2014.

〔14〕赵博.对体验主义哲学的批判性评述[D].济南:山东大学，2018.

（四）英文文献

〔1〕Alie Weerman, Tineke Abma. Social work students learning to use their experiential knowledge of recovery:An existential and emancipatory perspective[J].Social Work Education,2019(4):453-469.

〔2〕Balahur, A., Hermida, J. M., & Montoyo, A. Detecting im-plicit expressions of emotion in text: A comparative analysis [J]. Deci-sion Support Systems.2012,53(4):742-753.

〔3〕Benas, J., & Gibb, B. Childhood teasing and adult implicit cognitive biases [J]. Cognitive Therapy and Research.2011,35 (6):491-496.

〔4〕Else-Quest, N. M., Higgins, A., Allison, C&Morton, L. C. Gender differences in self-conscious emotional experience: a meta-analysis [J]. Psychological bulletin, 2012,138(5):947-962.

［5］Heavey C. L.,& Hurlburt, R. T. The phenomena of inner experience[J].Consciousness and Cognition,2008,(17):798-810.

［6］Henry Quesada, Julieta Mazzola. Implementing Experiential Learning in High School Agriculture and Forestry Curriculum: A Case Study in Guatemala[J]. Journal of Experiential Education, 2020(4):381-397.

［7］Israel Scheffler. Conditions of Knowledge: An Introduction to Epistemology and Education[M]. Chicago: The University of Chicago Press,1965.

［8］Israel Scheffler. Symbolic worlds: art, science, language, ritual[M]. New York: Cambridge University Press,1997.

［9］Israel Scheffler.Worlds of Truth:A Philosophy of Knowledge[M]. United Kingdom: John Wiley&Sons Ltd Press,2009.

［10］Kieran Egan. Imagination in Teaching and Learning: The Middle School Years[M]. Chicago: The University of Chicago Press,1992:106.

［11］Kolb，D. A. Experiential learning: Experience as the source of learning and development[M]. Chicago: Chicago University Press,1984.

［12］Marcia McKenzie. The places of pedagogy: or, what we can do with culture through intersubjective experiences[J]. Environmental Education Research, 2008(3):361-73.

［13］Maslow, A.H. Motivation and personality[M]. New York: Harper&Row,1970.

［14］Michael Breum Ramsgaard, Marie Ernst Christensen. Interplay of entrepreneurial learning forms: a case study of experiential learning settings[J].Innovations in Education and Teaching International,2018(1):55-64.

［15］National Research Council. The National Science Education Standards[M]. Washington, DC: National Academy Press,1996.

［16］Ornstein, Robert E. The Psychology of Consciousness [M]. New York: W.H. Freeman& Company, 1972.

［17］Polanyi, Knowing and being[M].Chicago: The University of Chicago Press,1969:144.

［18］Richard Shusterman. Body Consciousness[M]. New York: Cambridge University Press,2008.

［19］Zehavit Gross, Suzanne D. Rutland. Experiential learning and values education at a school youth camp: Maintaining Jewish culture and heritage[J]. International Review of Educatio,2017(63)：29-49.

附　录

附录一　关于学生知识学习现状的调查问卷

亲爱的同学：

　　你好！感谢你在百忙之中填写此份问卷。本问卷的目的在于了解你学习知识的真实情况，研究采用不记名的方式，不会涉及任何隐私，所得到的结果仅做数据分析与科学研究之用，请你放心填写！再次感谢你的配合！

一、基本情况（请根据自己的实际情况，在对应的选项编号下打"√"）

1. 我的性别：　　A. 男　　　　　B. 女

2. 我是一名：　　A. 小学生　　B. 初中生

3. 我的年级：　　A. 一年级　　B. 二年级　　　C. 三年级

　　　　　　　　D. 四年级　　E. 五年级　　　F. 六年级

二、调查项目（请根据自己的看法，在对应的选项编号下打"√"）

4. 我认为知识学习是十分必要的，在我的成长中发挥着不可替代的作用

　A. 完全不符合　B. 基本不符合　C. 中立　D. 基本符合　E. 完全符合

5. 我对于知识学习具有浓厚的兴趣

　A. 完全不符合　B. 基本不符合　C. 中立　D. 基本符合　E. 完全符合

6. 我能够事先对知识学习所要达到的目标有一个基本的认识，知道要学习的知识是什么，为什么要学

　A. 完全不符合　B. 基本不符合　C. 中立　D. 基本符合　E. 完全符合

7. 记住并掌握知识本身是开展知识学习活动的重心所在，应放在首要位置

　　A. 完全不符合　　B. 基本不符合　　C. 中立　　D. 基本符合　　E. 完全符合

8. 作为学生的我是开展知识学习活动最重要的主体

　　A. 完全不符合　　B. 基本不符合　　C. 中立　　D. 基本符合　　E. 完全符合

9. 只要某种知识满足我的实际发展需要，便应该成为知识学习的对象

　　A. 完全不符合　　B. 基本不符合　　C. 中立　　D. 基本符合　　E. 完全符合

10. 书本是知识学习内容的主要来源

　　A. 完全不符合　　B. 基本不符合　　C. 中立　　D. 基本符合　　E. 完全符合

11. 当前的知识学习内容能够满足我的实际发展需要

　　A. 完全不符合　　B. 基本不符合　　C. 中立　　D. 基本符合　　E. 完全符合

12. 我能够对所要学习的知识进行自由的选择

　　A. 完全不符合　　B. 基本不符合　　C. 中立　　D. 基本符合　　E. 完全符合

13. 在知识学习过程中往往会学到或涉及某些预期之外的知识内容

　　A. 完全不符合　　B. 基本不符合　　C. 中立　　D. 基本符合　　E. 完全符合

14. 知识学习的内容可以随着学习过程的推进不断进行更新，不断地进行调整与补充

　　A. 完全不符合　　B. 基本不符合　　C. 中立　　D. 基本符合　　E. 完全符合

15. 知识学习的过程遵循着某种固定的流程

　　A. 完全不符合　　B. 基本不符合　　C. 中立　　D. 基本符合　　E. 完全符合

16. 在学习知识的过程中我会去联想生活中的一些相关事例

　　A. 完全不符合　　B. 基本不符合　　C. 中立　　D. 基本符合　　E. 完全符合

17. 当学习某种知识时，我通常会综合使用多种学习方式

　　A. 完全不符合　　B. 基本不符合　　C. 中立　　D. 基本符合　　E. 完全符合

18. 在知识学习过程中往往会融入自己的情感，对知识有着情感性的理解

　　A. 完全不符合　　B. 基本不符合　　C. 中立　　D. 基本符合　　E. 完全符合

19. 教师在我的知识学习活动中扮演着重要的角色，发挥着重要的作用

　　A. 完全不符合　　B. 基本不符合　　C. 中立　D. 基本符合　E. 完全符合

20. 我通常是在某种特定的情境中来开展知识学习活动的

　　A. 完全不符合　　B. 基本不符合　　C. 中立　D. 基本符合　E. 完全符合

21. 对于知识学习效果的评价，存在某种统一化的标准

　　A. 完全不符合　　B. 基本不符合　　C. 中立　D. 基本符合　E. 完全符合

22. 对于知识的掌握程度是评价知识学习效果最为客观的指标

　　A. 完全不符合　　B. 基本不符合　　C. 中立　D. 基本符合　E. 完全符合

23. 通过对于学习的知识，能够掌握一些生活中实用的技能技巧

　　A. 完全不符合　　B. 基本不符合　　C. 中立　D. 基本符合　E. 完全符合

24. 学习某些知识时能够引起我情感上的变化，有时甚至会潸然落泪

　　A. 完全不符合　　B. 基本不符合　　C. 中立　D. 基本符合　E. 完全符合

25. 通过对于知识的学习能够使我明确自身未来发展的方向和追求

　　A. 完全不符合　　B. 基本不符合　　C. 中立　D. 基本符合　E. 完全符合

附录二 学生知识学习现状访谈提纲（教师版）

一、知识学习的目标

1. 您认为学生的知识学习活动应达到何种目标？

2. 您是否了解体验性知识学习？您对体验在学生知识学习过程中的作用是怎么看的？

3. 在教学中，您是否会对学生知识学习的目标进行一定的预设？

4. 您是否愿意为满足学生的实际发展需要而尝试调整已有的知识学习目标呢？

5. 您赞同将学生视作为开展知识学习活动的主体吗？

二、知识学习的内容

1. 您认为学生知识学习的内容主要源于哪里？

2. 您认为学生可以有权选择自己想学的知识内容吗？

3. 您认为有必要对学生知识学习的内容进行编排与筛选吗？

4. 有人认为有必要保持学生知识学习内容的开放性，允许其不断添加新的内容，您认为此种观点合理吗？

三、知识学习的方式

1. 您认为学生的知识学习过程是有规律可循的吗？

2. 有人认为学生学习知识的过程可以视作为是学生基于自身情感加工知识的过程，您对于这一看法是如何理解的？

3. 您认为学生知识学习活动的开展应以何种方式加以实现？

4. 您认为学生对于知识的学习需要在某种特定的情境下进行吗？

5. 您认为您在学生的知识学习过程中发挥着何种作用？

6. 您对体验性知识学习有了解吗？在您眼中要想以体验的方式实现学生对于知识内容的学习是否可行？

四、知识学习的效果

1. 您是如何评价学生知识学习的效果的?

2. 您认为对于知识信息的准确掌握是评价学生知识学习效果的重要依据吗?

3. 您认为学生的知识学习活动能够为产生哪些方面的效果? 能够对学生的发展产生哪些方面的改变?

4. 如果让您评价知识学习的效果, 您最关注的哪个方面呢? 是学生知识的掌握程度? 还是学生通过知识学习所掌握的技能技巧? 抑或是知识学习对学生情感、价值观方面所产生的?

附录三　学生知识学习现状访谈提纲（学生版）

一、知识学习的目标

1. 你认为知识学习活动应达到何种目标？

2. 你是否了解体验性知识学习？你是否有过在亲身体验中进行知识学习的经历？

3. 在知识学习中，你是否会对知识学习的目标进行一定的预设？

4. 你是否会对知识学习所要达成的目标进行不断地调整？

5. 你赞同"知识学习是我自己的事情，别人都不能代替我去完成"这种观点吗？

二、知识学习的内容

1. 你认为知识学习的内容主要源自于哪里？

2. 你认为自己有选择知识学习内容的权利吗？

3. 在知识学习过程中，你尝试过对知识内容进行自主的编排与筛选吗？

4. 有人认为有必要保持学生知识学习内容的开放性，允许其不断添加新的内容，你认为此种观点合理吗？

三、知识学习的方式

1. 你认为自己的知识学习过程是有规律可寻的吗？

2. 在知识学习的过程中，你会融入自己的情感对知识加以理解和加工吗？

3. 你通常是以何种方式来学习知识的？

4. 你认为知识的学习需要在某种特定的情境下进行吗？

5. 你认为教师在自己的知识学习过程中发挥着何种作用？

6. 你了解什么是体验吗？你有想过以体验的方式来看展知识学习活动吗？

四、知识学习的效果

1. 你认为通过知识的学习能够达到何种效果？

2. 你认为只要准确记住知识便是实现了对于知识的学习吗？

3. 通过对于知识的学习，你有没有感受到自己操作技能或实践能力方面得到了相应的发展？如果有请举个例子。

4. 你有没有过对知识学习内容产生情感共鸣的经历？你认为学习知识对于自身的情感发展有无帮助？